论学统复建

姚中秋 著

上海三联书店

目　录

卷三　思考教育更化之道

自　序

　　《论语》第一个字为"学"，孔子之教是"敬天孝亲，学以成人"。孔子未教人信神，而教人博学于文，上达不已。孔子之教最为高明之处在此。

　　以现代术语表述，"学"可分解为两个密切相关的领域：学术与教育。孔子以来，官民共同兴办学校，教人读五经，以推明圣人之道，旁及史地财律等，博知万物万事，是为"文教"。由此养成士君子，齐家治国，并风化天下。故朝野之治理、上下之风俗，均本乎学术。学术勃兴而中正，则天下可致太平。

　　晚清中国遭遇西方冲击，士人惊慌失措，蔑弃文教体系，或欲变圣学为神教，或摒斥圣学而将学校教育全盘欧美化，圣人之学、中国文教乃近乎中绝，此诚为三千年未有之大变局也。引入西方工程技术，固然有助于工业化和国家富强；崇拜欧美人文之学，则无益于人心世道。盖西学本为扎根于神教之地方性知识，或可以解放人心，却无力重建秩序。

　　《易传》谓黄帝尧舜之功在"通其变"，今经大变之后，何以通其变？对此问题，近些年来，有所思考，形之文字；今加搜集，结为本书，分三部分：卷一检讨近世儒学在西方神教、学术冲击之下求变发展之路，斗胆辨析先贤之得失；卷二探寻当此世界历史的中国时刻，中国思想摆脱欧美范式、接续自家学统、以谋自主创发之道；卷三思考今日教育体系更化、以接续士君子教育传统之道。

全书编成，名之《论学统复建》。尧舜禹汤文武周孔之道存乎学，历数千年间圣学传承有其统绪；虽屡经离乱，然一二士君子"为往圣继绝学"，则庶几乎改变学术风气，以至于天下文明。以此自勉，蒲城姚中秋于戊戌冬末。

卷一

検讨儒学发展之路

子曰:"齐一变,至于鲁;鲁一变,至于道。"

——《论语·雍也》

钱穆政治学初探[1]

甲午初秋，复旦，几位朋友论道。白彤东教授说，今日大陆儒学界，在原来占据主流的现代新儒学即熊（十力）、牟（牟宗三）学术传统之外，兴起三个新流派：

其一曰"康党"，祖康有为而宗蒋庆，近几年来，以政治儒学的名号，影响迅速扩大。

其二曰"梁党"，我也被列为其中一分子，因我曾梳理自康经梁到张君劢之思想和政治脉络，且白彤东对"梁党"赞赏有加。

其三曰"钱党"，钱穆先生首创。白彤东说，钱穆先生未专学西学，但对政治的理解，反与西人多有相通处，他自称钱党。

我立刻声明，鄙人不是"梁党"而是"钱党"。上世纪八九十年代之交在中国人民大学历史系读研究生，毕业论文就研究钱穆先生之历史文化思想。近些年转进儒学，亦从史学入手，正是师法钱穆先生之学术路径。最近写过一篇专栏文章，自谓学问乃是私淑钱穆先生[2]。

今年（2015 年）恐怕会有纪念钱穆先生的隆重活动吧？钱穆先

---

[1] 曾发表于《学术月刊》，2015 年第 12 期。
[2] 秋风：《私淑钱穆先生》，《中国企业家》，2015 年第 3&4 期。

生诞生于光绪廿一年六月初九，西历 1895 年 7 月 30 日也。今年正好两甲子，该有纪念活动。已与朋友商量办个学术纪念活动，表示敬仰之情。主题呢？我立刻提出：钱穆先生之政治思想。

我研究钱穆先生之时，两岸隔绝，大陆知钱穆先生者不多。那之后，随着九十年代兴起的民国热，随着人们深入认识中国历史的渴望持续高涨，先生的历史著作得以在大陆出版，并迅速流行。《国史大纲》被人重新发现，现在，差不多已成为公认最权威、最可信的中国通史著作，长期热销。"温情和敬意"五字已成习用语，有位网友在亚马逊网站留言说，读到这五个字，"我哭了，我知道我过去缺的是什么"。前些天碰到卢跃刚先生，他说，九十年代初期，他曾以"温情和敬意"五个字为题写过一篇文章[1]。

当然，钱穆先生绝不仅是史学家，也不是现代学术体系中的历史学家。钱穆先生在《国史大纲·引论》中论及中国近世史学，约分三派：传统派，革新派，科学派。注重训诂考据的传统派与鼓吹"整理国故"之科学派，"同于缺乏系统，无意义"。倒是革新派之治史在追求意义，然其意义仅在于"借历史口号为其宣传改革现实之工具"，如梁启超始作俑之"君主专制史"范式，新文化运动中兴起的文化激进主义历史观，随后兴起的"五阶段论"，其结论惊人一致：中国历史一片漆黑。二十世纪大多数时间中，文科各门学科中，历史学最为发达，但其功能基本上是以中国历史验证欧美理论，为此而肢解、因而遮蔽中国历史，故"今日国人对于国史，乃最为无识也"[2]。

---

[1] 卢跃刚：《温情和敬意》，《青年文学》，1995 年第 2 期。

[2] 钱穆：《国史大纲》，修订本，北京：商务印书馆，1996 年，《引论》，第 4 页。

钱穆先生乃别创新格，发展民族文化中心之历史叙事："治国史之第一任务，在能于国家民族之内部自身，求得其独特精神之所在"[1]。先生治史，要旨有三：主体立场，中国人写中国历史，首当肯定自己是中国文化塑造，而以主体立场面对这文化；内在视野，从内部考察中国文化之演进，辨正其得失，而不是从他者角度轻易褒贬；自我认知，通过历史认识自己，鉴古而知今，而不是为了验证他人理论。[2]学术的文化自觉与文明主体意识贯穿于先生全部学问中。

一、　缺乏政治学的现代新儒学

如此学术旨趣，把钱穆先生与现代新儒学诸子区别开来。

钱穆先生算不算新儒家？似为学术公案，弟子辈们曾有争论。不过很显然，先生之学术路径大不同于现代新儒学：至少从学术形态上看，现代新儒学是时髦的，多采取西来之哲学路径，从熊十力先生到牟宗三先生，还有冯友兰先生等等，借用心学或理学若干概念，以欧式运思手段，构建欧式纯哲学体系。这些努力确实造就了二十世纪中国唯一可观之哲学成就；若无新儒学体系，二十世纪中国怕无哲学可言。

---

[1]　钱穆：《国史大纲》，《引论》，第11页。

[2]　先生谓："治史之第一任务，在能于国家民族之内部自身，求得其独特精神之所在"；"国家民族之复兴，必将有待于吾国人对我先民国史略有知"；"我民族国家之前途，仍将有待我先民文化所贻自身内部获得其生机。我所谓必于我先民国史略有知者，即谓此。"见《国史大纲》，引论，第11页，第31页，第32页。

不过，钱穆先生对哲学思辨了无兴趣，先生之学或可概括为：经学意识，史学进路。故先生对中国文明的看法与新儒学有同也有异，而且是大异。

甲午战争后，即先生诞辰之时，眼见欧美之富强与良政，士大夫惊骇而苏醒，立刻开始深思救亡之道，首重科学，次谈宪政。至新文化运动期间，清晰可辨之"宪政"退化而为含糊其辞之"民主"，加上囫囵吞枣的科学主义迷信，而有"科学""民主"口号之流行。

以此判准、反观中国，自然百不如人。那么，中国文明存在于当世之正当性何在？辜鸿铭、梁启超，甚至孙中山诸先贤纷纷然以物质文明-精神文明之两分，把中国文明的优势和生命力收缩至内在的人心、精神领域。现代新儒学之思想结构深受此说影响：1958年牟宗三、唐君毅、徐复观、张君劢四贤发表之《为中国文化敬告世界人士宣言》强势宣告：儒学或中国之学就是心性之学。由此，内圣-外王之说广泛流行。新儒学认为，现代中国之内圣可以是老的，外王必须是新的，即科学与民主。

不能不说，现代新儒学与全盘反传统的文化激进主义者实为一体之两面，共享科学与民主两大价值。两者都相信，历史将终结于科学、民主，中国亦然，区别仅在于：激进主义断言，为得到科学与民主，首先要踢开儒学，全盘引入他人之信仰、价值、文化；新儒学则认为，儒家的心性之学本有科学、民主之内在要求，完全可由其开出科学、民主。百年来，新儒学一直在此方向努力，推动儒学深度调整，包括采用哲学的表述形态，以适应自外降临之现代性。

新儒学够低调，可激进主义有太强优越感，故很任性：直奔终点多好，干吗要儒学这个累赘？如此决绝无情，新儒学很无力、很无奈，与激进主义发生过几场争论，其中幽怨之气昭然若见：我已接受科学、民主，你竟然不接纳儒学，为什么呀？

似乎为表白自己对现代性的忠诚，新儒学不时表现其强烈反传统之倾向，这主要在政治领域。张君劢先生可谓典型。先生以深厚的西学背景，在"科学与玄学大论战"中宣告"新宋学之复活"[1]，助推现代新儒学之诞生。作为新儒家代表，张君劢终生致力于以德国哲学会通宋明心性之学——这构成新儒学之基本学术进路。同时，他也是坚定的宪政主义者，且因缘际会，得以主导1947年民国宪法之制定。

新儒家代表人物而为立宪者，这一奇特身份曾吸引笔者进入张君劢先生的思想、政治世界，且有所撰作[2]。通读张君劢先生著作，不能不说，略感失望。张君劢先生所发展的现代儒学义理，与其所设计并透过艰难政治实践追求之宪法制度之间，几无内在联系。相反，先生坚定地断言，中国传统政治，一言以蔽之，君主专制耳。先人尽管设计了各种制度，但永远没有、也绝无可能约束君权。故对今日中国之政治变革，传统政治制度了无可取之处。

钱穆先生对传统政制多有肯定，曾作《中国传统政治》一文，晚年张君劢先生抱病作《中国专制君主政制之评议》，长达六百多页，逐条批驳钱穆先生[3]。钱先生之文化主体立场，系我所宗法者；张先生之宪政之学，是我所喜爱者；评述张君劢先生思想、政

---

[1] 张君劢：《再论人生观与科学并答丁在君》，收入张君劢：《中西印哲学文集》下，程文熙编，台北：台湾学生书局，1981年，第977页。

[2] 姚中秋：《现代中国的立国之道》，第一卷，《以张君劢为中心》，北京：法律出版社，2010年。

[3] 张君劢：《中国专制君主政制之评议》，台北：台湾弘文馆出版社，1986年。徐复观先生也在《良知的迷惘——钱穆先生的史学》中批判钱穆，并说"我研究的结论是，在周代封建中有可取的东西，在汉代专制中则只有毒害"（徐复观：《儒家政治思想与民主自由人权》，台北：台湾学生书局，1988年，第184页）。

治之过程中，如何调和二老，颇费思量。

阅读材料中得知，两人早有过节：起草1958年宣言过程中，唐君毅先生本拟邀钱穆先生联署，张先生致信阻止谓，"然恐彼与吾辈观点微异，故不如从缓"[1]——两人观点可不是"微异"，而是大相径庭，尤其是对中国传统政治之判断，几同水火。

今年开初，现代新儒学在当代台湾的代表人物李明辉先生接受媒体采访，强烈批评蒋庆一系之大陆新儒学，主张新儒学本有政治维度："张君劢和牟宗三所讲的政治儒学至少在台湾已经落实到宪法的层面了。"[2]若真如此，令人鼓舞，但能否成立？

最近笔者作小文《孙中山先生之道统自觉》[3]论述到晚年孙中山先生有一次道统自觉，决意以宪制为中国文明之现代展开，故刻意从中国政治传统中发现考试权、监察权，熔铸五权宪法体系。张君劢先生却不以为然，设计1947年民国宪法草案时，曾付出很大知识上和政治上的努力，将国民大会虚化，将五院制扭向一般三权分立制[4]。张君劢这种偷梁换柱之大法，引发国民党之强烈反弹，宪法草案险些不能通过。而今，经过多次蜕变之中国台湾地区现行"宪制"，倒确实合乎张君劢先生理想："国民大会"已被彻底取消，"考试权""监察权"形同虚设。然而，这是一套好"宪制"吗？

---

[1] 张君劢：《致唐君毅牟宗三函论中国文化及哲学事》，收入《中西印哲学文集》下，第1436页。

[2] 澎湃网：《专访台湾儒家李明辉：我不认同"大陆新儒家"》（http://www.thepaper.cn/newsDetail_forward_1295434）。

[3] 载《现代哲学》，2015年第2期。

[4] 可参考张君劢：《中华民国民主宪法十讲》，收入《宪政之道》，北京：清华大学出版社，2006年，尤其是关于国民大会的讨论，见第168—180页，而全书根本没有讨论监察院和考试院。

总之，在现代新儒学论述中，儒学义理与政制是割裂的：历代儒家之哲思、尤其是心性之学，高迈超绝，不过呢，还是需要借助德国哲学才能表述清楚，才能得以发展；至于中国政治，则始终是一团漆黑，中国人欲建立现代政制，不能不完全从外部引入。

别人难免会问：儒学总说什么"齐家治国平天下"，但儒家出现两千多年来，尤其是西汉中期以来，居于主导地位，中国政治却一塌糊涂。义理与历史如此严重错位，难道不足以证明儒学的大失败？如果儒学已经失灵了两千多年，今天要之何用？

大约预计到这样的质疑，最早是康有为、然后是五十年代初的熊十力先生均作惊世之论：新莽开始的儒学或汉武以后的儒学，皆非孔子真意，孔子真经已被儒生改窜。可这样一来，儒学存在的正当性更成问题了：儒生竟改窜孔子，道德可鄙啊；儒生竟信奉改窜之五经达两千年，智力堪忧啊。

不能不说，现代新儒学的运思方式和思想体系有自我取消之内在倾向：儒家思想被割裂为内圣、外王，外王被认定为西方之政治制度，这是真理；儒家内圣之意义，须据此评判。可见，从知识立场上，现代新儒学已自甘居于下乘，人为收缩儒学思考范围，围绕着心性惨淡经营；然而，这样一来，其瞄准科学、民主发展出来的哲学新理论，终究外在于科学、民主，对科学、民主之在中国的降临和运作，实无裨益。新儒学哲学在政制变革之后的台湾地区，似正陷入可有可无之边缘化窘境。

儒家"志于道"[1]，志在行道天下。道为全体，行道自应全幅，政尤其重要。自命为儒学，而放弃自身义理之整全性，把政

---

[1]《论语·述而篇》：子曰："志于道，据于德，依于仁，游于艺。"

制、把社会治理完全交托出去，无异于自残。自孔子开始，儒学关注整全的良好秩序之构建与维护，而其非神教性质决定了政治必为其学问之重点。自我放弃政治思考的儒学，必定残缺不全，面对世事疲弱无力，更不要说在秩序再造之大转型时代发挥引领作用。

二、 于旧学中构建中国政治学

钱穆先生是史家，但又非现代史家，故得以避免新儒学之歧途，而始终坚持中国文化之整体视野，始终把政制、把社会治理作为重点，发展出一套政制构想。从学术角度说，钱穆先生之学最恰当的概括是经史之学，借助这一学术，钱穆先生得以在现代学术体系中独树一帜：不同于反传统者，也不同于新儒学。

清末开始，中国人一心学习欧美，尤其是照抄其法律、政制，自家固有之经学、史学价值全失，中国自有学术体系逐渐崩溃。如钱穆先生所说，在此废墟上兴起的现代历史学致力于证明中国历史之黑暗、专制、落后；至于政治学、宪法学，则全盘移植日本、欧洲、美国或者苏俄。因而，现代中国起步于学统之自我放弃。学统中绝之结果是，法律创制、宪政设计等塑造秩序之大事业基本脱离中国文明脉络，而以欧美各国时髦意识形态为蓝图。

在我有限阅读范围中，有两个重要人物未卷入这一狂潮：第一位是孙中山先生，第二位是钱穆先生。英雄相惜，下文将分析指出，钱穆先生之政制构想多依托于孙中山先生之五权宪法方案，良有以也。两人都相信，过去几千年间中国人创造之政制如科考制、监察制，仍有生命力。中山先生五权宪法构想和晚年对其日益明确、坚定之阐发、坚持，来自其道统自觉；钱穆先生对中山先生方案之认同，则基于其坚实的历史研究，而道正在史中。

应该说，整个二十世纪，在文科各门学科中，最为发达的当属历史学。那么，何以其他现代历史学流派，比如早期梁启超、胡适的历史学，没有得出这样的结论？事实上，这两家历史学恰恰为现代政治学、宪法学之移植路径提供了知识上的论证。正是新兴的历史学，让现代中国精英偏离了自己的历史轨道。这有文化情感上的原因，也有历史观上的原因。

从根本上说，梁启超、胡适等新兴历史学范式的鼓吹者，都是法家已经阐述过的历史主义者：历史已成过去，与今日无关。今人要得幸福，就要切断死人之手，自己为自己立法。从政治角度言，梁启超、胡适等现代历史学家差不多都是历史终结论者，其基本观念是：现代欧美，且不论是英美还是苏俄，已发现政治真理，并建立了完美制度，必将带领人类进入圆满幸福状态。

顺便说一句，现代中国之历史进程十分有趣：每有一代知识分子成长起来，就有欧美或苏俄学者及时送来最新版本的历史终结论。十几年前福山的《历史的终结与最后的人》，就是其中之最新版本。这些版本不同的历史终结论，给激进主义者提供了出走、乃至于破坏中国文化的强大道德勇气。

钱穆先生以治史起家，且浸淫于传统中，却坚决拒绝现代的历史主义。就此而言，说钱穆先生是历史学家，并不恰当。作为现代词汇，历史学的意思就是胡适之所谓"整理国故"，在博物馆中安静地爬疏文明之尸体。这是钱穆先生断然拒绝的。同时，在西方，历史学从来不是一门重要的学科，尤其是在西方现代学科建制中，历史学只是一门低等级的学科而已，对充满知识优越感的哲学、政治学、法学等学科来说，历史学可有可无。

钱穆先生难得之处在于，始终明确地拒绝西方传来之学科体制，他以史学进入，纵横于经、史、子、集之中，延续中国自身学术传统，而从中国视野，对政制问题有独到见解。

钱穆先生首先断言："中国孔子儒家之学以心性为基本，治平为标的，一切学问必以政治治平大道为归宿。"[1]没错！圣王、孔子、儒家关注的向来是维护天人之际的整全秩序，政治对维护此一秩序，当然至关重要。然而，传统中国并无西方式专业政治学，"中国学问，最重在政治，而独不在政治学一名"[2]。

为什么？此与中国人之秩序观、国家观有关。关于这一点，钱穆先生在《中国人之法律观念》文中有所论述。大体言之，西方文明早期以城邦为基本政治单元，城邦直接统治每个人，秩序以城邦权力为中心而形成。在此政治环境中产生的政治学，以政体为中心议题，政体背后是城邦内部不同群体之权力-权利的配置。[3]其实，拉长时间视野，这种权力中心、国家中心的治理思考模式在中国历史上也曾出现过：法家即以权力配置、政体问题作为秩序之全部问题，这与西式政治学极为相近。

但法家只是中国治道之歧出，将治理之局部事务放大为全部。中国从一开始就是超大规模的，这一点不同于西方。由于这一事实，中西治道自然存在重大区别。[4]中国圣人以为，对秩序维护

---

[1] 钱穆：《现代中国学术论衡》，长沙：岳麓书社，1986年，第184页。

[2] 钱穆：《中国中国学术论衡》，第187页。

[3] 钱穆：《政学私言》，北京：九州出版社，2011年，第211页。

[4] 关于这一点的论说，可见拙文《超大规模国家的治理之道》，《读书》2013年第5期。

而言，重要的不是国家权力，而是个人之自我约束与小共同体之自我治理，《大学》"修身、齐家、治国、平天下"揭示了中国之治道。钱穆先生云："西方文化为国家的、权力的，而中国文化则为社会的、道德的"，即便国家，也以教化为其首要职责[1]。

权力之配置和运用问题也即国家问题，不是达到优良秩序之关键，故在中国，没有产生希腊式政治学；反过来，西人划入私人道德、伦理领域的修身、齐家，却关乎大范围秩序之维护，于是，中国若有政治学，必定是大幅度扩张的，哪怕是艺术，也是政教之大端，古有乐教。由此，在中国传统学术体系中，不存在自成一体的政治学，但政治学关切渗透于各种知识中。

钱穆先生以欧阳修为例说明：在传统读书人，"经史则其学，子集则以教，而治平大道则为其总目标"[2]。钱穆先生得出这一结论："中国传统政治仅亦言人道，中国全部古籍，经史子集，亦主在言人道。故非兼通四库，略知中国文化大义，即不能通知中国之政治，而又何专门成立一政治学之必须与可能？"[3]

最重要的是经、史：经学阐明社会治理之道，史学以人、事、制度更为具体地显现治理之策略，故"中国经史之学，可谓即中国之政治学"[4]。如《资治通鉴》之名所揭示，今日归入史学的著作，其关注问题都是"治"，可划入政治学之范畴。但是，这个"治"比西人所谓"政治"一词宽泛得多。先生之《国史大纲》，就突出了教育、学校对于汉以来中国社会治理状况之决定性意义。

---

［1］　钱穆：《政学私言》，第212页。
［2］　钱穆：《现代中国学术论衡》，第121页。
［3］　钱穆：《现代中国学术论衡》，第200页。
［4］　钱穆：《现代中国学术论衡》，第185页。

总之，政治对维护秩序之价值，政治学在学术体系中之形态、位置，中西大不相同。希腊式政治学之引入，当然有助于现代中国人思考和规划权利、权力、政体等至关重要的政治议题。但在中国，西式政治学之思考视野断断乎无法覆盖中国人因袭数千年的治理之道的全部内容，反而会遮蔽其至关重要的因素、制度，而这些因素、制度对于维护秩序的价值并不小于政体。因此，中国人当然要学习西方政治学，但当运用西式政治学解决中国问题时须知其限度。

但二十世纪初，欧美政治学连同其他人文学科、社会科学大举进入中国，中国原有学术体系分崩离析，归于消散。现代中国学人基本以欧美或者苏俄政治学思考中国秩序问题，把秩序形成和维护问题化约为单一的政治问题，尤以政体为中心。而一旦集中于政体，必定以全盘移植为方案，因为政体论本来就是欧美俄思想之所长，欧美俄已有现成的政体方案，中国只需搬来即可。这样，现代中国之政治学家们基本放弃了独立思考之重负，甘为他人之小学生；即便以守护中国文化之花果飘零为志业的现代新儒学，也欣然退居心性之学的狭小圈子，把社会治理的大问题交给他者。

独立于此一时髦而汹涌的知识潮流，钱穆先生孤独地坚持中国固有学术体系，由史以明中国治理之道，再本乎此道，探寻现代中国良好而可行之社会治理方案。钱穆先生的立足点是保持中国知识范式之连续，以此支撑中国治道之连续——钱穆先生确有道统之自觉，曾著专文《道统与治统》。先生关于制度史的论著也都具有深切的现实关怀，比如《中国历代政治得失》。在先生看来，中国古人创造出的诸多制度仍然是活的，"因"之而有所"损"有所"益"，并加以重新搭配，即可成为良好的现代制度。

现代新儒学群体经常不愿肯定钱穆先生对于儒学之现代展开的

贡献。然而，仅就学问之规模而言，相比于哲学化的现代新儒学，貌似以史学立身的钱穆先生之学，实更接近于真儒者之学，因为，先生之学问始终围绕着良好的整全秩序展开，社会治理、政制始终是研究和思考重点，而这正是两千多年来儒家之本色。

并且对比一下两者之学问结构，可见钱穆先生之学颇有经学之古味，新儒学则有子学的时髦倾向。[1] 而在儒学传统中，不通经，只围绕子学运思，终究是无源之水，行之不远。现代新儒学越做越琐碎，无力切入中国文明新生之大运中，恐怕正因为其学术根基肤浅。相反，钱穆先生之学反而历久弥新，因为，先生以经学视野展开的史学，旨在揭示中国文明之"生原"与"病原"[2]。不论是否同意他的论断，读者都可以感受到先生之思考和言说是切己的、内在的，绝非旁观者理智之概念构造和逻辑推理。

三、 钱穆政治学三命题

传统知识体系和政治实践中，制度设计均为极为重大的问题：《尚书》以"典"开始，涉及的都是达致优良治理之根本制度及其原则；尤其是周人，特重制度，周公就是以其制礼作乐而为人尊仰的；《诗经·周颂》反复提及"文王之典"。十三经中另有《周礼》，

---

[1] 新儒学主要立足于孟子和宋明儒，构造其哲学体系，几乎完全没有进入经学。钱穆先生则做过经住，即《论语新解》。钱穆关于汉代经学史的研究，即《两汉经学今古文评议》，对"王官学"和"私家言"之分疏，具有十分强烈的政制意识，在《政学私言》之《道统与治通》篇中，使用这对概念讨论现代中国之学统与道统问题。

[2]《国史大纲》，《引论》，第26页。

可见儒家传统中本有一个支派，有严密的制度设计思维，以至于其过于严密，看起来有点可怕。史学向来重视制度变迁研究，杜佑《通典》、马端临《文献通考》更是专门制作，精研历代制度沿革。

只不过，在中国，政体如同法律一样，始终只是完整的治理体系中之一端，而非唯一的议题。希腊式政治学传入，政体问题的重要性大幅度提升，从清末开始，各色人等匆忙给中国设计政体。抗战伴随着建国，因而抗战后期及刚胜利后，新宪法问题也即新政体问题再度成为学术和政治热点，钱穆先生也以满腔热忱写作若干文章，汇编为《政学私言》。这是钱氏政治学之经典，且已初步构建了一个宏大的政治理论体系。

钱氏政治学或可称之"历史政治学"。笔者曾提出，中国学人当深思数千年来中国政治演进历史，以构建可用于思考中国政治之政治学体系，此即历史政治学[1]。钱穆先生实已为此学科奠基。

在第一篇《中国传统政治与五权宪法》中，钱穆先生提纲挈领地提出三个原理性质的命题。

第一个命题：西方政制为政民对立，而中国传统政制则为政民一体。

西方民主政体以代表民意之国会为中心，钱穆先生回顾国会形成历史指出，国会出现于君主和贵族把持政权之时代，"其时则政府与民众为显然对立之两体"，国会从外部监督政府。当民众势力增强后，国会固然成为政府中心，然而，国会内部却有多数党与少数党也即执政党、在野党之分，"故西方政制，乃至今未脱一种双方对立之形势。即'政民对立'之形势，俨若民众之与政府，宜处

---

[1]《超大规模国家的治理之道》，《读书》2013年第5期。

于敌对之地位然者。"[1]

钱穆先生敏锐地看到西方政治之根本特征：政治团体间之斗争。钱穆总结其为政治体内部"阶级之争"与政治体相互间"民族之争"。梁漱溟先生也一直强调，结成团体，相互斗争，为西方社会之根本特征[2]。

此确为洞见。福山复述黑格尔之理论曰：实现普遍自由之历史，就是在动态的主奴关系中，居于奴隶地位的团体轮番地"争取承认"的斗争之历史[3]。故西方政治向来是团体的身份政治：古希腊之自由人-奴隶、公民-外邦人，罗马之贵族-平民、公民-外邦人等，皆有清晰身份。而在权利话语下，现代西方又不断生成各种身份：黑人、低收入群体、女性、同性恋者等等，层出不穷。具有共同"身份认同"的人们结成紧密的团体，通过向其他团体、向国家的政治斗争，迫使其他团体和国家承认自己享有某种特权和利益。"然所谓国家意志与国家权力者，分析而求其底里，则不过为一阶级一团体所操纵而凭借之一机构与名号而已"[4]。政体是政治之核心，而政体就是不同团体权利-权力之配置格局。

由此，自然而有政、民之对立格局和心态。作为团体斗争暂时达成的平衡，政府始终是属于某个团体或某些群体的，旨在增进其特殊权利和利益。其他群体当然不可能信任这样的政府，而将其视

---

[1] 钱穆：《政学私言》，第 6 页。
[2] 比如可参看梁漱溟：《中国文化要义》之第三章，上海：上海世纪出版集团，2005 年，第 43—58 页。相应地，中国人则始终缺乏集团生活，见第四章之论述。
[3] ［美］弗朗西斯·福山：《历史的终结与最后的人》，陈高华译，桂林：广西师范大学出版社，2014 年，第 14—15 页。
[4] 钱穆：《政学私言》，第 211 页。

为敌人；在现实政治生活中，在野党常把执政党视为敌人。

在这个问题上，我想补充西方历史上另外两个团体之间的长期斗争之事实：建制化教会自成为一个政府，与世俗政府相对而立。前者通过独立的教化体系，支配人们的精神，塑造精神秩序；后者以世俗权力，通过强制，维护政治秩序。这种教会、政府两分格局，同样塑造了欧美人的国家-社会两分观念，也即政府与民众之对立格局。

而在中国，钱穆先生以为，向来是政、民一体。中国政治之根基是"天下为公"，其意曰，天下者，天下人之天下也，天下不是某人的，也不是某个阶级、某个集团的。人人皆可以参与其中，由此，人们不是以某阶级或集团之身份参与政治，而是以个人身份参加。在中国，不存在身份政治，自然也没有"相互承认"的斗争。

确实，三代有世袭制，有君子、庶人之分。而君子为政，必"敬天保民"，尧舜周公谆谆教诲。胡兰成注意到这样一个事实：在希腊、罗马经典中，绝少描述农事者，而《诗经》不少篇章不惜笔墨描述农人一年之生计，且描述君子、农人畅饮共乐之欢悦场面[1]。在如此礼治秩序中，人人各安其分，并无此团体争取彼团体或者争取国家承认之身份政治。至于战国封建制解体后，中国则成为一平铺的平民社会，政权对所有人开放的，如钱穆先生说：

> 若论中国传统政制，虽有一王室，有一最高元首为全国所拥戴，然政府则本由民众组成，自宰相以下，大小百官，本皆来自田间，既非王室宗亲，亦非特殊之贵族或军人阶级。政府

---

[1] 胡兰成：《山河岁月》，北京：中国长安出版社，2013年，第23页。

既许民众参加，并由民众组织，则政府与民众固已融为一体，政府之意见即为民众之意见，更不必别有一代表民意之监督机关，此之谓"政民一体"，以政府与民众，理论上早属一体。[1]

政、民一体之前提是，政府本身不由处在斗争格局中的某一阶级、集团所操控，故政府不服务于某阶级、集团之特权和利益，而服务于共同体利益。故在中国，政治可能败坏，可能无法充分而公正地向所有人提供公共品，但至少就本意而言，政治从来不是阶级的、集团的，即便掌握权力之君王、皇帝，也不作如是想[2]。这样，民众自然不会从外部立场看待政府，也就不会太多措意于外部监督机制之设计，因为，外部监督之必要实源于这一事实：政府属于某阶级、集团。

中西政治差异，根源就在政、民关系之不同，由此而有以下两个命题。

第二个命题：西方政制为间接民权，中国传统政制则为直接民权。

既然政府与民众对立，则西人之民权就是间接的："西方国会初期，乃为一种间接民权，以其只代表民意监督政府，而政府本自与民众对立，民众只有监督行政之权，故可谓之'间接民权'"[3]。间接的含义就是仅为监督他人行使权力的过程，而非自己直接行使权力。

---

[1] 钱穆：《政学私言》，第6—7页。

[2] 这就是《诗经·小雅·北山》之"溥天之下，莫非王土。率土之滨，莫非王臣"句的初始含义。

[3] 钱穆：《政学私言》，第6页。

"中国传统政治，未尝无民权，而此种民权，则可谓之'直接民权'，以其直接操行政之权"[1]。其实，不止行政权，下面将要提及的士人政府，掌握着各种权力——当然，划分立法、行政、司法权的做法本身，对分析传统政治，也未必切合。

第三个命题：西方政制为多数代表，而中国传统政制则为贤能代表。

在集团相互斗争的政治中，占据优势者的代表组成政府，这就是多数代表。钱穆先生说，"多数代表亦可称之为统计代表，统计代表数与举手数之多少而诀从违，贤能代表亦可称之为人才代表。"[2]

贤能代表出自中国传统选举程序。《礼运》之"天下为公，选贤与能"，实为中国政制、至少是孔子以后中国政制之大纲领。天下是天下人之天下，而非一人、一党所可私，那么，政权当对所有人开放。当然，不可能人人都进入政府，直接参与治理，于是，不能不从人群中"选贤与能"，也即通过某种为人们公认相对公正的程序，从全体国民中遴选出贤、能者。汉代用察举程序，唐宋后行科举制度，由此而形成"士人政府"（或者"士治"），对此，《国史大纲》有系统讨论[3]。此为理解孔子之后中国学术、政制与社会治理模式之关键。

今人对这两项制度不屑一顾，然而，中国式选举制实有其相当卓越之处：它真正做到从全体国民中遴选贤能，其组成之政府不是某一阶级、某一集团的。相反，西式投票选举以党派分界，选举产

---

[1] 钱穆：《政学私言》，第 7 页。
[2] 钱穆：《政学私言》，第 7 页。
[3] 关于士人政府形成的过程，可参看钱穆：《国史大纲》，第 138—149 页。

生的代表组成的是党派政府，法律、政策必定有所偏向。更为重要的是，中国式选举制与学校、教育制度相勾连，注意于贤、能之养成，而西式投票制则无此基础。而没有贤、能之培养机制，投票程序本身能造出贤、能否？

钱穆先生阐述之上述三个政治原理，均立足于作为政治共同体之中国的基本属性——超大规模："盖西土政治源于城邦，小国寡民，易与政事亲接，故主民治。中国以广土众民为大一统，国民预闻政事不易，不得不别辟途径而造士治。政事由国民直接操控，故主平等自由，尚多数表决。政事间接委之贤才之士，则不得不重教育，务使贤者在位，能者在职。"[1] 政治体规模不同，成员间相互关联之方式，及其所形成的结构，必定不同。此一最为基本的政治事实必定导致中西"政理"之不同："中西政理，各有渊源，此皆全民族整个文化之一部。"[2]

四、 结语： 政治学之文明自觉

上述三个命题能否成立，自可深入讨论。或许可以说，钱穆先生强调中、西各执一端，未必准确。钱穆政治学三命题均在中西对比框架中提出，此为一时之风尚，大约从新文化运动时期起，中西文化对比就十分流行，而通常的结论都是扬西而贬中。作为一种防御性回应，守护中国文化者多主张文明类型说，最著名者如梁漱溟

---

[1] 钱穆：《政学私言》，第126页。
[2] 钱穆：《政学私言》，第129页。

先生关于中、西、印文明类型之论说。

不过，梁、钱二先生并非浅薄的文化相对主义者，从来未说中国走自己路就好了。相反，中国置身于全新的世界中，欧、美、俄之价值、知识、制度俱在，且已内化于中国，至少对部分精英产生了巨大吸引力，这也是一个基本事实。仅仅基于这一事实，中国就不能不变。梁漱溟先生主张，中国不能不应对西方挑战，建立良好政制，为此不能不建立团体生活，他毕生围绕这一问题展开思考和实践。钱穆先生在《政学私言》一开始也指出，"民主政治为今日中国惟一所需"。然而，"民主政治仅一大题目，而非一死格式……中国所要者，乃为一种自适国情之民主政治，重在精神，不重在格式"，这就需要中国人"自创自造"[1]。

所以，钱穆先生丝毫无意排斥欧、美、俄。钱穆先生之苦心覃思，全缘于其清醒而坚定的文化与政治主体意识：中国人必须为自己创造出合适而良好的现代治理体系，而不能简单照抄；中国人当然要学习，但应当是自主的学习，学习而后消化、再创造。

怎么创造？在抗战建国情势下，钱穆先生说："欲完成建国大业，端在自本自根，汲出政治新理论，发挥政治新精神。"[2]这个政治新理论之需求受刺激于西方理论和制度，但其体系构建必本乎儒家义理，基于中国政治经验，化用西方新知。钱穆先生以为，如此创生之新理论方能引领中国走向恰切的政制，形成合宜的社会治理模式。

钱穆先生与主流政治学和新儒学之区别不在于是否开放，而在

---

[1] 钱穆：《政学私言》，第 1—2 页。
[2] 钱穆：《政学私言》，第 130 页。

于是否具有自我创新之自觉。于是，在学术史上可以看到一个奇怪的错位：主新学者忙着抄袭，若从人类政治思考的角度看，他们没有提供任何知识上的增量——当然，也未能有效地实现中国政制之稳定有序。相反，脱胎于旧学之钱穆政治学才真正做出了知识上的贡献，它把中国人思考秩序的思路揭示出来，丰富了政治之范围，从而促使人们重新思考政治一词的含义。可以说，钱穆政治学才是真正具有创造精神之政治学。

而钱穆政治学的这种创造力恰恰来自于其文明自觉。钱穆政治学是具有文明自觉的政治学，这在二十世纪是相当罕见的，甚至可谓反潮流，因为，主流政治学家们在思考、写作时，似乎普遍有一种逆向的文明自觉，也即，去中国文明唯恐不干净，不论其意识形态立场如何。如此政治学是否有效，在中国？或者可以这样追问：政制与文明不相关吗？政制之移植是否等同于中产阶级在网上购买一部苹果手机？

曾经，这个问题根本就不是问题，但现在，已有越来越多的人在思考这个问题。据笔者有限观察，今日政治学界似已因为对中国政治实践的思考，产生了些许文明的自觉，钱穆先生曾经使用过的一些传统政治思考之概念，不时出现在其论述中。具有文明自觉，回到中国文明脉络中思考，这是近十年来中国知识界正在出现的一个新动向，尽管还比较微弱。

只是，由于学问的隔膜，他们好像不知道钱穆先生的探索。那么，今年纪念钱穆先生冥诞两甲子的活动，能否激活钱穆政治学，助推内嵌于中国文明脉络中之政治学之展开？

当然，以文明的自觉发展政治学，绝不意味着在中国，只能发展出解释中国、引领中国的独特的政治学。今天，完全可以超越钱穆先生中西对比的视野，提出这样一个命题：立足于儒家义理和中国政制经验，同时援引西方既有知识，完全可以发展出更为普遍的政治学。但今天，要获得这种普遍性，首先需要思考政治之学人站在中国，不止站在当下的中国现实中，更站在源远流长的中国文明中。钱穆先生的典范意义正在于此。

秩序底定与经史之学重建[1]

几千年来，凝定中国社会政治秩序之智性力量始终在经、史。当经史之学传统崩溃之际，钱穆先生几乎是独力撑持，以史学维系道统，并据此构想中国现代秩序。在其有生之年，现实政治与先生的学术努力虽相悖而驰，但今天，或许已见转机之可能。政治秩序之底定，最终仍不能不借由钱穆先生所坚守之学术之道。

一、 天之下的道德和历史

人类成就大规模的共同体生活，仅靠情感是不够的，需借助制度化力量，此力量之源泉无非有二：或为神启，或为历史。

几乎所有早期文明都经历巫术统治阶段，巫师有通神能力，可降神而转达神对人间具体事务之命令。借由巫师的权威，人们超越狭窄血缘之先知，进入较大规模的共同体中。

不过，巫师所通之神是分立的，神的分立造成人群的分隔，而

---

[1] 曾发表于《文化纵横》2015 年 10 月号。

人类终究要走向普遍开放的秩序中，由此而有两条不同路径。

在有些民族，唯一真神降临，消灭分立的各邦之神。唯一真神有人格性，可对人说话。唯一真神通过先知，以清晰言辞向人颁布律法。此律法普遍适用于所有人，由此规制，人进入普遍秩序。维护此秩序之关键是人信神，也即，信神的律法。

一神教文明之政治秩序始终由神灵支配：中世纪有君权"神"授，神法居于法律的顶端，由此而推动了法律"神"圣之信念。即便在上帝死后，神教观念仍在延续，比如现代政治之核心观念"人民"，正是行走于大地上的神，契约论也有深刻的神教背景；近二十年来甚嚣尘上的历史终结论则是神教观念之喜剧化版本。

中国文明演进史上的关键事件是"绝地天通"，颛顼和帝尧两番努力，不仅超越分立之众神，更超越神本身，跃至于敬天。天遍覆无外，这与唯一真神相同。但天比唯一真神更普遍，因为，天无体，无人格性。天就是生生不已的万物之大全，即便有上帝，也在天之中。

天无人格性，故不言。因而天不对人间颁布律法，不规定人，不命令人。在天之下，人是自由的、自主的。人不能不自立，对自己的生命状态负起完全的责任；人间秩序之塑造和维护无从靠神，只能靠人，人必须为自己创制立法。

由此，道德至关重要，自主生活的人必须自主地做出正确的选择，此即道德。圣人是天生能够做出道德抉择者，其最大的道德抉择是主动面对天，知天，"观乎天文"，以制作人文。尽管如此，圣人是人，不是神，不是巫师，不是神意的传达者。圣人是敬天而有智慧者，法天而以身创制立法，给天下人带来福利。

天不是神，人不可能降天。但人可以取法圣人，故《诗经·大雅·文王》曰"上天之载，无声无臭。仪刑文王，万邦作孚"，上天之运行不出声，也没味道。但文王法天而为人间立法，以文王为典范，即可得万邦之信孚，维护普遍的天下秩序。

可以说，自尧舜禹时代起，中国人即走出神教而敬天，由此缔造华夏-天下秩序，没有清晰边界、可由近及远持续成长、扩展的秩序。此秩序与神无关，而呈现为人的历史。塑造和维护这一秩序的法度就在历史中，因而，历史不是空洞的时间架子，而由无数人的正确选择和错误选择构成。尧舜做出的道德选择就构成律法，桀纣做出的反道德的选择就构成戒律。就在复杂多样、摇曳生姿的历史过程中，法度源源不断地生成。

在时间的流逝中，这样的法度属于"古"。圣人肯定是古人，故董仲舒说"《春秋》之道，奉天而法古"。《康诰》中，周公非常具体地指示即将担负治国重任的康叔以法古之道：不仅要取法于自己的祖先，文王之道；也要取法于殷商先哲王之道，尽管周人革了殷商之命，但这绝不否定殷商先哲王之道；还要取法于比这更早的先哲王之道。法古，就是保持谦卑，遵守已为实践证明为有效的规则、程序和法度。

人会犯错误，最大的错误是骄傲，放纵自己的欲望和意志，不敬天，不法古。《尚书·五子之歌》第一首开篇说"皇祖有训"；第二首说"训有之"；第三首曰，"惟彼陶唐，有此冀方。今失厥道，乱其纪纲，乃砥灭亡"，陶唐是尧之国号，尧已形成法度，今人未遵此法度，陷入祸乱；第四首又说："明明我祖，万邦之君。有典有则，贻厥子孙。关石和钧，王府则有。荒坠厥绪，覆宗绝祀！"今人违背圣人法度陷入困境，故周公说："我不可不监于有夏，亦不可不监于有殷。"

故敬天，必定法古；法古，则有法度；有法度，则有秩序。神没有历史，鄙弃道德，所以，信神的人忙着终结历史。天行不已，四时行焉，万物生焉，因而，人也自强不息，不息的个体连串成连绵不绝的时间之流：中国人存身于祖先-我-子孙的生命之流中，或过去-今天-未来的历史之流中。历史是有道德的，每一种政治秩序的正当性就在其延展这一有道德的历史之能力中。

二、 经史之学与政治秩序

孔子生活于礼崩乐坏时代，乃"述而不作，信而好古"，"祖述尧舜，宪章文武"，删述六经。章学诚谓"六经皆史"，诚然。孔子同时创造经学和史学：六经本为尧舜三代文献之汇编，但孔子有重建礼乐、创制立法、行道天下之大志，故以史学的功夫造就六经的伟业，垂法于万世。

孔子之后，有经学、史学之别：孔子之前的历史，经孔子之删定，已成六经，昭示万世之大法，而有经学。孔子之后的历史，则在史学中：紧跟在孔子之后的《左传》《国语》，为史学之滥觞，而《史记》奠定史学之规模。太史公自谓"成一家之言，厥协六经异传，整齐百家杂语"，可见经学、史学一脉相通，两者均回到过去，以推明治道。只不过，一个侧重于义理，一个侧重于先例。经史之学相互支持、发明，共同构成中国学问之大本所在。

此经史之学是良好社会政治秩序之智性根基。

首先，学为社会政治秩序构筑正当性。统治的正当性以道的自觉为前提，以统治者守护文明、延续文明之绵延不断之责任自觉为根本。自觉地置身于连绵不断的历史大道之中，政权才能获得存在的文明意义，才可以庄严而不朽，才能进入历史的"正统"序列。而经史之学就是道学，统治的正当性正由此学判定，孔子作《春秋》，乱臣贼子惧是也。

孔子之后，道的自觉在文化上必定表现为尊儒，由陆贾提出、最终由汉武帝完成中国政制演变之良性模式：马上打天下、以革命夺取政权，只是得到统治权；发动自我宪制革命，也即"第二次立宪"，才能给统治权构筑稳定的正当性，以文治天下。其关键是崇学，因为，道在经史之学中。秦始皇父子树立了短命王朝的典范：不崇学、不回归道统，统治权必定短命。

经史之学是推明治道之学，是社会组织与领导之学，是综合的秩序建构与维护之学。再也没有比经史之学更好的秩序之学。神学属神而不属人，哲学悬在空中，现代各种人文与社会科学支离破碎，各执一端。经史之学则是属人的，切近于人之生命的，并且是完整的，最切合于塑造和维护属人的良善秩序。

由经史之学养成之士君子，不是装神弄鬼的神职人员，不是枯坐书斋的哲学家，也不是激情泛滥的现代知识分子，而是具有一定德能的社会领导者。纵观人类历史，再也没有比儒家士君子更好的社会治理者。从修身也即自治其身开始，到齐家，到领导各种社会组织，管理国家，以至于平天下，小大皆可，进退自如。如此士君子群体，自可维护多中心的王道秩序。

士君子构建和维护秩序，不能不创制、实施各种规则、法度，而经史之学是最佳的创制立法之学。如钱穆先生在《现代中国学术论衡》中所说，传统中国之所以没有西方的政治学，很重要的原因是，西方政治学所讨论之内容就在传统经史之学中。从太史公起，史学就高度重视制度；比起政治学来，中国史学又特别重视制度之演变，发展出"因"中"损""益"之道。至于经学，则为制度设计提供了最为基本的原则。

经史之学如此重要，故传统政制一系列安排，推崇以学术领导政治。比如经筵制度，经学家辅导皇帝常年研读经典；比如以经史之学培养高级官员的制度，前有汉代之博士官制度，后有翰林院制度，宋代已相当成熟，明代最为规范，钱穆先生曾予特别表彰。在翰林院中，接受过较好教育的士大夫撰修本朝历史，由此可对国家各项制度之来龙去脉、利弊得失深入了解，对国家治理的大局有所把握。

三、 史学错乱与秩序脱轨

进入二十世纪，经史之学崩塌，中国秩序由此动荡不定。

清末新政，新制未立多少，却迅速抽掉整个社会政治秩序之根基——学统：首先，书院改学堂，全盘引入西方教育体系；后又废科举。由此，学统崩塌。

学统有两大支柱：经学，史学。经学衰微，尽人皆知，史学的情形则相当特殊。学统崩塌之后，一直到二十世纪中后期，历史学十分繁荣，大有史学霸权之势。但略加考察可见，此史学畸形繁荣恰恰是反历史的，《国史大纲·引论》总结彼时历史学共有以下三派。

一曰传统派，或曰"记诵派"，即乾嘉汉学传统，其时已然衰微。

一曰科学派，或曰"考订派""整理国故派"，代表人物是胡适、傅斯年、顾颉刚，口号是胡适提出的"以科学方法整理国故"。本派认宗于乾嘉考据派，"二派之治史，同于缺乏系统，无意义，乃纯为一种书本文字之学，与当身现实无预……既无以见前人整段之活动，亦于先民文化精神，漠然无所用其情"。

实际上，整理国故派认为，自己的工作有重大意义："国故"云者，中国此前之观念、学术、制度均已死亡而为"故"矣，整理国故派给自己设定的任务是，处理中国文明之后事，写出分门别类的墓志铭。

此观念把中国固有的活的学问悉数史学化对待，经学变成经学史，经世致用之学变成经济史或者政治史，典章之学变成政治社会制度史，史学成为史学史。最重要的是，"经"被塞入史学范围，成为历史研究的对象、材料：《诗经》被纳入文学史，《尚书》成为研究上古史的材料，而且是完全不可靠的。至于传统的史学，则沦为史料学处理的对象。这一泛史学化运动是一场针对中国文明的强制拆迁运动。

一曰革新派，亦可谓"宣传派"，或可谓意识形态史学，前后形成三种影响极为深远的史观：第一种，专制史观，首倡者大约是梁启超，谓"中国自秦以来二千年，皆专制黑暗政体之历史也"，彼辈对当前病症，一切归罪于二千年来之专制。第二种，启蒙史观，兴起于新文化运动中，断言秦汉以来中国思想学术停滞不前，而把当前病态归罪于孔子，号召打倒孔家店。第三种，唯物史观，新文化运动后期逐渐引入，以西人总结之五种社会形态切割中国历史，断言中国自秦以来二千年为封建社会。

以上三派中，时髦而盛行者为后二者，对上世纪三四十年代的中国学术界影响深远，其影响远不止史学界，当时全部人文与社会科学都受这些史观支配。

这些史观共享着历史终结论信念。这是二十世纪中国历史学最为深刻的自相矛盾，历史学者都有扮演上帝的癖好，而无客观精神，更无同情之心。他们站在历史终结之处，严厉地审判史上人物、制度、事件，梁启超、胡适、郭沫若诸人之所谓历史研究无一不是在审判历史。

而且，历史终结于他处，即西方文明，或西人所构想之政治、法律制度。整理国故者相信，中国既有的秩序已是历史，活的、好的现代秩序之构建只能依靠外来的观念，欧美就是中国的终点。其他各派率作如是想。这些学者在研究中国历史，却全从外在立场观察，其言说也几乎都是旁观者语气。

历史观决定政治纲领。当时主要政治力量之政治纲领均由其史观决定，审判历史其实是判断现实，决定改造中国之纲领，或者是国民性改造，或者是政体革命，或者是阶级革命，不一而足。

各派所设定的天堂不同，于是有了诸神之争，类似于敬天信念树立前的诸神并存之格局。

审判历史者必定凌驾于历史之上，自负而骄傲；旁观者必定毫不犹豫地破坏；意识形态的诸神之争让精英群体撕裂，无法就秩序构建达成任何共识，也就没有任何足以替代传统经史之学的价值、信念、知识综合体，无法凝定秩序。

由此，中国脱轨，脱出中国历史之轨道，至少在精英群体中，至少在思想学术维度上可以这样说。太多精英试图让中国换轨，但结果也只是脱轨而已。初生的中国现代秩序缺少有效支撑，而始终陷于动荡、危险中。

四、 钱穆的士人政府概念与其政制设计

钱穆先生则是个异数。

唐宋以来，江南人文荟萃，教育文化极为发达。但随着清末新政，新学兴起于北京和上海等口岸城市，江南反成边缘。钱穆生于乙未年，甲午战争爆发之次年。钱穆在无锡、常州接受教育，教师中多有旧学根底深厚者。中学毕业后，钱穆未进新学盛行之大学，而是任教于本地中小学，自修自学，故其学术训练相当传统。当新文化运动甚嚣尘上、整理国故和诸种意识形态史观兴起之际，钱穆是身在新文化边缘地带之青年学者。虽然借北京、上海等地书刊，他对当时思想学术大势有所了解，且颇受影响，但毕竟只是身在边缘的小人物，反倒有冷静反思之余地。

为学初期，钱穆不自觉地追随当时学术潮流，早期代表作《先秦诸子系年》《刘向歆父子年谱》等，考据详博精到，顾颉刚等人也予以赞许。三十年代初，得以凭此到燕京大学、北京大学史学系任教，没有胡适、傅斯年等人首肯，这是完全不可能的。但略加检视即可发现，钱穆之考据之作实不同于当时主流。

现代中国史学之立场从根本上是外在的，其所运用的概念和分析方法全系外来。史学者把欧美学者在西方总结之概念普遍化，以之框定中国事实，以之指挥中国历史发展、进步，并迈向终结。从人类知识生产角度看，这些中国学者几无任何有效贡献。

钱穆先生则持内在立场，站在中国看中国。《国史大纲》开篇要求读者对本国以往历史有"温情与敬意"，其含义正是，身在中国，就当作为中国人，在自古至今、且连绵不绝的历史之流中瞻前

顾后，设身处地地理解诸制度之来龙去脉，评价其利弊得失。不是扮作上帝，审判古人，以终结历史；而是乐与古人共为一项跨时代的共同事业的伙伴，与之商榷，以便让此事业持续而光大。

由此视角，《国史大纲》提炼出"士人政府"概念，大意谓，汉武帝复古更化，从根本上改变了汉承自于秦之政制，而为"士人政府"，准确地说是，皇权与士大夫共治体制，余英时先生后来在《朱熹的历史世界》中对此有所发明。此制以学为基础，以学所养成之士人为文化政治主体。在这一政制中，政、学融合，毫无西方神教框架中政、教合一之弊，反可联结皇权-庶民，打通社会-国家，凝聚信仰、风俗、习俗多样的众多族群。

士人政府概念之阐发是钱穆先生最为独到、重大的思想贡献。封建社会、皇权专制、东方专制主义、王权主义之类的说辞，均为外来概念之拙劣套用，既无视这些概念之本意，也无助于认知中国历史。士人政府是从中国政治变动之历史进程中辨析出的内在架构，揭示了汉武帝以来中国社会治理之基本机理。由此概念，过去两千多年政制格局及其演进大势，豁然开朗。

基于这一概念，钱穆先生叙述两千年历史特别注重学术，于每时代之学术大势均予描述，比如，对宋明书院制度，不吝惜笔墨。由此可见内在的历史视角之决定性意义：托克维尔曾说过，宗教是美国政治中最为重要的制度；相比之下，在中国，士君子之学术则是士人中心的社会治理模式中最为重要的制度。

士人政府概念既是历史分析概念，也是政治分析概念。在抗日战争最为艰苦与即将胜利两个时段，钱穆先生深入思考建国之道，撰写若干政论文章，并贡献于国人。抗战胜利后，结集出版为《政学私言》。人人皆知钱穆先生是史学大家，然而，只有通过这本书，才能完整地理解，钱穆先生是有经学意识、也即创制立法意识之史学家。

该书阐明的建国之道实以《国史大纲》阐发的士人政府为纲。在士人政府中，国民通过学术考试参与国家治理，钱穆先生据此模型断言，中国政制采用"贤能代表"制，实行"直接民权"，而有"政民一体"之效果。重要的是，这些制度比之欧美的多数代表、间接民权、政民对立，更为优良。那么，现代中国政制设计自当寻找这些原则之有效实现形态，故他强调区域选举、职业选举、学术选举、名誉选举等（参考《中国传统政治与五权宪法》）。

关于地方自治（《地方自治》），钱穆先生特别强调知识分子也即新式士人发挥领导作用，自治须重视兴学。在中央政府层面上，他建议设立国家文化学院，首先是提倡对本国传统文化作高深之研究，其功能类似于翰林院。

钱穆先生也特别提出道统问题（《道统与治统》）。只有站在中国自身文明传统中，才有可能提出此问题。传统社会中，皇帝自持政统，儒生守护道统，道统尊于政统，学术自主，并领导政治。钱穆先生首先主张学术、教育之自由，至文末则提出一根本问题："言中华民国之政统，必推中山先生为不祧之祖，若言中国民族之道统与教统，则中山先生亦一孝子顺孙，岂得同样奉为不祧之祖乎？"当时学校于平日对中山先生遗像行礼致敬，钱穆先生以为，这混淆道统、政统，使政统凌驾于道统之上，结果是知识分子迷失，政治缺乏引领。

钱穆还有两篇文章专门探讨首都问题（《论首都》、《战后新首都问题》），同样立足于对历史大势之深入把握，反对还都南京，断言此为亡国之都；力主定都于西安，其根本理由是，以政治力量调动资源，经营西北，以防超大规模中国之偏枯瘫痪，而有全幅活泼生机。

可见，钱穆先生于抗战期间完成的两部最为重要的著作——《国史大纲》与《政学私言》，有深刻的内在关系：史学以内在立场探究秩序生成之道，自然也就成为政制设计之蓝图。

不幸，钱穆先生的知识努力只是异数而已。民国成立，既有的文化、政治、社会秩序全面崩塌，中国知识界陷入一场他者立场的幻想狂欢之中。九一八、一二八事件给知识界当头棒喝，很多人幡然醒悟，而有一次普遍的转向，如曾宣告中国文明已"故"之顾颉刚、傅斯年们转而研究边疆史、民族史，冯友兰先生由哲学史研究转向哲学体系构造，等等。但二三十年中，知识界已病入膏肓，无法从根本上改变脱轨的他者立场。故抗战虽惨淡胜利，却最终未能完成抗战之初提出的与抗战并列之目标：建国。这并不奇怪，学之未立，何以建国？

五、 重建经史之学

抗战胜利至今七十年矣，学统仍未重建，可凝定社会政治秩序之学依然付之阙如。各种各样的意识形态试图充当经学，但或者失灵，或者浅薄，而且陷入相互冲突中，几乎不可调和。

相互冲突的意识形态撕裂史学。厌倦了意识形态的主流史学遁入双重"汉学"范式：一重是乾嘉汉学，以为史学即史料学，其研究完全碎片化，而没有意义；另一重是归顺于西方汉学范式，以他者立场认识中国。王学典先生对史学之种种浅薄无聊，有深刻批评

（《从反思"文革"史学走向反思改革史学——对若干史学关系再平衡的思考》，《中华读书报》，2015 年 3 月 18 日）。

经史之学的匮乏让中国人在二十世纪付出巨大努力甚至牺牲而构造的现代秩序，始终处在不完整、不稳定状态。可以说，甲午之后士大夫提出的、抗战爆发后精英们再度提出的建国之大业，虽有初步成效，但迄今尚未底定。让人忧惧的是，对此秩序如何趋于完整、稳定，人们给出的也是高度不相容的方案。秩序危机，莫过于此。

不能不重建经史之学。要回到关于中国之根本事实上来：中国不是神教国家。神教本身不管用，编造现代神话，如设定"主权者"如"人民"这一赝神，以推导政治学理论；或设定几条号称普遍的实际上是西来的公理，以推导法律体系，都无济于事。中国在天之下，人的选择也即道德至关重要，秩序之构造和维护有两个关键词：历史，学。没有超时间的神启，只有在时间中延展的历史；人要做的不是信神或者类神的话而走向终结，而是从先人走过的路也即历史中学习，持续地探索、前行。

为此，人必须在历史过程中持续地创制立法，孔子创制立法之道可见于《论语》之两章：

> 子张问："十世可知也？"子曰："殷因于夏礼，所损、益可知也；周因于殷礼，所损、益可知也；其或继周者，虽百世可知也。"（《为政》）
>
> 颜渊问为邦，子曰："行夏之时，乘殷之辂，服周之冕，乐则韶舞。放郑声，远佞人；郑声淫，佞人殆。"（《卫灵公》）

良好秩序不可能由神给予，奇迹般降临。秩序由人生成，人不是全知全能的，人不可能跳出历史，只能在历史之流中学习、摸索。先人已实践之制度是最为重要的资源，后人可因袭其优良而可行者，并加以损、益。由此或可形成新制度：其实是诸多旧制度的综合，加上边缘上的有限创新。在此制度下，秩序或可变好一些，但绝不可能完备，通向历史的终结。任何社会政治秩序注定会有偏失、存在缺陷，人需要不断地反思、变革、修补，所谓"穷则变，变则通"。

贯通人之历史性过程的知性力量必然是经、史之学。现代中国知识界引自欧美，用于全盘改造中国之政治、文化、社会，让中国走向历史终结的种种观念，或者是神学，或者是反神学的类神学。这些精英以为自己已把、或者正把中国送进历史的终结点，但这在欧美本就是幻象，遑论中国。

天行而不已，人自强不息，历史永不终结。人接连不断地选择、行动，此时，人不可能依靠神，也不可能依靠什么真理或公理。人只能在前人的后面，行于常道，依乎智慧，参照经验。故经史之学是人所可用的唯一可靠的秩序之学，如果中国文明欲保持其生命力的话。接续、重建经史之学，树立其在整个知识体系中的主导地位，尤其是以之养成社会领导者，中国才有可能底定秩序。

树立经史之学的主导地位，无损乎学术自由。学术应充分自由，但国家须有"王官学"，以提撕政治，以养成社会领导者群体；进而以学为教，以正风俗。尤其重要的是，以学为教，可有效化解多民族、多元信仰分离的倾向，以文教推动政治认同，而神教或现代种种准神教方案只会造成更严重的政治分离。

重建经史之学的前提是精英群体心智之重置：摆脱神教思维，归于敬天之道。放弃对于各种古老的、现代的神话之迷信，在天地之际的人的道德的历史中思考和前行。

再思张君劢、钱穆之争[1]

张君劢、钱穆二贤，在相对中立的现代学术史叙事中，均为广义现代新儒学之代表人物。然两人为学路径大不相同，政治观点多有相反之处；尤其到晚年，公开爆发激烈争论：张君劢一生最后著作《钱著〈中国传统政治〉商榷》[2]，厚厚六百多页，系统地反驳了钱穆于中国历史、政治之看法，可视为现代新儒学史上不大不小的事件。

钱、张二人之思想争论实可远溯至抗日战争时期。甲午之战中国败于日本，催生了现代中国一大核心政治议题：建立现代宪制。戊戌维新即以此为诉求，但此事十分繁难，先贤前赴后继，中国一次又一次进入立宪时刻。此事实本身即令人深思：想象的现代宪制何以难产？抗日战争全面爆发后，精英群体逐渐形成抗战建国纲领，故抗战始终伴随着立宪努力，此为中国又一立宪时刻。作为民盟领导人，张君劢是其中活跃而重要之政治人物，在作为立宪会议

---

[1] 曾发表于《清华大学学报（哲学社会科学版）》，2017 年第 2 期。

[2] 经人建议，出版时改题为"中国专制君主政制之评议"，参看张君劢：《中国专制君主政制之评议》，台北：弘文馆出版社，1986 年，《施友忠先生序》，第 1 页。

之政治协商会议上，因缘际会，成为中华民国宪法起草者；在宪法通过后著有《中华民国民主宪法十讲》，阐述此宪法之精神和原则。至于钱穆，当时不过是一普通大学教授，本不能与当时政治风云人物张君劢相提并论。但他关注中国文明之前途命运，当然不会置身此一大事之外，故在报刊陆续发表文章，讨论宪法设计。抗战胜利之际，1945 年底结集为《政学私言》出版。当时，两人可能未直接争论，但两本近乎同时出版之著作的政治主张大不相同，且与各自一二十年之后的立论完全一致，则晚年再度发生公开争论，实在情理之中。

笔者大学攻读历史学，研究生论文研究钱穆之历史文化思想，回首迄今研究中国思想、政治之学术路径，大体上由钱穆之门径入。不过，毕业之后，荒废学业，九十年代中期始学西学十余年，而后转入儒学。在由西学转进儒学过程中，张君劢是重要启发者，其兼容儒学与宪政之努力令我入迷，曾系统研读其著述并出版专书，以探究其保守-宪政主义的思想构造与政治实践[1]。

故钱张二贤均为我师，两人在重大问题势成扞格，如何调和？在研究张君劢时，此问题即困扰我心，只是当初学力不足，未予以回避。然此问题萦绕心中，盖此争论触及中国文明寻求其新生转进之际所不能不解决的根本困扰：在中西古今之思想和政治传统、资源之纠葛中，现代中国究竟如何抉择，尤其是在政治领域？儒家参与之两千余年中国政制实践，对今日构建优良社会治理秩序，是否毫无意义？如果是，那儒家塑造、维系社会政治秩序之能力岂非全

---

[1] 姚中秋：《现代中国的立国之道》（第一卷《以张君劢为中心》），北京：法律出版社，2010 年。

不足取？而儒家向来以齐家、治国、平天下为行道之要务，若在政治上基本失败两千年，还有资格参与、主导现代以至于今日中国之大变化么？

当下海峡两岸高度复杂的文化与政治现实，包括近来港台新儒家代表人物与所谓大陆新儒家或曰政治儒学代表人物之间的争论，促使笔者重返此一议题。唯本文不拟如钱穆或张君劢争论时那样，进入复杂的历史叙述，展开具体辩正[1]，而主要关注两人关于认知中国传统政制之方法，及由此所决定之现代宪制构思、设计取向。不过，对钱穆之认知方法，笔者已有专文讨论[2]，故本文首先检讨、辨正张君劢对钱穆之批评，再由钱穆之论述与之对勘，以揭示张君劢思想中之严重断裂。论述中引入孙中山宪制方案以为中介，因为两人的政治思考均以此为枢轴，或赞或弹，其各自的方法、倾向于此清晰可见。

一、 钱穆与张君劢政治学方法之别

至少从《国史大纲》起，钱穆即对现代中国学术、包括政治学，多有严厉批评，盖"近代中国学者专以抄袭稗贩西方为无上之能事"[3]，故现代中国学术近乎全盘移植西方，学者并以此衡量中

---

[1] 笔者另有专书《国史纲目》（海口：海南出版社，2013 年），本乎钱穆之框架，重述中国治理秩序演变之历史。

[2] 姚中秋：《钱穆政治学初探》，《学术月刊》2015 年 12 月。

[3] 钱穆：《国史新论》，《钱宾四先生全集》本，台北：联经出版事业公司，1995 年第 95 页。

国政制，自然产生无视甚至敌视的态度，其构想宪制必为全盘移植。对此进行反思，贯穿钱穆先生一生。

而作为继承传统中国历史学传统、而又对现代世界保持开放心态、因而可谓不新不旧之历史学家，钱穆始终认为，中国现代政治不可能走全盘移植之路。然而，若欲在政治上自主地走中国之路，就不能不首先在学术上自主。《国史大纲》论各时代，无不以学术为先导。故钱穆的政治论述每每首先呼吁学术范式层面之反思：全盘移植之西方学术是否可以充分而得当地描述、解释中国数千年治理实践？以此学术构思现代中国宪制，因而完全无视传统政制，是否正当？此在《政学私言》中随处可见。身在政治学圈外的钱穆始终试图唤醒圈内的反思意识，进而主张：

> 我们还得把自己历史归纳出自己的恰当名称，来为自己政治传统划分它演进的阶段，这才是尊重客观实事求是的科学精神。若只知道根据西方成说，附会演绎，太随便，亦太懒惰，决不是学者应取的态度。[1]

钱穆呼吁发展"中国政治学"，以为理解中国政治之历史和现实，进而设计现代政制之工具。

张君劢向来在政治学圈内，毕生致力于宪法研究、设计，并不避艰险，数度投入立宪政治；而他完全拒绝钱穆的呼吁，并拒绝"中国政治学"之倡议。《中国专制君主政制之评议》第一篇题为《钱著之逻辑方法》，专门批评钱穆的方法，进而显明自己的

---

[1]　钱穆：《国史新论》，第 96 页。

方法。

序论中张君劢坦指钱穆不通西学："独其涉及中西比较之处，每觉其未登西方之堂奥，而好作长短得失之批评"[1]；而他作此书目的正是"就中西政治之理论制度，互相比较，且说明其所以优劣高下之故"[2]。可见，两人都在长尺度上比较中西政治之长短高下，但其看法近乎相反。这显然是因为，两人之评判标准大相径庭。概言之，张君劢以西方政治学为政治学本身，钱穆则相信，中国政治与西方政治本身有相当重大而明显的差异，则思考政治之学自有差异，中国学者不可以西方政治学为唯一的政治学，据以判断中国政治，不论是历史还是现实。比如，《中国传统政治》之开篇谓：

> 近代中国学者专以抄袭稗贩西方为无上之能事，于是也说中国政治由神权转入到君权。因为中国没有议会和宪法，中国自然是君主专制，说不上民权。但不知中国自来政治理论，并不以主权为重点，因此根本上并没有主权在上帝抑或在君主那样的争辩。若硬把中国政治史也分成神权时代与君权时代，那只是模糊影响，牵强附会，不能贴切历史客观事实之真相。至于认为中国以往政治，只是君主专制，说不到民权，也一样是把西洋现成名词硬装进中国，并不是实事求是。真要求了解中国史，当知西洋近代，又有法西斯共产极权两种政治，完全逃出了他们以前所归纳的君主专制、君主立宪和民主立宪

---

[1] 张君劢：《中国专制君主政制之评议》，第1页。
[2] 张君劢：《中国专制君主政制之评议》，第2页。

之三范畴。可见这三范畴也只照他们以前历史来归纳。难道
中国传统政治便一定在此三范畴之内，不会以别一方式出现
吗？[1]

钱穆以为，"中国自来政治理论，并不以主权为重点"，据此，
讨论传统政治，不必以辨析政体归属、进而不必以辨析君主制之性
质为重点。依先生之论，政治学是一门经验性学科，其概念、推理
当归纳自具体的政治历史和现实，而非演绎推理——这似乎与亚里
士多德之政治思考方式暗合。

《中国专制君主政制之评议》第一篇开篇引用了上引文字。张
君劢则以为，此论正显示钱穆对政治学之无知。"东方学者每好以
博闻强记为事，而不乐受逻辑之严格规矩，此乃钱著之论传统政
治，所以对于主题之君主竟未着重，且对于何谓君主专制、何谓非
君主专制，竟未细为划分，而遽以宰相制、三省制等为非君主专制
之论证也。"[2]张君劢以为，钱穆根本没有认识到政治学之主要研
究对象何在，因为，"西方政治学者以政体为一主题"，"西方政治
学者向以权力为政府之特质，其讨论政府，先从权力所在为下手
处"，并以权力归属判断政体性质。[3]钱穆之论，"其意以为论政
治可以不以权力为重点"[4]，故不究其归于何种主体，"乃创为责
任论或曰职分论，为中国政治理论之基本"。[5]在张君劢看来，钱

---

[1]　钱穆：《国史新论》，第 95—96 页；张君劢：《中国专制君主政制之评议》，
第 4 页。
[2]　张君劢：《中国专制君主政制之评议》，第 5 页。
[3]　张君劢：《中国专制君主政制之评议》，第 6 页。
[4]　张君劢：《中国专制君主政制之评议》，第 6 页。
[5]　张君劢：《中国专制君主政制之评议》，第 7 页。

穆基于中国历史和现实而构建政治学理论，据以自我认识和创制立法，是完全错误的：

> 吾人处此中西交通时代，应对于中国政治中国社会，与西方同以一种立场，一种定义分类法，先行试用，指出其共通者何在，所以见其为同种现象，自有同种公例之可求；更从而指出相异者何在，以见其既有特种情形存在，乃不能不加以另行说明或曰限制条件。反之，倘吾人注重其相异者，乃谓西方科学方法根本上不适用于中国政治与社会，推至其极，将谓中国自有中国政治学，不可与西方一炉而冶，中国自有中国社会学，不可与西方共通，则其末流之弊，必至于中国应有中国植物学，中国应有中国动物学。此为世界治学方法上极重大问题，不可不注意者也。[1]

要点在于时代之根本特征："中西交通"。但显然，在张君劢笔下，此非两个文明平等之相互交通，相互认知和会通，相反，中西有清楚而确定的高下之分，故中国学者认识中国政治中国社会，应当采取西方的概念、推理、表达工具，以先见其与西方之同，再见其与西方之异。张君劢以为，此为现代中国知识生产之唯一正当方式，否则，必荒唐、愚蠢以至于建立中国植物学、动物学云。

不过，如此类比式批评成立否？固然，难有中国植物学或中国动物学——其实也未必，比如，中国植物学不能不用中国人长期使

---

[1] 张君劢：《中国专制君主政制之评议》，第8页。

用因而熟悉的植物命名，否则，其知识难以为人所知、所用。由此更进一步，果真不可能有中国政治学、中国社会学[1]？毕竟，两者研究对象有很大不同，哈耶克即曾辨析自然科学中的事实与社会科学中的事实有巨大差异，谓社会科学之研究对象是"主观事实"，故"不但人们针对外在事物的行为，而且人与人之间的全部关系和所有社会制度，都只能根据人们对它们的想法去理解"[2]。据此，研究中国政治、经济、法律制度，不能不致力于"理解"中国人之价值、观念，概言之，不能不"理解"中国历史和文化，在其中"理解"各个领域的制度——西人早就指出，"理解"不同于自然科学中的知识[3]；如此，难免有中国政治学或中国社会学。此非自标新异，而是势必如此。

事实上，人们所见之西人政治学正是西人在西方文明背景下发展出来的，可谓西人之自我理解。然而，不顾这一事实，张君劢称之为一般的、普遍的"科学方法"，以之分析、判断中国政治中国

[1] 事实上，1940年，吴文藻即倡导"社会学之中国化"（《〈社会学丛刊〉总序》，见吴文藻：《论社会学中国化》，北京：商务印书馆，2012年，第3页）。其名篇《民族与国家》即立足于中国始终为多民族国家之事实，而重新定义民族与国家，尤其有趣的是他提出："政权之所在，即主权之所寄。有寄于个人者，有寄于阶级者，有寄于全民者，有寄于士人者。以四者校，自以寄于士人中之能者为最适宜。劳心者治人，劳力者治于人。治者阶级，选贤与能，则历史传统，始能持守，文明生活，方可互营；若是，未有不见机能的统一关系感于内，自觉的特殊精神形于外者。一国家承继一种独到之文化嗣业，始为组成一种特殊之文明社会，而此唯其团体生活之态度上，及团体生活之精神中窥之"（吴文藻：《论社会学中国化》，第418页），此论全同于钱穆。

[2] ［英］弗里德里希·哈耶克：《科学的反革命：理性滥用之研究》，冯克利译，南京：译林出版社，2003年，第27页。

[3] 比如，韦伯强调，由于社会科学研究的对象不同于自然科学，故社会学的方法是"理解"社会行动及其意义。关于这一点较为详尽的论述，可看苏国勋：《理性化及其限制——韦伯思想引论》，上海：上海人民出版社，1987年，第255—291页。

社会。他以为，惟有如此，方可正确地认识中国政治中国社会。这一论述隐含着一段特殊心曲：

> 钱氏诚爱护中国文化，应将中国政治、中国社会推到世界一般政治学、一般社会学之大炉中，示人以共同者何在，然后吾国政治与社会，乃能为世界所共晓；而其所以异者之出之于中国特别情形者，亦可随之而大明。[1]

张君劢又举哲学为例，说自己致力于"将中国哲学，倾于世界哲学洪炉中，以见其同，正足以见中国哲学自有其与人共同之处，而不必引以为愧者也"。但同时他也告诉西人，中国哲学有力行特点："倘吾国人专重其相异之力行方面，主张吾国哲学不同于西方而另为一类，则中国哲学，将永远自处于世界一般哲学之外，而期其为西方所尊重，不可得矣"[2]。

此处透露之心曲甚为重要，可谓张君劢一切立论之心理基础——事实上，其在近世中国极为常见，可谓精英群体之基本心态：存在所谓一般世界哲学、政治学，不过，此所谓"世界"就在西方[3]。也即，在当今世界，西方是普遍的，中国是特殊的；西方的哲学、政治学是普遍的，中国固有的思考则是特殊的，甚至可以

---

[1] 张君劢：《中国专制君主政制之评议》，第8页。
[2] 张君劢：《中国专制君主政制之评议》，第9页。
[3] 胡适倡导"全盘西化"，遭怀疑后则著文《充分世界化与全盘西化》辩解："为免除所谓许多无谓的文字上或名词上的争论起见，与其说'全盘西化'，不如说'充分世界化'"（胡适：《胡适文存》，四集，合肥：黄山书社，1996年，第401页）。这一辩解恰恰说明，在胡适、张君劢眼里，西方等于世界。

说根本就没有。在此，中国被特殊化[1]。但在此中西交通时代，自我特殊化的中国必须寻求普遍化，当然就是西方化：中国人当以西方哲学为标准，重新检视自己的思想，从中发现合乎西方范式的哲学——张君劢等人所发展之现代新儒学，正是以西人哲学范式切割传统儒学大量议题，重新厘定儒学研究之范围，发展出儒家哲学范式。张君劢以为，唯有如此，儒家思想才能"为西方所尊重"。当然，中国人也当以西方政治学为标准发展政治学，并以此判断中国传统政治，设计中国政治发展方向，这样，"吾国政治与社会，乃能为世界所共晓"，进而获得其尊重。得到西方尊重、为世界所共晓，也即通过西方化融入所谓"世界"，构成中国思想、学术、社会、政治发展之基本方向。张君劢之所以言辞激烈地批驳钱穆，即因为钱氏竟反此方向而行。

可见，钱穆、张君劢二贤思考学术、宪制之方向、方法，截然不同，两人思想学术之基本差异，乃至其个人交往之疏远感，正由此产生[2]。

当然，由于意识形态与政治的原因，在民国立宪政治进程中，孙中山提出的宪法设计方案始终处在舞台中心。张钱二贤基于其不同思路、方法，对此方案持有不同立场，隐然展开非接触性争论，

---

[1] 此为近世西方文明等级论在非西方转生之版本，在福泽谕吉的论述中清楚可见。文明等级论在西方、非西方世界之表现，可参看刘禾主编：《世界秩序与文明等级：全球史研究的新路径》，北京：生活·读书·新知三联书店，2016年。

[2] 在起草1958年《为中国文化敬告世界人士宣言》过程中，唐君毅似曾建议邀约钱穆参与，为张君劢所拒绝，谓"宾四意见是否与吾辈相同，然恐彼与吾辈观点微异，故不如从缓"（《致唐君毅牟宗三函论中国文化及哲学事》，见张君劢：《中西印哲学文集》，程文熙编，台北：学生书局，1981年，下，第1436页）。

从中可以更为具体看出两者对于现代宪制与中国文明关系之思考大不相同，故以下就此略加辨析。

二、 张君劢与孙中山宪法设计方案

孙中山晚年经历道统自觉[1]，日益重视国民大会与五权宪法，尤其重视考试院、监察院，突出中国政制之连续性。可以说，孙中山这一宪制构想具有清晰、深刻的中国品质。

然而，当时主流宪法学界对此方案颇不以为然，盖因此方案不合乎其所知之西方通行宪制，这让孙中山相当苦恼。比如，张君劢大体不认可孙中山方案，故在参与中华民国宪法起草过程中，尽最大努力削减孙中山宪法方案中最有中国属性的部分。

这一点在其《中华民国民主宪法十讲》中有十分清楚的表达。该书由其在政协所拟宪草公布后为解释宪法而发表之系列演讲构成，张君劢隐然以之自比于《联邦党人文集》，"新宪之精义，不外乎此"[2]。张君劢明确提出，他所起草之宪法草案：

> 立脚点在调和中山先生五权宪法与世界民主国宪法之根本原则，中山先生为民国之创造人，其宪法要义自为吾人所当尊重，然民主国宪法之要义，如人民监督政府之权，如政府对议

---

[1] 参看姚中秋：《论孙中山之道统自觉》，《现代哲学》2015 年第 3 期。

[2] 《民主宪法十讲》，见《张君劢先生九秩诞辰纪念册》，1976 年 1 月 25 日，台北，第二序，第 1 页。

会负责，既为各国通行之制，吾国自不能自外。[1]

在此，孙中山五权宪法与所谓世界民主国宪法之根本原则似在相对而立的状态；他尊重五权宪法，实出于不得已，但此非各国通行之例，所以他的工作就是要用世界民主国宪法之根本原则，改造五权宪法设想。"不能自外"的意识，与《评议》完全相同。

那么，所谓现代世界民主国宪法之根本原则是什么？从本书论证看，即三权分立之制，"宪法所规定的是国家权力如何确立与如何限制。一个国家，离不了立法、司法、行政三种权力，或者如中山先生再加上考试、监察二种。"三权分立是各国通行之例，提及考试权和监察权，张君劢极为勉强，至于国民大会，在此则完全被忽视。

在具体展开对宪制之论述后，张君劢首先分析国民大会问题。设立国民大会是孙中山宪制思想之基础，张君劢则深不以为然，从多个角度提出怀疑，而倾向于政协会议上提出的"无形国大"，即张君劢所说"合四万万人而成为国民大会，此为我人对于直接民权的理想"[2]，实即取消国民大会。这一设想不为国民党接受，最终宪法草案写入了国民大会，但已大幅度削减其权力，而张氏对此十分得意。

最引人注目的是，《十讲》没有篇章单独讨论考试院和监察院，尽管宪法草案中有考试院和监察院。在逐次讨论国民大会问题、行政权（总统与行政院）、立法权（立法院等）、司法独立（司法院

---

　　[1]　张君劢：《民主宪法十讲》，自序，第 1 页。
　　[2]　张君劢：《民主宪法十讲》，第 52 页。

等）之后，张君劢立即转入讨论民主国政党与立宪国家财政两个问题，似乎刻意以此替代考试权和监察权。

在孙中山五权宪法设计中，考试权和监察权乃依据中国传统政治经验、为矫正西方三权分立宪制之明显缺陷而设，由此显示出孙中山宪法方案之中国性。由《十讲》之权衡取舍、谋篇布局则清晰可见张君劢之立场：对考试权和监察权，他直接选择无视甚至蔑视，理由很简单：此非世界通行之例。

反过来，张君劢为政党政治专设一章，可见其高度重视。孙中山观察西方政治，深见政党政治之弊端，故有其宪法方案以克服之；张君劢则相信，"现代政治不能一日离开政党，是为显然易见之事"[1]。他当然也知道政党之弊，但他相信，西人已找到解决办法，故其弊端不足为虑。张君劢也是政党政治之积极实践者，从青年时代起，他就积极参与政党活动，并组织政党，以政党领导人身份参与立宪。

毫无疑问，张君劢以三权分立为真理的宪法思想，系当时主流宪法学界的观点，故在抗战中间及其后立宪过程中颇能发挥作用。故五五宪草迭经修改之过程，实可谓偏离孙中山宪法方案、而逼近张君劢方案之过程。[2] 在最终颁布实施之中华民国宪法中，孙中

---

[1] 张君劢：《民主宪法十讲》，第 102 页。

[2] 李明辉以此作为"港台新儒家的政治观点已落实于台湾的政治建构"之最重要证据："台湾的民主化有一个前提，就是 1947 年在南京公布的《中华民国宪法》，后来被国民党带到台湾去。但一开始国民党并没有要完全实施这部宪法。这部宪法是谁拟订的？就是张君劢。后来张君劢写了一部《中华民国民主宪法十讲》，就是在说明这部宪法的根本精神……所以，张君劢不只是一个学者，同时还是制宪者、政党领袖。这部宪法后来成为台湾民主化的一个基本架构。如果没有这部宪法，台湾后来的民主化是不可能的"（《李明辉：学者应如何参与政治》，见腾讯文化 [http://cul. qq. com/a/20151015/012839. htm]）。

山的国民大会和五权宪法方案已然残缺不全。后来"民国宪法"之演进更是沿着张君劢的宪法观念展开:"国民大会"消失,"五权"中的"考试院"和"监察权"日益萎缩,形成摆设。

也即,到今天,孙中山苦心孤诣保持传统于现代宪制中之努力基本已告失败。由此引发两个问题:第一,当台湾地区的基本制度终于如张君劢等主流宪法学所愿,不受"国民大会"牵扯,"考试""监察"两权形同虚设,大体以三权分立运作,台湾地区政治生态处在何种状态?算得上好的政治吗?其政制是否具有长远的政治生命力?第二,另一方面,孙中山旨在保持中国政治连续性的努力归于失败,是因为其"宪法"方案不可行,还是因为其根本就无机会实施?

对这两个问题,钱穆都有所思考。

三、 钱穆与孙中山宪法设计方案

钱穆不是专业政治学者,他所深入研究者是中国历史,尤其是其中之治理之道,政制是其中最重要部分。事实上,从《国史大纲》布局可见,钱穆高度重视历代政制之变动,此本为传统史学之重点所在。而钱穆在抗战初年撰著此书,有强烈的文化自觉,故对此前之思想学术有自觉反思,此可见于《国史大纲》之《引论》。其中专门论述当时塑造国人史观最广最深者之所谓"革新派",此派最显著的特征是依据西方理论裁剪中国历史。钱穆指出:"前清末叶,当时,有志功业之士所渴欲改革者,厥在'政体',故彼辈论史，则曰：'中国自秦以来二千年，皆专制黑暗政体之历史也'。"[1] 这一流传甚广的观点，在相当程度上刺激了钱穆的史学问题意识：辩驳所谓中国长期君主专制政体论。

由此，钱穆之史学研究实有突出的政治学、宪法学色彩。《国史大纲》最突出的贡献似在于论定汉武帝之后的政府是士人政府[2]，其宪制是皇权与士大夫共治[3]。这否定了所谓中国长期君主专制论，历史上诸多重要制度也因此而凸显其恰当而重要的意义，比如选举制、士人政府内的分权制衡，等等。

钱穆之史学本身有强烈政治学导向，故在抗战建国的政治气氛中得以轻松进入政治学领域。他颇为系统地提出自家宪制方案，并给予历史、理论说明，见《政学私言》。以历史文化学者身份而能提出如此完整、自成体系的宪制法案，纵观近世中国学界，似可谓独一无二。惟有通过钱穆先生的问题意识及其史学研究范式，才能理解这一点。

这一系列论述表明，钱穆从思想上重新发现孙中山之宪法方案，并予以高度肯定。他发现，孙中山宪法构想实合乎中国政治精神，多取法于中国传统政制，故此书中，《中国传统政治与五权宪法》一文最为重要，从中可见，钱穆的宪制思想与张君劢隐然直接对立。

张君劢认为，现代政治必然以政党政治的形态展开，钱穆则

---

[1] 钱穆：《国史大纲》，《钱宾四先生全集》本，台北：联经出版事业公司，1995 年，第 25—26 页。

[2] 钱穆：《国史大纲》，第 166—167 页。

[3] 此为后来余英时之概括，笔者用此概念展开更为详尽的分析，可见姚中秋：《国史纲目》。

指出：

> 中国传统政治之最高理论与终极目标即为一种民主政治，而此种民主政治之所向往，即一种公忠不党或超派超党无派无党之民主政治。中山先生之五权宪法，本为融通中外而创设，故其精神，亦自涵有公忠不党超派超党无派无党之精义，其所以为适切国情之点亦在此。[1]

张君劢坚持西方三权分立之制，奉之为真理，为此刻意忽略孙中山依据中国传统政制所增设之考试院、监察院；钱穆则站在孙中山一边：

> 中山先生五权宪法中考试、监察两权，厥为中国传统政制精义所寄。考试制度之用意，即在"公开政权，选贤与能"。夫真能代表民意者，就实论之，并不在人民中之多数，而实在人民中之贤者。中国传统考试制度，即在以客观方法选拔贤能，而使在政府中直接操政……中山先生于民权主义中即详论"权"、"能"之分别，又特倡"知难行易"之学说以为其政论之根据。若论多数，则不知不觉之民众必占上选，然真能代表民众中不知不觉多多数者，转在少数先知先觉与后知后觉之人才，故据中山先生之意见，亦必主张贤能代表之传统观念。[2]

---

[1]　钱穆：《政学私言》，北京：九州出版社，2011年，第5页。

[2]　钱穆：《政学私言》，第7页。

此"贤能代表"与西方大众投票选举之"统计代表"相对。对考试制度,《选举与考试》一文有更深入讨论。

当日本于 1945 年 9 月 9 日在南京投降签字日之清晨,钱穆奋笔疾书《建国信望》,全面阐明其建国纲领,全依中山遗教为框架,因为他断定:"孙中山先生之三民主义,将为此后新中国建国之最高准绳。"[1] 关于政制,钱穆谓:

> 二八:新中国之政治发展,必然将向"民主政治"之途而迈进。但此种民主政治,绝非英美式的民主政治,亦非苏俄式的民主政治,亦非任何其他国家之民主政治,而断然为中国文化圈里的中国式的民主政治。
>
> 二九:此种民主政治,大体必遵照中山先生民权主义之理想而实现。[2]

其下钱穆列述此种政制之基本原则,比如它"将为一种'全民'政治而非政党政治与阶级政治"[3],并再度申论考试制度之价值:

> 中山先生主张"治权"与"政权"划分,又主张以"考试"限制人民之被选举权;此两理论,必将透彻发挥,以为中国新政治之基石。尤其是后一理论,乃中国传统政治精义所

---

[1] 钱穆:《政学私言》,第 253 页。
[2] 钱穆:《政学私言》,第 257 页。
[3] 钱穆:《政学私言》,第 258 页。

在，中国人将大胆提出，以确然完成将来新中国的新政治。[1]

由以上可见，钱穆之所以高度肯定孙中山政治理论与宪制构想，全因其认定，后者本乎中国传统政治精义，活用历史上行之有效的制度，而又广泛吸纳他国既有经验，从而熔铸合乎中国人观念、切实可行之制度构想，此正为钱穆所肯定之中国现代政治发展之正道。孙中山在见证西式观念在中国政治中失灵后，以其政治家的敏锐转向中国政制传统；钱穆在见证西式观念所致中国人历史文化认知之混乱后，同样转向中国政制传统；两人均以此为本构造中国政治学，构想现代中国之良好而可行之宪制。故钱穆之肯定孙中山政治思想和五权宪法，绝非附和当政者，而出自其延续中国历史文化之热心与自身学术研究之心得。

引发张君劢批评的《中国传统政治》一文最后，钱穆再次高度肯定孙中山，分析指出孙中山之思考方法：

> 在近代中国，能巨眼先瞩，了解中国传统政治，而求能把它逐步衔接上世界新潮流的，算只有孙中山先生一人……政治上之权能分职，最能撷取中国传统政治如我所谓信托政权的内在精神，而发挥出它的真意义。在西方所倡三权分立的理论下，再加添中国传统考试监察两权，使在政府内部自身，有一套能为社会自动负责之法制，而一面又减轻了近代西方政治之对立性与外倾性，把来符合中国自己的国情。[2]

---

[1] 钱穆：《政学私言》，第 259 页。
[2] 钱穆：《国史新论》，第 132 页。

钱穆以为，孙中山才是真正具有创造力之政治思想家，因为，制度移植论者只是简单地进行制度的平移，而并无任何思想创发与制度创新。孙中山不是简单地照搬思想观念和法律制度，而是融古今中外为一体，且以中国政治精神为根本加以创发。然而，钱穆先生指出，在学界全盘西化的气氛中，如此思想和制度创造反而不为人所接受：

> 大体上，在他总是有意参酌中外古今而自创一新格，惜乎他的意见与理想，不易为国人所接受。人人只把一套自己所懂得于外国的来衡量，来批评，则孙先生的主张，既不合英美，又不合苏联，亦不合德意，将见为一无是处。无怪他要特别申说知难之叹了。[1]

孙中山尊重中国传统政治、延续其中已被历史证明最为卓越之制度，其思想反而是创造的，其制度也是切实可行的。但这种努力反而遭人嘲笑，在钱穆看来，在现代中国特殊的文化气氛中，进行真正具有创造性的知识生产所面临之最大挑战是精英群体对自身历史、文化之封闭，此种封闭形成于张君劢已清楚显示之心态：专心寻求西方之尊重，而不是寻找切合于中国民众秩序意向之优良制度。恐怕正是这种封闭甚至于冷漠，导致近世中国各路精英之创制立法，频频遭遇失败。此一事实显示孙中山思考方法之可贵：

---

[1] 钱穆：《国史新论》，第132—133页。

推敲孙先生政治意见的最大用心处，实与中国传统政治精义无大差违。他只把社会最下层的民众，来正式替换了以往最上层的皇室。从前是希望政府时时尊重民意，现在则民意已有自己确切表达之机构与机会。而一面仍承认政府与民众之一体，而偏重到政权与民权之划分。只求如何能使贤者在职，能者在位，而已在职位者，则求其能畅遂表达他的贤与能，而不受不必需要的牵制。又在政府自身，则仍注重其内在职权之分配与平衡，而不失其稳定性。这一种稳定性，实与一较广大的国家，而又有较长久的历史传统性者，为较更适合。能稳定并不比能动进一定坏，此当斟酌国情，自求所适。此一理想，自然并不即是完满无缺，尽可容国人之继续研求与修改。但他的大体意见，则不失为已给中国将来新政治出路一较浑括的指示。比较完全抹杀中国自己传统，只知在外国现成政制中择一而从的态度，总已是高出万倍。[1]

此处抉发了孙中山先生宪制设计方案与传统政治精神的切合之处，含义甚广，当另文专门讨论。要之，在钱穆看来，孙中山最可贵之处在于，在中国思考中国政治：

我们也可说，孙中山的政治理想，还是较偏于内倾型的，以其注意到国情。而目下其他意见，无论是主张英美民权自由，与主张苏俄共产极权，都是外倾型的，以其目光只在向外

---

[1]　钱穆：《国史新论》，第 133 页。

看，而没有肯回头一看我们自己的。[1]

据《国史大纲·引论》，此所谓"内倾"是双重的：首先，"治国史之第一任务，在能于国家民族之内部自身，求得其独特之精神在"[2]，类似地，政治思考亦当持内在立场。这是因为，中国文明始终有其内在的"生力"，故而，即便遭遇近世挫折，"我民族国家之前途，仍将于我先民文化所赋自身内部获得其生机"[3]。如果中国文明确可截断前流，那么宪制设计自可全盘西化；否则，宪制设计就不能不从传统出发。

但在二十世纪强烈反传统的文化气氛中，即便有国民党以权力守护，孙中山之创造性宪法构想也难以完全落实：

> 我们当知孙中山的三民主义与五权宪法，并不是确经试验而失败了。他的那番理想与意见，实从未在中国试验过，而且也未经近代中国的知识分子细心考虑与研索过。[4]

但这并不意味着孙中山的思路和方法失败了：

> 将来中国政治若有出路，我敢断言，决不仅就在活动上，决不仅是在革命与组党上，也决不仅是在抄袭外国一套现成方式上，而必须触及政治的本质，必须有像孙中山式的为自己而

---

[1] 钱穆：《国史新论》，第133页。

[2] 钱穆：《国史大纲》，上，第32页。

[3] 钱穆：《国史大纲》上，第57页。

[4] 钱穆：《国史新论》，第133—134四页。

创设的一套政治理想与政治意见出现。纵使这些意见与理想，并不必是孙中山的三民主义与五权宪法，而孙中山的三民主义与五权宪法，也仍还有留待国人继续研求与实行试验之价值。这是我穷究了中国二千年传统政治所得的结论。[1]

此处对孙中山思考方法之肯定，实为钱穆之夫子自道，其历史研究正为探寻中国人"为自己而创设的一套政治理想与政治意见"；然此种努力，却遭到张君劢之言辞抨击乃至挖苦。

四、 反思性结语

以上概述张君劢、钱穆二贤之宪制思想，重在抉发其思考进路和方法，首先可见，两人均在中西关联之框架内思考中国宪制与文明之前景。鸦片战争以来，欧美与中国同在天下、且严重压迫中国，中国学者不能不如此——事实上，无不如此，直到今天。

但二贤之区别也甚为明显：张君劢坚信，儒家思想确在现代中国仍有其作用，但政治上例外：中国必须全盘接受西方民主政治，不仅在基本价值上，也在具体制度上，比如三权分立就是优良政治之通例，中国须原原本本地采用之。据此，张君劢反对孙中山之国民大会与五权宪法设想；据此，张君劢判定中国传统政治是专制君主政体，而反对钱穆之论断。

至于钱穆的思想，则与之不同：一方面，他反复声明不反对民

[1]　钱穆：《国史新论》，第135页。

主政治，另一方面，他也不迷信民主政治，更不以西方政治思想作为唯一正确的政治思想，而始终坚持中国政治思考之内在立场。故其历史研究重在抉发中国政治之精神、原则、优良制度，并将由此所发现之中国优良政治制度用于现代中国之宪制设计中，从而形成中国政治学之初步框架与保持历史连续之宪制方案。

以上所述二贤之思想分歧，实为现代儒家内部持续存在之分歧的一个例证；一百多年前康梁与张之洞之间的分歧，则可视为所有这些分歧之较完整原型[1]；近来发生之港台新儒学与大陆新儒学之争议，可视为这一分歧之最新故事。双方所持之不同立场方法，决定了其对儒学之新形态、及其在今日所可扮演之角色，有相当不同的期待。

核心争点在于，儒学有资格、能力影响、塑造政制否？儒家不同于希伯来神教，也有别于希腊"哲学"，最为整全，自敬天、敬祖、敬鬼神，而诚意、正心、修身，到齐家、治国、平天下，其中，政是儒家行道之重要机制，故夫子"知天命"，乃出仕于鲁[2]；在鲁不得志，周游列国，"孔子至于是邦，必闻其政"[3]；孔门编纂《论语》，列《为政》为第二篇，可见其重要。故传统上，儒家必致力于以自身义理构造社会治理机制，包括宪制；无儒家式宪制，儒家价值恐怕难以维系。

然而，现代儒者恰在此问题上发生严重分歧。一部分现代儒学

---

[1] 事实上，张君劢在思想和政治上确与梁启超有密切关系，而牟宗三又曾与张君劢有密切关系，故笔者曾概括由康有为梁启超到张君劢的保守-宪政主义思想与政治传统，构成现代中国国家构建之重大线索，见姚中秋：《现代中国的立国之道》（第一卷：以张君劢为中心），第75—123页。

[2] 《史记·孔子世家》。

[3] 《论语·学而篇》。

者认定，传统中国政制，哪怕是基于儒家义理的那些，也已被证明是失败的；至今日，相形于西方民主政治，儒家宪制已完全丧失存在之合理性。这差不多是近人所谓"现代新儒学"或"港台新儒学"之共识。据此，现代新儒学接受西方关于政治的真理，视大众投票、三权分立为核心之民主政制为中国政治变革之唯一方向，其着力于思考儒家价值、思想如何实现自我转化，以接纳和服务于民主政制。

在现代新儒家最有影响力的人物中，差不多只有钱穆一人认为，传统中国政制并非漆黑一片，反有诸多可取之处，即便到今日也有其价值。故他认为，今日国人当立足儒家义理，基于中国数千年政治观念、制度和实践，从事宪制设计。到晚近，有所谓"大陆新儒学"兴起，如蒋庆等人，亦作如此论断。不过，后者思想并非接续钱穆，而由康有为发展而来，因而有所谓"康党"之名，而钱穆对康有为早就有严厉批评——这涉及另一学术公案。不管怎样，从学术结构上看，在钱穆那里，儒家义理与政治思考是贯通的，中国历史也是连续的；相反，在港台新儒学那里，儒家义理与政治思考截为两橛，中国历史因此也发生断裂。

现代儒学在儒学义理可否、能否发展出其政治理论且构建儒家式宪制问题上之分歧，可概括为现代宪制与中国文明兼容与否之问：面临强势西方，中国文明是完全可以且应从其固有文明内生出有效而优良之现代宪制，还是已无此能力，只能通过宪制移植建立良好政制，其自身反而应当自我调整而适应之？

当然，如果仔细辨析即可发现，这两种立场实不对称。孙中山、钱穆并不拒绝民主，只是其宪制设计绝不限于民主。民主只是其儒家式宪政结构中之一术而非全部，更非贯穿其中之道。民主被纳入完整的儒家治理架构，有其恰当位置，但其宪制结构之整体则是中国式、儒家式的，贯穿了中国政治精神，也延续了中国固有优良制度，此可谓"中体西用"。由此，其理论保持儒学固有之整全属性，其所构想之中国政治也保持连续。现代中国之变虽然剧烈，虽然遭遇强烈外部冲击，也仍是中国文明之"新生转进"。

另一方面，张君劢等现代新儒家先贤几乎以民主政制为其宪制结构之全部，从而与中国政治传统一刀两断；由此，其儒学体系不能不放弃内在固有的政治思考，而收缩为心性之学；由此，其理论丧失儒学本有之整全属性，而循西方学术路径向哲学深挖，无暇对修身、齐家、治国、平天下作现代阐发。因而，现代新儒学之义理结构是严重地残缺不全的。

张君劢于抗战期间参与立宪，的确是现代儒家历史上最为辉煌的时刻，然而，义理结构不全之儒学只能给精英们接受民主政制提供一点点帮助——其实，有没有这点帮助，对于政治进程都不重要；却不能在快速变动的文化与政治进程中树立自身之主体性，当然也就无法设想自己的完整政教结构；这样，张君劢所构想之宪法虽得以实施，但在文教、政治结构中，儒学自身却缺乏存身之体，而处在边缘化的尴尬状态——比如在台湾地区正式学术体制中，儒学始终是边缘的；更为重要的是，义理结构不全、哲学化之儒学，也没有能力通过多种管道参与台湾地区现实社会、政治运作，甚至在现实的文化场域中都是缺席的。儒学如此边缘化在政治上的后果之一是，民主政治失去反思性力量之牵引，而在各种因素的牵扯下不断下坠，此即台湾地区晚近以来政治之困境所在。

现代新儒学对民主政治有绝大信任。然而，福山所指美国等国之"政治衰败"现象[1]表明，此制不足以维护良好社会政治秩序。实际上，当年美国立宪者创制立法，即费尽心机避免民主制而构建共和制[2]。孙中山有鉴于其所见民主政制之明显弊端而重新思考，为此，进入中国传统而另造新制；钱穆同样对此种政治衰败有过预言，而提出本乎中国政治精义之宪制方案，其根本在于，以儒家精义构筑民主政治所需之文教、社会基础，并以之约束民主，比如，以国民大会制度防范政客之自我封闭与特殊利益化；而考试制度旨在养成并遴选德能出众之现代士大夫，等等。此种思考，暗合于美国立宪者，或可设想，若真行此制，可以避免政治衰败？

当年，钱穆对中国政治历史之重新认识，及据此提出之儒家宪制方案，几被当作笑话，即便在儒家内部，也遭遇带有严重道德谴责意味的批评[3]；孙中山的宪制方案，即便有官方意识形态之身份，仍不得有效实施。不能不说，此乃时势使然：彼时，西方文明如日中天，中国文明疲弱不振。不过到今天，大势已全然不同。《中庸》曰："君子之中庸也，君子而时中"，儒学或曰中国学者今日不能不重新思考中国文明与宪制的关系。回到孙中山、钱穆，正当其时。

---

[1] 参见［美］弗朗西斯·福山：《政治秩序与政治衰败：从工业革命到民主全球化》，毛俊杰译，桂林：广西师范大学出版社，2015年。

[2] 尽管这一点主要基于规模因素，参看［美］汉密尔顿、杰伊、麦迪逊：《联邦党人文集》，程逢如等译，商务印书馆，2004年，第65—70页；但由此也就引入"选贤与能"之难题，美国联邦宪制之复杂制度和程序设计，在很大程度上正为回应此一难题，可参看姚中秋：《德性、理性与共和：〈联邦论〉的另一条线索》，见徐涤宇、桑德罗·斯奇巴尼主编：《罗马法与共同法》（第3辑），北京：法律出版社，2014年。

[3] 除张君劢外，徐复观也曾尖锐批评钱穆，怀疑其良知，参看徐复观：《良知的迷惘——钱穆先生的史学》，见徐复观：《儒家政治思想与民主自由人权》，台北：台湾学生书局，1988年，第177—188页。

这一重新思考的前提是重新认识中国历史，相应地，重新认识人类历史，以在更长的时间尺度上重新厘定中西文明和政制之关系。如钱穆所痛心指出者，以现代西方为标准认识历史，必至于自我否定，故"今日国人对于国史，乃最为无识也"[1]。然而，曾高呼"历史终结论"的福山，今天已在重新认识中国历史，认为中国建立了世界上最早而成熟的现代国家[2]。当人类已进入"世界历史之中国时刻"[3]，对中国学人来说，从更为平衡的立场上重新书写人类政制之历史，已刻不容缓。

---

[1] 钱穆：《国史大纲》上，第 25 页。

[2] 参见［美］弗朗西斯·福山：《政治秩序的起源：从前人类时代到法国大革命》，毛俊杰译，桂林：广西师范大学出版社，2012 年，第 91—93 页；其对人类建立国家历史之描述，也从中国的秦汉政治构造开始。

[3] 姚中秋：《世界历史的中国时刻》，《文化纵横》2013 年第 3 期。

与李明辉商榷：谈儒家，先跳出历史终结论[1]

今年（2015年）以来，李明辉先生成为媒体关注的焦点：年初，李先生严厉批评蒋庆先生的"政治儒学"取向，直白表示不认同"大陆新儒家"。此批评引来大陆儒学者热闹回应。年中，很巧，似乎在同一天，两岸儒学者在北京、台北开会，相互回应。

有人说，不要争论了，会伤和气。仅因为看法不同、相互争论而伤和气，何以为儒？当年朱子与陆象山、与陈亮、与吕东莱等人都有激烈争论而依然为挚友，士而得诤友，幸何如之？子曰："君子和而不同"，笔者以为，这样坦率的争论挺好。

而且，如此争论，也有不得不然者。近几年来，不管是在大陆、台湾、香港，乃至整个世界，文化、政治都在急剧地发生重大变化，如大陆精英群体开始重视儒家，而港台地区则有日益明显的去中国化迹象。儒学界不能不认真思考，在不同地域，儒学面临的挑战各自究竟是什么？不同的回应策略之间有没有相通之处，可构造一个共享的当代儒学发展之思想路径、学术范式？

秉持这一立场，笔者愿对李明辉先生的最新访谈作一回应。9

---

[1] 曾发表于"凤凰国学"，2015年12月24日。

月下旬，李明辉先生接受腾讯文化专访，由头仍是两岸儒学之争，上篇题为《儒家土壤为何长不出民主制度?》，下篇题为《勿让公知成为公害》。不过这一次，李先生跳开先前对大陆儒家的批评，回到儒家中国的历史，首先解答儒家为何未能开出民主制度这个问题。坐实这一论断后，李明辉先生继续批评大陆新儒家，其中不少看法在年初的访谈中已经提出。笔者拟就其中较为重要的问题，略作回应。

一、 儒家，终结历史终结论

通观年初和9月的访谈，有一个强烈印象，李明辉先生是不可救药的历史终结论者。终结历史的主体当然是源于西方的制度和思想，这两者构成李明辉先生用以判断中国传统制度和儒家思想之标准。

首先是民主终结论。在李明辉先生的论述中，历史将（或已经）终结于民主制度，民主就是人类一切政治思考和制度的判断标准。在中国存在了两千多年的儒家思想，以及由此所塑造、支撑的传统中国的政治制度，也必须经过这一判准的审查。通过了，才值得认真对待，有资格继续存在；通不过，就必须摒弃，或者加以彻底改造，以对接民主制度，服务于这一通往终结的历史进程。

其次是西方思想终结论。这是从民主终结论引申而来，牟宗三、李明辉先生的思考有一种奇怪的"政治制度中心论"倾向，似乎以为，衡量一种思想有无价值的唯一判准是能否带来民主，对西方之外的思想，则看其能否促进民主从外部植入本土文明。当然，或许还可再加上科学。信念、思想、价值、文化本身似乎没有政治之外的独立价值。

据此，李明辉先生说，西方思想是高明的，因为民主就原发于此思想所在之文明中。至于中国嘛，李明辉先生说，"中国传统思想是有局限的，以牟先生的用词来说，中国传统文化过分强调'理性之运用表现'，而忽略'理性之架构表现。'"西方思想形成对列之局，在知识方面产生科学，在制度方面产生一种"制度性的思考"，把政治和道德拉开，这是近代西方政治的最大贡献。中国传统思想没有经过这个转化，所以古人不容易有这种思考。不能不诚实地承认，在思想方面，儒家本身是差了这一步。牟宗三先生、李明辉先生的学术努力就是实现一次转化，让儒家思想有能力接受民主和科学。

那么问题来了，这一转化真的可能吗？在牟宗三、李明辉先生看来，儒家思想的问题不是在一两个具体论点或论域上不足或有缺陷，而是思考方式整个儿是错的，与西方思想在两条不同轨道上，西方当然是正道，儒家是邪道，至少是小道。如果确实如此，儒家能换轨吗？

作为儒学研习者，我深为这个看法忧惧：如果思考方式整个儿都错了，儒学还有可能改正自己的错误、重新做人吗？如果不能重新做人，儒家还有存在的资格吗？换个角度，与其费劲做这番转化工作，还不如直接到西方，岂不更为省力而有效？

按照牟宗三、李明辉先生的历史终结论，儒家对现代中国之展开其实是个障碍。只不过呢，它内在于我们的文明和生活中，我们不能不做一番转化工作。一旦通过运思，儒学打通了对接西方思想和制度之通道，也就完全可以含笑而死了，因为中国终于加入通往历史终点的行进队列了。

但是，万一，历史不可能终结，中国人会不会被闪了腰？

历史终结论内嵌于西人一、多两分的思考方式中，既在其哲学中，也在其宗教中。这种思维方式也正是牟宗三先生所说的理性的架构表现，主体与客体分立的"对列之局"。客体由此一思想的幻术而成为主体的终点，这个终点又似乎总是清晰可见，故历史上常有西人庄严宣告，历史就要终结啦，千禧年啦，乌托邦啦，等等。现代史上做如此宣告者，就更多了，二十年前，福山再一次庄严地宣告历史之终结，并很认真地讨论了历史终结之后末人的世界，那世界阴森森的、挺吓人。不过今天，福山对历史是否已经终结以及有没有可能终于终结，似乎也有点拿不准了，嘴还硬，但已含糊其辞。

历史不可能终结，现在看来，这事儿已铁板钉钉。那么，人类，或者更准确地说，在没有终点的幻觉之后，西方人该如何思考呢？恐怕不能不改动一下李明辉先生的论断：在思想方面，西方本身是差了这一步。相对于中国思想，西方差的正是历史意识。

儒家于今日世界之思想、哲学意义正在于，大声告诉世人，历史不可能终结。别人当然可以扯什么历史终结，中国人不应该，儒家尤其不应该。历史若可终结，如《周易》何？如孔子何？圣圣相继，以易理直探人生、宇宙之大本大源。新儒家也多以易为本，比如，牟宗三先生大学毕业论文就是研究《周易》，熊十力先生晚年作《体用论》，揭明体用不二、生生不已、变动不居之大义。所谓"体用不二"，正是牟宗三先生深恶痛绝之"理性之运用表现"，而这正是中国思想之根本义所在。

人类自有文明以来的所有重要思想、宗教中，惟儒家与历史终结论格格不入。儒家对人类的责任之一，正是终结历史终结论。惟儒家思想肯定思想和制度之多样，肯定多样之和而不同，从而让此世界始终保有生机。惟儒家可以让人类摆脱单一线条的历史终结宿命，各文明历史地积累而成的丰富多样的信仰、信念、思想得以充分绽开，而生生不已，虽步伐坎坷，又充满惊喜。

可以大胆地说，在"历史终结"之后，人类必定依儒家思考。儒家可以示范世人，在历史根本不可能终结而各种神灵接连死去的情势下，人如何成己成人，如何走向良好的人间秩序。历史上，经历了秦之历史终结，经历了佛教之终结中国文化，每一次，都是儒家让历史重新开始。这也是儒家之世界历史意义所在，这个意义才刚刚呈现。

二十世纪中国思想界中变幻不定的时髦人物，差不多都是历史终结论的忠实拥趸。在李明辉先生批评的"公知"群体中即甚为流行，因为历史终结论合乎无知而好言说者之需求，此群体正靠着宣告历史的终结，而获得判断儒家和中国文明之道德优越感。种种反传统狂潮背后的信念正是历史终结论。儒家若持历史终结论，以西方为标准判断儒家思想，判断中国文明。判断丰富多彩的世界，则为自暴自弃。

二、 儒学，或已转入下半场

2013 年华东师大出版社出了一本书，《何为普世？谁之价值？——当代儒学论普世价值》，集中表达了大陆新儒家在普适价值问题上的立场。李明辉先生对此书表现出来的姿态相当不满，认为这是要另立价值体系，以对抗普适价值。李明辉先生明确表示，他最担心的是政治儒学发展成为儒家沙文主义——嗯，这可是非常严厉的指控。

李明辉先生论说中多次提及"西方的普适价值"，大意是，普适价值就是西方价值，港台新儒家正是致力于把中国传统跟西方普世价值结合起来。他质问大陆的政治儒学学者："你为什么一定要对抗普世价值呢？抗拒西方价值难道是好事吗？"虽然，李明辉先生也说道，"而且严格说来，所谓的普世价值是否一定是西方的价值呢？我们为什么一定要把普世价值让给西方？当然儒家学者也应该发挥儒家本身的普世价值"，但对此，李先生没有任何论说。

其实，当代大陆儒家所做的工作，包括李明辉先生提到的那本书所讨论者，正是李明辉先生所倡导的议题：发挥儒家本身的普适价值。只不过，在从事这一工作时，当代儒家的立足点和视野已发生较大的变化。

中国人的思考从来是以天下为尺度的，《诗经》说"溥天之下，莫非王土。率土之滨，莫非王臣"，《礼运篇》说"惟圣人耐以天下为一家"，用西方的词汇近似地说，中国人向来就有普遍主义倾向。儒家对此发扬光大，孔孟反复谈论天下如何如何。

正因儒家所教化之人的心智敞开，中国才在漫长历史中持续地成长，而成为超大规模的文明与政治共同体。这个世界上没有比中国更大、更多样、更复杂、凝聚力更大的共同体了；同时，中国与自己所知的世界也始终有广泛而深入的联系。因此，中国就是可普遍的天下之开端。这一历史可以证明，儒家价值就是普适价值，而且是最为普适的。这一普适价值所支撑的中国历史就是普遍的世界历史的有机组成部分，没有中国，哪有什么世界史？

不幸的是，遭遇西方冲击之后，整个二十世纪，中国人自觉地退缩而自我特殊化。西方是普遍的，西方的思想和制度是普适的，中国的思想和制度都是特殊的。惟有经由自我调整，归入西方开创的普遍之路中，特殊的、落后的中国才有前途，才会被"普遍"拯救。当年，梁启超、张君劢先生反复主张中国要从天下到民族国家，现代新儒家也常这样想。牟宗三、李明辉先生就反复提醒中国人对接西方思考方式，对接民主制度。

只是，经历了一番大变动之后，越来越多的当代大陆儒家不再这样想了。原因很多，其中就有李明辉先生提到的一点，大陆经过几十年的发展，在国际格局中的地位已大为改观。这是个事实，大陆儒家注意到了这个事实，其思想自然有所调整，也就走出自我特殊化的思想洞穴，以全新的立足点和视野思考，重新肯定儒家本有之普适属性，重新确认中国文明的天下属性。这只是儒家在迷失了一百多年之后，重新挺立了自我而已。

由此，当代大陆儒家面对西方的姿态与此前大不相同。在李明辉先生论述中，儒家的根本任务是应对来自西方的普遍性挑战，他谈到"中国文化面对西方文化的挑战"，又反问"儒家现在能不面对西方的挑战吗？"

儒家当然要面对挑战，解决问题，其中当然包括来自西方的思想和制度挑战。然而在不同情势下，面对西方的挑战，儒家可有两种不同的姿态和策略。

整个二十世纪，中国被强势的西方压迫，儒家也被强势的西方思想和制度压得喘不过气来，只能被动应对。这正是现代新儒家的姿态。在西方重压之下，依然坚持论证儒家之价值，这非常了不起，值得后人感佩。

然而，随着中国大体完成救亡图存，中国处境大不相同于二十世纪上半期、中期，儒家的姿态、视野自然不同于此前，不再采取被动防守策略，而有所进取。事实上，新处境给儒家提出了全新问题，儒家若有安顿整全秩序之志，就理当直面这些问题，而不是回避之，依然把一个世纪前或半个世纪前先贤的问题，当成今天自己的问题。

概括说来，当代儒家的思想任务，恐怕不应是中国文化如何回应西方的挑战，而是中国文明如何包容西方的思想和制度，又能创造、并向人类展示良好秩序、美好生活的另一种可能。儒家之思想和学术责任是积极地创造，而不是被动地应付。不是依据西方思想、制度设定议题，回头在自家库房里寻找可与之对接的要素，而不断自我检讨；而是依据自身视野确定真问题何在，依据自家义理确定解决问题的思路。在此，儒家当然是开放的，面向西方，面向整个世界，但是儒家现在已经立定了主体地位。不是与国际接轨、与西方接轨，而是立足圣人之义理，参照中西经验，为人类铺就新轨。

可以说，今天已在李明辉先生所说"儒学第三期"发展之重大转折点上，儒家从被动的回应者转而为主动创造之主体。心态上、姿态上的如此变化，自然带来整个问题意识、议题论域、运思模式、知识结构、表达话语、言说对象等全方位的变化。中国处境如此，儒家不能不这样变化。也只有这样的变化，才有儒学第三期之实质展开。

回想一下儒学发展第二期吧：首先，隋唐之时，佛教盛行，想来当时必然有人主张历史终结论，历史就终结于全民信佛，以佛治国，儒家也要自我调整，与佛教接轨。但终究，中国是一个文明主体国家，故总有人坚守儒家，比如韩愈的空谷足音；宋初儒者之守先待后，也十分可贵。

但是，这只是第二期儒学发展的上半场，重在防守，儒家因此而在重压之下勉强活下来。儒学不可能满足于这一位置，儒学是要重建整体秩序的。经过仁宗时代的精神发育，由王安石、张横渠、程夫子开始，第二期儒学发展进入下半场，大儒辈出，涵容佛理，又以圣人之道为本，造就博大精深的义理体系，养成庶民社会之士君子，从而于史家所谓唐宋之变后全盘重建社会政治秩序。如此儒家，力主辟佛，促使佛教完成中国化，完全融入中国文明中而无违和之感。试想，若没有宋代儒者于第二期儒学下半场之义理创造，中国恐怕不复为中国矣。

第三期儒学发展，毫无疑问，缘起于西方思想文化制度之强大压力。儒学先有过去百余年的坚守，此为上半场。随后，必有一次交换场地，转入义理创造之下半场。儒学今日是否确已进入下半场，当代儒学者是否有能力打好下半场，这些都可讨论，但大陆儒学已初具如此抱负。

当代儒家有此抱负，不是儒家沙文主义，而是儒家生命恢复常态自然具有之刚健自信。纵观人类历史，中国向来是主体文明；纵观中国历史，儒家从来有主体意识。孔子在礼崩乐坏之际重建秩序，后世中国大转型，那一次不是儒家最后出来收拾残局，重建秩序？儒家之学的气象、规模就是秩序重建之学，参照历史，纵观中国思想、文化场域，今天，也惟儒家有能力涵摄西学，为今日中国缔造重建秩序之义理体系，并养成士君子群体，承担重建秩序之重任。

三、 儒者，张君劢、钱穆之平议

正因为主体意识之自觉，大陆儒家举起"政治儒学"大旗。李明辉先生批评最多的正是政治儒学，尤其是蒋庆先生的理论。平心而论，蒋庆先生倡导政治儒学之际，自谓政治儒学，将港台儒学定位为心性儒学，似将两者对立，或许失之草率。港台新儒家始终有强烈政治关怀，张君劢等先生甚至直接参与政治，故对儒家现代政治颇多思考。大陆新儒家思考政治问题，理应重视港台新儒家在新情势下发展儒家政治思想之努力。

不过，包括蒋庆在内的大陆新儒家与李明辉先生所标举之港台新儒家的政治思考之间，确乎存在根本分歧：儒家可否在民主之外思考政治？儒家有没有可能，或者更根本地说，有没有必要提供另外一种政治蓝图，本乎圣人之道，包容西方善制，而更为优良？

港台新儒家以历史终结论的思维断定，民主是最终的良好政治，儒家在过去两千多年所经历、并在很大程度参与塑造和维护之政治制度，就是君主专制。在此架构中，儒家的政治思考基本没有什么价值，最多只是面对专制痛苦地挣扎几下而已。还好，现代新儒家走出了新路，尤其是张君劢先生，参与设计中华民国宪法，建立民主制度。说儒家为中国现代政治发展做出了巨大贡献，诚然。

由此，李明辉先生转而论及钱穆先生，因为，究竟如何判断中国传统政治，两位先生有过激烈争论，在李先生看来，当代大陆儒家对传统政治的看法有点返回钱穆先生，肯定传统政制，这是政治儒学最危险的地方。

可巧，笔者天生缺乏哲学兴趣，故在现代新儒家中，研读最多的正是哲学味相对最淡的钱穆先生和张君劢先生，所以愿意就此多说几句。

笔者在中国人民大学读研究生时，毕业论文选定的主题就是钱穆先生的历史文化思想，为此有一年时间，差不多每天到北京图书馆研读钱穆先生著作。由此，钱穆先生住入心中，自己后来所作的一点学问，深受钱穆先生影响。今年是钱穆先生冥诞两甲子，弘道书院发起、与常州大学国学研究院共同主办纪念钱穆先生的学术讨论会，似乎是今年海峡两岸四地纪念钱穆先生的唯一学术会议。钱先生身后如此萧然，令人唏嘘。

笔者从法政思想研究转入儒学研究的中介，却是张君劢先生。七八年前，笔者接触张君劢先生思想，一发而不可收拾，写作《现代中国的立国之道》第一卷《以张君劢为中心》（法律出版社，2010 年），这是笔者论儒之第一书。张君劢先生的思想在现代中国历史上确实独特而让人入迷：他跟梁启超先生在亦师亦友之间，一生积极从事立宪的政治活动，是具有实践意识的宪法学家，具有宪政主义信念的政治家，组织政党，两度起草宪法，尤其是在 1945 年政协会议上起草的宪法草案，后被采纳，成为 1947 年中华民国宪法的底本。同时，他较早系统介绍德国、法国现代思想到中国。新文化运动后期，他有儒学义理构建之自觉，掀起科学与玄学大论战，为玄学张目，呼吁立足儒学，建立"新宋学"。正是张君劢先生解决了我对儒学与宪政之关系的困惑，引导我重新发现现代中国的保守宪政主义思想和政治传统。

不过，研究进展到后期，涉及先生晚年所著《中国君主专制政治之刍议》，颇为困扰、踟蹰。前后两任师父打起架来，弟子当然为难。张先生滔滔雄辩，斥责钱先生，甚至让我颇为难堪。两人究竟谁有道理？《现代中国的立国之道》一书基本回避了这个问题。但如何处理张、钱两先生思想之关系，始终萦绕于心。

今天，可以较为明确地说，吾与钱宾四先生。从学术内在连贯这个标准看，张君劢先生的理论是断裂的：他钟情中国心性之学，致力于追求民主宪政，但这两者截为两橛，如油水之不融。

当然，这也是整个港台新儒家面临的大难题，从四贤之《为中国文化告世界人士宣言》中清晰可见：他们既肯定源于西方的民主，再加上科学，又热爱本民族文化，尤其是儒家心性之学，但两者如何对接，始终含糊其辞。牟宗三先生提出良知坎陷说、开出说，大义何在，先生未遑多论，其后学争说不休，反令人如云如雾。

这种政治观念与学术之间的断裂，常见于现代中国历史上那些对中国文化尚有一些情感的学人。举例来说，胡适被尊为自由主义的祖师爷；然而，这位祖师爷的学术却是红楼梦研究、禅宗史研究、水经注研究，等等。自己的学术与自己的政治思想之间究竟是什么关系，胡先生自己怕也说不清楚。

如此割裂的根源恐怕在于，政治上接受历史终结论，而由中国文化所浸润之心智及其知识倾向，对此政治论断无从给予论证，只好听任两者惨淡割裂，其结果，学问上无所成就，对于自己所向往的政制也无法做深入思考。

这种知识欠缺在牟宗三、徐复观先生等人身上也有清楚表现，他们多数停留于民主政治就是好、就是好这一浮泛的信念层次，接下来最多证明，儒家内涵民主的倾向，可以开出民主。但他们完全未能进入关于民主之政治哲学层面，更不要说政治科学层面，也就从未提出过民主政治在中国之制度创发路径。他们的知识体系中难见制度之学，而这是自古以来儒者之学之重要一翼。

从这个角度说，钱穆先生的思考是连贯的，其知识体系是完整的。钱穆先生在哲学上当然谈不上什么重要贡献，因为先生本来不从哲学入。钱穆先生以经学意识进入史学研究，而能见其大者，深入剖析传统中国社会治理之道，尤其是发明士人政府概念，可谓鞭辟入里，构筑儒家历史叙事之大线条，有效地抗衡种种关于中国历史之历史终结论的历史叙事。

最为难能可贵者，钱穆先生依史明道而立法，于抗战中和胜利前后发表一系列政论文章，汇编为《政学私言》，系统设计各种政制，具有相当深刻的政治思想原创性。钱穆先生的制度构想之道，正是孔子教诲颜子的创制立法之道——"行夏之时，乘殷之辂，服周之冕，乐则韶舞"云云。钱穆先生有立法者之知识，对民主政治在中国之生发提出了具体的制度构想，其所设计之宪制，有士人政治之大义，又得现代民主之仿佛。

特别值得注意的是，钱穆先生十分尊崇孙中山先生的五权宪法构想，而这一构想的特出之处正在于活用士人政治之精义，设计现代宪政架构。张君劢先生在起草中华民国宪法草案时，极力修改孙中山宪法所定宪法之大义，去除其中体现中国传统政治精神的制度设计。评价张君劢、钱穆先生历史判断、政治见识之高下，不能不以孙中山先生为参照。

更进一步则可以问，经张君劢先生之手的这部宪法，足以开万世之太平否？李明辉先生反复说，港台新儒家的政治哲学观点实际上在台湾地区的政治建构中已经得到了一定程度的落实，指的就是张君劢先生起草了这部"宪法"。这当然是事实，以《春秋》责备贤者之义，我们今天或许可以追问，竭力淡化孙中山先生构想中有中国政治精神之制度，与九十年代以来台湾地区快速去中国化、以至于今日不可收拾的趋势之间，有没有关系？又，面对日益严重的去中国化，台湾地区的儒家自身的思想、文化、政治处境日益艰困，那么，这部宪法中有保障之道否？若儒家尚且不能自保，何谈行道？

台湾地区文化、政治之复杂情形表明，儒家远没到松口气、争功劳的时候。重任正在降临，如山一样，儒家必须打起十二分精神，慎思而行。

四、 儒家，中国的未来

今日大陆、台湾、香港内部文化政治情势，及其相互之间的关系，正在经历重大变化，这本身就是当代儒学不能不面对的大问题。

二十世纪中期，天玄地黄，台湾、香港成为中国文化的存身之所，现代新儒学在此保存血脉。八十年代后，港台新儒学回流大陆。同时，台湾地区解除戒严，1947 年"宪法"全面运作。但此"宪法"一开始运作，就丧失一些根本制度如国民大会。如今，这套制度的运作固然有一些成就，但李明辉先生也承认，"台湾民主当然很乱，很多地方没上轨道"。现在的问题是，目前的政制有没有可能让其前行而上轨道？如果不能，将如之何？

因为其地缘位置，香港曾经是大陆经济改革的示范窗口，英国人带来的法治也对大陆法治建设发挥了引领作用。但近两年来，香港的法治精神似乎正在快速流失。

大陆则呈现另一种态势。二十世纪中期，继续革命的政治狂潮冲击文化、经济等领域，中国文明危乎殆哉。八十年代以来，狂潮歇息，传统习俗有所恢复，借助港台儒学，思想学术领域逐渐发生变化。总体上，中国文明经历一次强劲复兴，而大陆的经济总量也快速提升。百年中国人救亡图存的事业可谓告一段落，人类进入世界历史的中国时刻。

然而，恰在此时，港、台两地惊现"去中国化"倾向，最为突出地表现在思想、学术、教育界。两岸政治对立、英国殖民统治时期都没有的去中国化倾向，何以现在出现？这是文化问题，还是政治问题？人们自然可对此中缘由继续争论。但归根到底，这是儒学不能不面对的问题，"邦分崩离析而不能守也"，谈何治国、平天下？恐怕也只有儒家，有可能为这个文化与政治纠缠的难题，找到解决办法。

容我大胆地说，港、台精英之去中国化倾向，背后的驱动力量正是历史终结论。打破这种信念，才有可能重建中国人共同生活之意愿。两岸四地的儒家不能不承担起这个责任，首先要自己跳出历史终结论，又依儒家义理和中国文明的历史经验，阐明通往另外一种、可能更好的文化政治秩序的途径，并在两岸四地同时推动教化与政制之更化，才有可能重建人心之一统。

事实上，放眼东亚、乃至于整个世界，儒家面临的任务极为沉重。如何处理与韩国、琉球等有深厚儒学传统的国家、地区的关系，如何处理与日本、新加坡、越南等有一定儒学传统的国家的关系，又如何处理与马来西亚、印尼、泰国等有大量华侨的国家的关系，如何与欧洲、美国、俄罗斯相处，更重要的，如何处理新西域问题，如此等等，都摆在中国面前。至于人心，则是普遍堕落、混乱，触目惊心。再有，当今世界宗教战争、文明冲突，依然困扰世人。

对所有这些问题，儒学迄未提出融贯的解决办法，甚至连相应的问题意识都没有。就此而言，儒学第三期尚未展开呢。确实，在此之前，儒学者做了很多努力，但只是为中国自身之免于危亡而被动应付而已，由此，儒家从天下退出而局促于中国，从教化退出而局促于学术，从社会退出而局促于形而上学。在很大程度上，外部的重压让儒家迷失了自己，丧失了本有之宽广视野，无力关注人心、天下，无力发展"大人之学"，其学问支离破碎，不足以解决中国内部秩序重建问题，也不足以引领中国在急剧扩大了的天下存身并化成天下。

所以，儒家任重而道远啊，第三期儒家的大业其实才刚刚展开。当然，儒家或许可有自信，因为历史上，儒学多次面对相似情势，而每次都能成功应对。儒学之诞生与重大发展，都在大解体、大转型中。

第一次，西戎入侵，周室覆灭；北狄与南蛮交侵，中国不绝如线，逐渐地，礼崩乐坏，三代古典文明瓦解。天降孔子，以为万世之木铎，思考后封建时代的修身、齐家、治国、平天下之道。经过持续的分裂、战争，秦汉立国，中国疆域大幅度扩展，从而置身于更为广阔的天下。但最终，这一轮大变动，由汉儒综合各家义理，方得以底定秩序。

第二次，中古，先是佛教从西传入，严重冲击国人思想观念。随后，中国从东南方向卷入海洋贸易体系，进入更大范围的天下。此间同样有政治之长期崩解，与观念之大混乱。但最终，仍由儒家重建一统之大局。

中国历史很长，很多情势反复出现，过去百余年中国的处境，就与上述几次颇为类似：外部思想、信仰、暴力持续冲击，中国被拖入更大的天下；由此，中国内部秩序崩解，先是民国时代的长期动荡、内战，其结果是大陆、港、澳、台之分治；同时还有东亚朝贡体系之解体，中国置身于最为复杂的民族国家体系中；今日港台之去中国化与西部之宗教极端主义，正是这一崩解趋势的遥远余震。

中国处境可谓纷纭复杂，当此之际，恰恰需要中国思想之创发。任何思想上的偷懒，都将让中国这次大转型迁延不治。揆之以历史经验，惟儒家可担当起以思想、并以其所养成之士君子底定秩序、并让中国协和更大范围的天下之大任。

而过去大半个世纪，儒家在不同地域、不同文化政治环境下之生存经验，由此而形成的多种义理进路，正好是儒学义理创发之巨大优势。当代儒家面对的大问题，不仅是中国的，也是人类的，大陆、台湾、香港、澳门的儒者，韩国、琉球、东南亚的儒者，日本、美国、欧洲的儒者，理当积极地对话、会通、创造，明道、弘道而行道。

《政治儒学评论集》代序[1]

去年，笔者曾在微博上多次说过这样一句话："蒋庆先生是六十年来大陆唯一思想家。"此论断在网络上固然引起巨大争议、甚至是嘲讽，网下以政治思想为专业的学者朋友，也多有微词。

然我不为所动，始终坚持这个看法。任重先生编辑这本《政治儒学评论集》，邀我为之作序，得机会参考诸位先进之赞与弹，并因此而系统地重读蒋庆先生三本大著：1995 年出版之《公羊学引论》、2003 年出版之《政治儒学——当代儒学的转向、特质与发展》、2012 年出版之《再论政治儒学》，对自己的看法，更有信心了。

为论证这一观点，我撰写了这篇也许有点太长的序言。我将指出，蒋庆在多个方向上打破了百年来中国思想界营造并被人们普遍信持的思想、价值和观念迷信，树立了中国思想的主体性，建立了中国人思考政治问题的基本范式，因而足当唯一思想家之誉。

---

[1] 收入任重主编：《政治儒学评论集》，中国政法大学出版社，2013 年。

一、 恢复儒学之完整性： 政治儒学之提出

讨论蒋庆之思想贡献，首当注意者自然为"政治儒学"概念之标举。

政治儒学乃针对心性儒学而提出。在"科学与玄学大论战"中，张君劢疾呼"新宋学之复活"[1]，在当时全盘反传统的特定语境下，具有重大思想史意义。

二十世纪初，炫目于西方之坚船利炮和社会治理，儒家士大夫群体发愤学习模仿，乃有废书院、废科举、废读经之举。此前，经、史、子、集构成的中国固有思想学术体系与经学为主的教育体系互为表里；而教育体系之全面西化，导致中国既有思想学术体系逐渐崩溃。在新式学校接受教育的学者、知识分子则秉持历史主义理念进一步断定，中国既有思想学术体系是过去的、古代的，不具有回应现代问题的能力。曾被视为常道的"经"被历史化，成为人们运用现代价值、知识进行研究、剖析并最后予以清理的对象。

正是依据现代中国知识分子的这一态度，西方汉学家曾提出一个著名命题：儒家已"博物馆化"。确实，从新文化运动之后，在主流思想学术界，儒家已经基本上变成思想史、哲学史研究的主题，此即胡适等人提出"整理国故"之预设，中国既有之思想，主要是儒家，已成为"故"了。

---

[1]《再论人生观与科学并答丁在君》，收入张君劢著：《中西印哲学文集》，程文熙编，台湾学生书局，1981年，下，第977页。

在这种背景下，具有保守主义倾向之学人如梁启超、张君劢、熊十力，一心护持中国文明，然欲进而不能，乃不能不有所舍弃，沿着张之洞"中体西用"之思路，退守"心性儒学"，集中于探究个体成德成圣之学，而将公共领域交给西学，也即科学与民主。从这个意义上说，"现代新儒家"虽然是作为新文化运动之反动登场的，但仍带有该运动之思想与观念的深刻铭印。

此后，新儒家基本上就是心性儒学，牟宗三、徐复观、张君劢、唐君毅四贤于 1958 年发表之《为中国文化敬告世界人士宣言》断言："此心性之学，正为中国学术思想之核心。"[1] 作为现代中国最为有影响力的思想流派，新儒家的儒学观塑造了学界、公众的儒学观，人们普遍以为，儒学就是、也应当是心性之学。这种儒学观影响极大，港台海外儒学基本上是心性儒学。

毫无疑问，心性儒学在二十世纪艰难的思想、知识与政治环境中，守护了儒家之命；心性儒学之思想成就，比如牟宗三所构建之宏大哲学体系，也是二十世纪中国唯一可观的思想与哲学成就。不过，心性之学确实遮蔽了"儒家的整体规划"[2]，它的成立也确实以拱手让出公共生活之治理于西方思想和制度为前提。由此导致港台新儒家身处大变动的时代，却无力参与文化、社会、经济、政治等领域制度之理论构想，更无力参与制度构建之实践过程。因而，在台湾地区转型之后，新儒家迅速陷入困境，在社会中不具有强大的发言权。台湾地区虽为一儒家社会，却缺乏足够的思想与观念自

---

[1]《中西印哲学文集》，下，第 866 页。

[2] 此为余英时所用之语，见余英时《试说儒家的整体规划——刘述先先生〈回应〉读后》，作为附录，收入余英时著：《朱熹的历史世界：宋代士大夫政治文化的研究》，生活·读书·新知三联书店，2004 年，下，第 912 页及以后。

觉，没有强有力的儒家声音提撕、引领社会。

这一点，被包括蒋庆在内、于八十年代之后兴起的大陆儒家认识到了。蒋庆坚信，当下之治理秩序并不健全，需予重塑。而儒学从遥远的中国文明深处而来，且依然具有活泼泼的生命。儒家就是中国之本质所在，中国之合理秩序应当就是儒家主导之秩序。因此，儒家应当仁不让，积极参与乃至主导当下中国社会合理秩序之塑造过程。

然而，儒家究竟以何种角色发挥何种作用？在这个问题上，蒋庆截断二十世纪之主流儒学传统——心性儒学，而别开生面，于九十年代前半期即系统提出"政治儒学"理念。《公羊学引论》"自序"清楚说明了政治儒学之立论宗旨：

> 世有论儒学为"为己之学"者，言现代儒学之最大功用在成德成圣，不在经世治国，其言下之意谓今日经世治国非西学不能为功，儒家之政治智慧已为出土文物矣。是书之作，欲拨正此论，证明儒家之政治智慧仍未过时，在今日仍有其价值，乃建立中国政治理论不可或缺之丰富思想资源也。[1]

《公羊学引论》的宗旨在于恢复儒学整体规划之完整性。历代儒家之努力可大体归类为两项：养成君子，治平天下。前者需要个体之成德成圣，这当然至关重要。然而，不论是孔子、孟子，或者是宋明儒学典范之奠基者二程，都充分认识到了制度对于治平天下之决定性意义。制度对于个体生命具有决定性意义，制度对于儒家

---

[1]《公羊学引论》，辽宁教育出版社，1995年，自序，第1—2页。

自身之生命同样具有重大意义。只是，在当时，儒者无需特别强调制度之重要性，因为在传统中国，立法者不能不归向儒家，哪怕是征服者。儒家天然地占有教育领域，儒家就是生活，儒家借助经、史之学而掌握着制度设计之知识，因而，儒家始终有机会参与制度设计、构建。在此背景下，孟子、宋明儒关心于君子之养成，是完全合理的。

但在现代、包括当下之中国，情形完全不同。在深刻地漠视传统乃至反传统的现代教育所塑造之主流精英中，儒家反而丧失了在中国存身之正当性。二十世纪以来，最为重要的制度及其背后的理念竞争，几乎都是在不同的外来观念、蓝图之间展开。参与竞争的精英立场可能完全相反，但他们共享一个信念：儒家已死，儒家毫无意义，甚至构成中国建立现代制度之障碍。对儒家如果确实需要什么政策，那只是更为彻底地予以铲除。在如此扭曲的精神取向支配下之社会和制度变革过程中，儒家被驱逐，几乎没有任何机会介入。

在这种文化政治环境中，哪怕只是为了自身生存，儒家也必须强有力地主张自己，必须充满自信地在所有领域登场，尤其是重新进入政治领域。为此，儒家必须论证，自己具有创制立法之能力；且只有回归儒家之法度，新的体制才具有文化的正当性，才是可运转的。儒家若在大转型时代的制度构建中缺席，则必然在教育、文化、社会等所有领域中被逐出局，而无任何存身之地，那时，儒家塑造中国人心性、养成君子之功能也就完全无从谈起。如蒋庆所指出者：

> 政治不同于经济、法律、教育等领域可以相对独立，政治

最直接地关涉到人的宗教信仰、价值理念、道德意识和文化认同，即直接关涉到人类文化的深层价值。如果某一政治形态改变，即意味着某一人类文化的深层价值改变；某一人类文化的深层价值改变，即意味着某一文化灭亡。故极而言之，政治形态亡则文化亡！[1]

从这个角度看，政治儒学之提出，为大陆儒家指出了一条生路。处在大转型时代，当代儒家必须回归其自古以来的整体规划，而决不可自我局限于心性儒学或者文化教育领域。唯有如此，儒家之理念才有机会成为制度，也才有机会渗透到文化、社会领域中，儒家才有可能复兴。更为重要的是，如此，中国之制度构建才是在中国文明之脉络中进行，是华夏-中国治理之道的展开，而不是沦为外国理念之试验场地。如此之制度构建才有可能是理性的，并促成中国文明之复兴。

需要强调的是，蒋庆并没有走向另外一偏。回到儒家历史中，历代大儒向来坚持儒家之整体规划，而无所偏颇：被视为心性儒学之开创者的孟子，对制度问题的关注，与对心性的关注，不相上下。宋明心性儒者如二程、朱子，也都十分重视制度问题。蒋庆本人同样坚持儒家的整体规划：世人皆知蒋庆力倡政治儒学，然其在心性之学上用力亦极深。而这恰恰是儒家之正常生命形态。只不过为了矫正世俗之弊，蒋庆特别强调政治儒学而已。

由政治儒学之提出，配合心性儒学之余脉，大陆当代儒家恢复

---

[1]　蒋庆:《政治儒学——当代儒学的转向、特质与发展》，生活·读书·新知三联书店，2003年，自序，第2页。

了其完整性。这就是蒋庆对中国思想演进之第一项贡献。

二、 恢复中国学术之主体性： 经学式写作

《公羊学引论》之意义不仅在于标举政治儒学概念，还在于以经学方式写作。《引论》自序中，蒋庆特别声明：

> 是书立言论事，一以公羊义理为准，故是书为公羊学著作，而非客观研究公羊学之著作，公羊学为今文经学，故是书亦为今文经学。此又读是书者不可不知也。[1]

此语平淡无奇，然而，放到二十世纪中国思想、学术史上看，则无异于石破天惊。

大约到二十世纪二十年代，经学基本上被摧毁了，中国固有之学术体系也已被摧毁，而成为学术史研究的对象。事实上，也很少有人研究，直到过去十年，经学史才逐渐成为学界热门。具有象征意义的事实是，晚清著名经学家廖平之弟子们，虽受过系统经学训练，也纷纷放弃经学，而成为思想史、历史学或者古典文献学之研究者。因此，在 2004 年的《论"以中国解释中国"》一文中，蒋庆沉痛指出：

> 在这种西方学术霸权与殖民的时代，中国传统的学术同样

---

[1]《公羊学引论》，自序，第 2 页。

遭受到西方学术的排挤压迫，中国学术的基本义理被颠覆解构，解释系统被驱逐取代，中国传统的学术丧失了话语权力进而丧失了话语权利，中国的学人已经不能按照中国文化自身的义理系统来思考问题与言说问题，中国的学术领域已经成了西方学术的殖民地。[1]

西方学术范式完全取代中国固有学术范式，中国学术界遭遇全面殖民。蒋庆接下来列举了儒学被西方学术解构殖民的各种具体表现，其中最为引人注目的是心性儒学之变异。熊十力、牟宗三诸贤虽主心性儒学，却基本不理会传统心性儒学强调的"工夫"，而是致力于模仿西方哲学，构造儒家之哲学体系。于是，这一现代心性之学的取向与传统心性之学关注君子人格之养成的取向，也就完全不同，而变成了学院的智力事务。

由此，"中国儒学不能解释和理解自身，又遑论解释与理解其他学术（包括西方学术）与世界"[2]。有鉴于此，蒋庆倡导"以中国解释中国"：

今日中国儒学的当务之急就是打破西方学术一统天下的霸权状态，回归中国儒学自身的义理结构与解释系统，重获儒学的话语权力与话语权利，把儒学从西方学术的殖民与压迫中解放出来，使儒学真正成为自己的主人。总之，今日中国儒学的当务之急就是以儒学解释儒学，以儒学解释中国，以儒学解释

---

[1]《再论政治儒学》，华东师范大学出版社，2012年，第263页。
[2]《再论政治儒学》，第263页。

西方，以儒学解释世界。一句话，就是"以中国解释中国"，收回中国儒学解百年来在解释系统上的"治外法权"。[1]

以中国解释中国之要旨在"回归中国儒学的义理结构与解释系统，重建以'六艺之学'为本源的具有中国学术自性特质的中国学术体系"[2]。具体地说，就是回归经学传统，在接续经学之基础上发展儒家的义理体系。这是一个思想的决断，学术的决断。蒋庆断然走出现代人文与社会科学范式，回向经学。在前者框架内，儒家义理永远只是被客观地研究、解剖的对象，甚至于新儒家，在很大程度上也是在"研究"儒学。经学则致力于阐明儒家义理。

《公羊学引论》就是当代经学横空出世的一个标志。蒋庆不是梳理汉代公羊学在说什么，而是以公羊学家的身份言说，解释历史，尤其是就当下的现实问题进行言说。

这是学人立场的一次根本转换。这首先是现代儒学谱系的一次巨大转变。从一开始，儒家之学就包括两个相互关联但又有明显区别的部分：经学，与作为百家学的儒学。汉儒固不用说，即便宋儒，虽发明理学，属于子学；然小程著《易传》、朱子遍注五经，属于经学。但现代儒学，尤其是港台新儒学，则与新文化运动时代反儒学之思潮采取同一取向：仅重视作为百家言之儒学，而忽略经学。这种偏颇似乎同样是受新文化运动之影响，将经归之于不可信。

蒋庆回归经学之决断背后，可见儒家具有永恒性、普世性之信

[1] 《再论政治儒学》，第263—264页。
[2] 《再论政治儒学》，第277页。

念。二十世纪经学之死亡，源于进步主义的历史观：中国正在经历古今之变，包括经学在内的既有思想、学术体系只适应于古代，对于构建现代秩序毫无价值。儒学是一种历史性存在，并且，在人类知识体系中只是一种地方性知识体系，西方才代表着普遍性。蒋庆则回归经之本义：经者，常也。经学所守护的乃是常道，经学所阐明之义理超越时间、空间，同时具有永恒性和普遍性。基于这样的信念，蒋庆不像一般学者那样，站在儒学之外思考，而是站在儒学之内为圣贤立言。

蒋庆于九十年代初开风气，于是经学逐渐引起学界关注，并进入当下学术体系中，尽管在大多数时候以经学史的面目出现。但不管怎样，经学重回学术建制，具有十分重大的思想史和历史意义。由于蒋庆以及后来者的肉身之进入，古老的中国思想被注入生命力，开始在现实中发挥作用。

由此，中国人才真正自主地思考。经学为主的中国固有学术体系被摧毁，西方人文和社会科学在中国得以建制化。然而，一百多年来，身在此建制中之学人基本上都不是在思想，而是在进行思想学术史的研究：在大多数领域，中国学者忙着介绍西方之古典或最新思想、学术，或者忙着验证外国人提出的假说，或者进行中西对比研究。原因很简单：由于语言与文化隔阂，中国学人几乎不可能体会西方各种思想、学术之基础性预设，也无法完整地把握其学术的历史演变脉络。而由此，中国学人固然无法以自己掌握的西学解释西方，同样也无法以之健全地解释中国：过去一个世纪中国人在几种思想、学术体系之间大幅度摇摆，就已经是一个噩梦了。

回到经学，进而回到中国既有学术体系，乃是中国思想、学术获得生命力的前提。基于蒋庆到目前为止的研究或可预料，透过经学之重建及渗透，中国的人文、社会科学将获得一套关于人、关于天人之际、关于人际关系的中国式预设。由此预设出发，中国学人不仅可以更好地解释中国，也可以丰富或者深化形成于西方之人文与社会科学体系，增强其普适性，从而更为有效地解释西方。

这就是蒋庆对于中国、乃至全球思想学术界之第二大贡献：唤醒中国既有思想、理念，恢复中国既有学术范式。由此，中国人开始思想，从而有可能丰富人类之思想。

当然，蒋庆之著述并非人们熟悉的传统经学式文本，即经解。先生在《政治儒学》自序中特作如下：

> 本书的基本理路是今文经学中的公羊学，所依经典是以《春秋》为代表的儒学诸经，但这并不意味着本书是在进行经师式的学究性研究，而是意味着本书是依儒家今文经典的根本精神与政治智慧广论当今中国面临的学术问题、文化问题、政治问题与现实问题。[1]

蒋庆目前公开出版的三本书，其文体相近。这种文体是古老的，它确乎有今文经学之特质，类似于董仲舒之《春秋繁露》：面对现实，依据微言大义进行创制礼法。奇妙的是，这样的文体又是现代的，它使用的是现代的文本形态，具有现代人文与社会科学论说的外观，容易为现代学人所接受。也许，这是现代经学的一种可行文体。

---

[1]《政治儒学》，自序，第8页。

三、 恢复制度构建之主体性： 宪制之再认识

立定了中国学术之自主性，蒋庆顺理成章地提出了关于宪制之中国式思考。

十九世纪末甲午至戊戌期间，敏感的儒家士大夫已做出建立现代国家之政治决断。其中之关键正在于建立宪政制度。笔者的研究表明，儒家士大夫之此种政治决断，绝非西方"冲击"之结果。华夏治理之道就是宪政的，至少自董仲舒以来儒家士人也部分地构建了这样的治理架构。也正因此价值和历史之基础，晚清士大夫遭遇西方宪政技术，立刻就能接受，而清末新政、立宪时期在社会各个层面建立宪政各项制度之进展，也是极为迅速的。也就是说，清末立宪实乃中国既有政制之"新生转进"。

不过，民国初年宪制巩固之不利，引发新兴的、并且始终处于文化与社会结构之边缘的现代知识分子的焦虑和愤懑，他们掀起全盘性反传统主义，其中一个名义是"民主"。他们把传统中国之政治制度和儒家之政治理念，以"专制"一词笼统概括。这样，在主流的现代政治思考中，儒家与宪制对立，中国与民主对立。直到今天，即便在同情儒家的知识分子中，蒋庆所概括的如下看法，也极为流行：

> 他们只承认孔子是"心性的孔子"或"道德的孔子"，而不承认孔子是"政治的孔子"或"创制的孔子"；他们认为在当今中国只能有"孔子的道德"，而不能有"孔子的政治"；只

能有"民间的孔子",而不能有"宪政的孔子"……他们否定了"政治的孔子"与"孔子的政治",即意味着否定了"政治儒学"的"王官学"性质,但一个稳定良好的政治社会秩序又必须具有"王官学"才有可能实现,人类的政治史表明从古至今都没有无"王官学"的国家或政治,于是他们把另一个"王官学"即西方自由民主的"王官学"搬到了中国,作为中国公共领域的国家政治宪政原则。因此,他们不是不要"王官学",而是不要中国孔子的或儒家的"王官学",要的是西方自由民主的"王官学"。[1]

此为现代知识分子之一般认知。即便新儒家之心性儒学也是默认西方的民主为中国现代政治之唯一出路,他们所思考之全部问题则在于如何从心性转出新外王,牟宗三为此而提出"良知坎陷说"[2]。

总之,现代中国精英群体之主流立场是,或许在道德心性上,中国人还可以继续保留儒家;但在政治与社会治理制度上,中国传统一无是处,中国政治之唯一出路就是全盘西化,一心移植西方之制度。二十世纪以来,在政治实践与政治思想两个领域中,中国精英也确实是这样做的。

蒋庆对此予以当头棒喝。"政治儒学"之提出,截断现代中国精英以西方王官学作为中国王官学之迷信,呼吁中国优良政治秩序之构建事业当回到中国自身,回到儒家智慧。可以说,这是百年来

---

[1] 《政治的孔子与孔子的政治——响应中国学界对"政治儒学"的批评》,收入《再论政治儒学》,第319页。

[2] 蒋庆对牟宗三此一取向提出严厉批评,见《政治儒学》,第57—95页。

中国政治思想的一次根本转向。

蒋庆之所以提出此一理念，首先是因为，历史地看，从孔子开始，儒学首先是政治之学。退出政治，局促于心性领域，儒学就不成其为儒学。放弃创制立法之使命，儒家也就放弃了行道于天下的最重要手段，而必然在文化、社会与国家生活等各个场域中全面地边缘化。儒家必须进入创制立法之过程并主导之；这就是政治儒学的使命。蒋庆断然指出："中国今后具有中国文化特色之政治礼法制度当由'政治儒学'重构，而非由'心性儒学'开出。"[1]

更重要的是，儒家退出政治，放弃创制立法，也必然导致中国文明丧失自性，而走向政治的失序乃至文明的毁灭。儒家传承、守护华夏-中国治理之道，当代中国欲建立稳定的治理秩序，更进一步说，欲建立健全、优良的治理秩序，就不可能离弃儒家。历史上，不管是异族征服，还是底层叛乱"打天下"，最终均需儒家一次又一次出来收拾旧山河，创制立法，恢复政制之中国性。我把这样的一个历史过程称为"第二次立宪"。二十世纪的历史则从反面证明，拒绝儒家，拒绝及时进行第二次立宪，则治理秩序就必然是不稳定的，遑论优良。

因此，政治儒学不仅是儒家的生路，也是中国的生路。由此，蒋庆提出了建立中国式政治制度之命题："中国当代政治面临的最大问题是建立合理的政治秩序，而要建立合理的政治秩序，就必须建立起中国式的政治制度。"[2]据此，蒋庆不能不自别于主流的政治理念：

---

[1]《政治儒学》，自序，第 2 页。
[2]《政治儒学》，第 125 页。

在我看来，未来中国政治发展之问题是"福山问题"，即未来中国的政治发展能否突破福山所说的"人类离开自由民主政治没有另外的路，未来人类所有的政治问题都是自由民主政治自身的完善问题"。如果我们认同这一"福山问题"，那么，未来中国的政治发展就很简单很容易：在中国照搬西方的宪政制度。如果我们不认同这一"福山问题"，那么，未来中国的政治发展就很复杂很艰巨：我们要在中国建立独特的中国式宪政制度。[1]

蒋庆对民主制度的批评，当从这个角度理解。在政治思考之立场转换后，这几乎是不可避免的。福山站在西方政治演进的立场上主张"历史终结论"，现代中国知识分子也多认同这一立场，西方的民主制度在中国被视为一种历史的必然性、历史发展的普遍的铁律，中国除此之外，别无选择。

蒋庆站在中国大地上思考中国政治，于是，西方的民主制度仅是一种可能性。中国人面临的问题是，立基于中国文明建立合理并可行的现代政治制度。西方的民主制度完全可能被纳入其中，但它不是主体，它不是价值。在中国政治制度框架中，它只是一项制度，只是一种技术。既然如此，它就不再是神话，而是有待于验证的假设，是可批评的备选方案之一。

那么，中国式政治制度是什么？在《公羊学引论》中，蒋庆聚焦于儒家中创制立法意识最为强烈的公羊学，对其义理予以总结，形成一套用现代话语表述的儒家政治理念体系。在《政治儒学》

---

[1]《再论政治儒学》，序，第1页。

中，蒋庆依据这一儒家政治理念体系，在宽广的视野中探究儒家之政治理念与制度智慧，并初步探究了其应对现实问题之可能进路。在进行了这两步知识上的准备后，蒋庆进入理论上的创制立法阶段：首先是"王道政治"之义理构建，其核心是天、地、人三重合法性说：天的合法性是指超越神圣的合法性；地的合法性是指历史文化的合法性；人的合法性是指人心民意的合法性。王道政治之历史形态则是"儒教宪政"，它以儒家士大夫群体享有广泛权威为制度之核心，其根本特质则是"以学议政"的"学治主义"传统，具体制度为"太学监国制"。至于"儒教宪政"之具体制度安排，则是引起广泛争议的"议会三院制"和"虚君共和制"。至此，一套比较完整的制度蓝图基本形成。

蒋庆强调政治思考之中国主体性，本为拨乱反正之论，为照抄西方为业的主流思想学术界所不喜，其具体构想自然被视为非常异议可怪之论，遭遇强烈反对乃至嘲笑。然而，细加寻绎即可发现，对蒋庆之批评实缘于对西方宪制之无知。

这些批评者不能容忍蒋庆对民主制之批评，但他们经常忽视一点：真实的西方宪制的确远非民主所能概括。这方面的经典论述尤其见之于《联邦党人文集》。联邦论者十分清楚地表明，他们要避免民主制，建立共和制。所谓共和制就是代议制。而一旦引入代议制，就不能不引入复杂的制度设计问题，此即人们熟悉的权力的分立与制衡机制。然而，这种制度设计之用意何在？当然是相互牵制，而且，至少在联邦论者那里，主要目的乃是在民意之外，引入德性和理性两个要素，用以控制、审查民意：相对于较多代表民意的众议院，参议院更多代表着德性和理性。最高法院的功能更为特殊。最高法院享有司法审查权，这一权力在美国也经常引起争议，批评司法审查权的说辞与批评蒋庆的说辞十分类似：非经选举产生的九个老人，何以竟能否决人民选举产生的几个机构联合制定的法律？美国宪法学家一直在为之寻找理由。一种说法认为，这些大法官是在守护美国的永恒的价值。

可以说，蒋庆对于西方宪制的理解，实际上要比批评者更为深入，也更为准确。蒋庆对于民意独大的批评，也是晚近以来西方政治思考的一个热点问题。比如，哈耶克晚年巨著《法、立法与自由》之主旨就是批评民意主导立法，导致法律堕落成为不断变换的多数人的意志，而损害自由秩序。他主张重造宪制，以控制民意。

这实在令人惊讶：蒋庆之三院制构想或许在相当程度上是普适的治理之道，儒家认识到了这一点，蒋庆摘发了这一点，并提出了制度化的建制方案。当然，蒋庆之具体方案是可以商榷的，但其看似惊世骇俗的制度方案，既是中国的，也完全可能是普适的。

中国的现代政治哲学因此而诞生。过去一个世纪，中国政治思想领域中的人们不是在思想，而是在宣传。他们相信，外部世界，可能是英国人，也可能是苏俄人，或者是德国人，美国人，已经发现了政治的终极真理，已经设计和建立了完美的制度。中国人要做的唯一事情是把外国人写在纸上的制度在中国变成现实的制度，或者把外国的制度移植到中国。因此，健全的中国政治制度是什么，是无需思想的，只要广泛地宣传外来的政治真理，对愚昧者进行启蒙或者对民众进行政治动员就足够了。自由主义以及其他激进主义思潮都是宣传者。甚至于新儒家，在哲学上固然是思想者，在政治领域也是宣传者。因此，现代中国进行了各种各样政治试验，但并没有诞生政治哲学。

蒋庆的思考标志着中国政治哲学之诞生。一切外来的现成方案，都有待于中国人的反思、思想，才在中国脉络中具有意义。西方现成的理论和制度固然不用说，即便是公羊学，也必须经由现代社会脉络中之制度构想，才可进入现实。蒋庆这些年来所做的正是这个工作。欲建立健全的中国式政治制度，就不能不思想，自主地思想。自主的思想本身就要求树立中国之主体性，更具体地说，是树立儒家之主体性。这种主体性思考必然在文明体内展开，儒学构成预设，构成思考之空气，当代中国的政治哲学必然是现代的儒家的政治哲学。

这就是蒋庆在现代思想史上的第三大贡献：开启中国政治哲学。九十年代中后期以来中国政治思想界之最大变化，正是政治思考之主体性的回归，而蒋庆是开风气者。

四、 实践意识与历史主体之构造： 儒教之重建

政治儒学实不限于政治领域，而是一个相当完整的社会治理秩序构建之学。由此，蒋庆引入儒教，将其视为中国式政治制度的一个根本性制度；同时，政治儒学也是实践的儒学，而实践的主体正是儒教之信奉者：儒士。

蒋庆认为，在中国人偏离政治之中国性之前，中国政治可以划分为两大阶段：三代为圣王时代，其后为儒士时代：

　　在“圣王时代”，圣王通过其“王道”的政治理念与“王政”的政治实践确立了中国政治的理想典范，即确立了“王道政治”的基本义理基础与儒教政制的内在理路模型。用现在的

政治术语来说，就是：天将其统治权力——即在形下世界由"分殊"的"三才"所构成的主权——委托给圣王，"三代"后圣王隐退，圣王通过其"道统"传承与经典传承再把这一主权委托给儒士，由儒士代理圣王在"三代"后的历史中按照"王道"的理念行使统治权力，即行使主权。[1]

蒋庆特别指出，儒士政治并非今人鄙视的所谓德治，而是一种客观的制度之治：

> "儒士政治"是"无王政治"，在"儒士政治"中作为人格的圣王已经隐退，儒士以及儒士中的大贤大儒已无资格凭自己的人格意志统治……在这种情况下，"儒士政治"就只能体现为一种制度性的统治。所谓制度性的统治，就是通过客观规范即礼法刑政实施的统治，而"儒士政治"中的制度性统治，就是用体现"王道政治三重合法性"的客观制度来实施的统治，这一制度在今天就是"新王制"，即"儒教宪政"制度。

因此，"儒教宪政"一词首先是指儒士进行治理的制度安排，而经由儒士这个主体之权威，儒家价值渗透于社会生活各个方面，尤其是支配政治制度设计与运转的过程。

这是中国历史之事实，当然是理想型的事实。历史上的中国就是儒家中国。不过，当时社会中不同群体与儒家理念间之关系有近有疏。最为亲近的是儒士，就是儒家士君子，他们接受过较为系统

---

[1] 《王道图说》，见《再论政治儒学》，第56页。

的儒家之学，传承六经，以传道、行道为己任，如孔子所说"士志于道"。由这个群体向外，则有儒家官僚，或分散在基层社会的儒家绅士。他们也接受过一定儒家教育，信奉儒家价值，但未必具有十分明确的传道、行道之自觉。这也包括皇帝。再向外，则是小人、庶民，即普通民众。他们更多接受官僚、绅士之风化，在风俗中接受儒家价值。

那么，这样的中国是"儒教的"吗？过去二十多年来，关于儒家是不是宗教，一直存在争论。之所以有这样的争论，主要是因为，关于宗教，学界包括儒学研究界，基本接受西方早期宗教观，以基督教之类一神教作为宗教之典范。若按此宗教观，儒家不是宗教。但若按更为准确的宗教观，则儒家确实是宗教。但是，学界和知识分子中之主流宗教观确以基督教为范本，故以宗教称呼儒家会引起极大歧义。因而，以"文教"形容儒家最为恰切。

首先应当承认，儒士群体，即具有弘道、行道自觉之士君子，确实有其宗教意识和宗教仪轨。儒士当然是知识人，通过教育传承五经。不过，儒士之活动又具有一定宗教性质：儒士敬天，这一点在孔子、孟子那里表现得十分清楚。儒士有自己的祭祀场所：孔庙，在这里，儒士举行完全宗教化的祭孔仪式。儒士有自己的道场：精舍，书院，等等，在这里，儒士传道。可以说，儒士的知识在"天人之际"，而非西方意义的哲学。但特别值得注意的是，儒士此种具有宗教性质之活动并不是普适于所有人的，仅限于占人口极少数的儒士群体中。也正是这一点，将儒家与基督教等宗教区分开来。

那么，儒家何以教化普通民众？通过"文化"，以文化人的机制。在儒士政制中，存在着无所不在的"教化"体系：儒家主导着教育体系，养成具有儒家价值自觉之精英，以及程度略低的普通民众；借助于接受过儒家教育之官僚和绅士，儒家将自己的价值渗透于社会各个层面。同时，儒家也神道设教，普通民众可以自由地信仰各种地方性神灵，但这些信仰体系均渗透着儒家价值。

上述两个层次的"教"是儒教中国之价值支柱，它提撕和护持人心，凝聚社会治理共识，通过伦理、自治维护社会秩序，也驯化政治，使之理性化运作。其核心是儒士，中国是不是儒家的，主要看儒士是否有治平之位。秦制不二世而亡就证明了，没有这套以儒士为枢轴的"德礼之教"（文教），地理和人口规模巨大的中国是无法维持正常的社会政治秩序的。公羊学所代表的汉儒之伟大贡献正在于建立了建制化"儒教"，它内嵌于中国宪制中，并成为稳定秩序之本。因此，如蒋庆所说，中国传统政治确是儒教宪制——这里的儒教是指文教。

到二十世纪初，这一儒教宪制陷入巨大危机。令人惊奇的是，康南海在此之前就已天才般地预见到这一危机：随着现代国家构建事业展开，儒教可能被抛离。因为，儒教的根基在儒士，而儒士存身之制度主要是教育体系和政府。中国本轮巨变的核心是学习西方，引入西式政制和教育体系。如此，儒教将丧失最为重要的制度依托，儒士群体将会消失。为此，康南海提出建立孔教之文化与政治设想。然而，康南海的提议遭到那些一心模仿西方宪制的人们的嘲笑。

事实证明，康南海的担心是完全正确的：清末废书院，废科举，立学校，民国初年进一步废除中小学校读经。于是，儒士养成体系完全崩溃。二十世纪上半期，残存的儒家士君子尚在，因而能将儒家价值导入立宪、政治过程中。伴随着时间流逝，这个儒士群体逐渐消失。儒教不复存在。此后中国之宪制几乎没有中国价值之根基。精英群体甚至逐渐相信，社会治理根本不需要文化价值根基，或者很多人把一些政治原则神化为文化价值。

蒋庆理想之中国式政治制度就是儒教宪政，势必提出儒教重建之命题。儒教重建，关键在于儒家士君子之养成：

> 现代中国已经没有了"士"这一儒家特殊的担道群体，只剩下零星的边缘化的儒家价值信奉者。但我们可以通过儿童读经、经典教育、民间讲学、著述写作、网络宣传、社会活动等方式慢慢培育儒家的"士"群体，这是长期而艰巨的工作，因为只有"士"群体的存在，一切儒家文化的复兴以及"儒教宪政"的建构与实行才有可能。[1]

从实践的角度看，儒教宪政是需要构建的，构建的主体是儒士，儒家士君子，以及接受儒家教育之社会各界人士。他们从各个方面努力，移风易俗，创制立法。这样，儒教也就成为儒教宪政的实践主体。

需要特别强调，蒋庆提出政治儒学，旨在重新唤醒儒家之实践意识。《公羊学引论》中提出：

> 公羊学为生活在乱世与平世中的人们提供了历史的希望与最终的希望，但公羊家不是玄想家，不会只空谈理想而不付诸实行，亦不会只空抱希望而不使希望落实到现实生活中，公羊

---

[1]《儒教宪政与历史合法性》，收入《再论政治儒学》，第75页。

家在提供希望标出理想的同时，更积极地投入到时代的政治实践活动中，努力用他们的王道理想来转化衰敝严酷的政治现实。因此，公羊学把实践放在首要地位，确信不通过政治实践，王道理想（历史中的希望）就不可能在现实中实现。[1]

儒学不是哲学，儒学也不是儒学研究，相反，儒学是建立合理秩序之学，天然地指向相应的实践。旨在实现儒家价值之伦理、社会的、政治的实践之主体则是坚定地秉持儒家价值、信念之儒家士君子，也即儒教徒。如果政府树立儒教为国民之教，这当然是通往儒教宪政之最为经济的办法，蒋庆称之为"上行路线"，但是，蒋庆也清醒地认识到：

> 现代中国与古代中国不同，现代中国已经"以夷变夏"，沦为西方文化的殖民地，大部分知识分子的心灵已经西化，对儒教复兴的"上行路线"有很大的抵触，光靠"上行路线"复兴儒教很困难。所以，儒教复兴除走传统的政治"上行路线"外，还必须辅之以"下行路线"，因应时代开辟出另外一条民间社会重建儒教的道路，故"下行路线"是一条根据"时为大"的原则因应时代变化采取的"变通路线"。所谓"下行路线"，就是在民间社会中建立儒教社团法人，成立类似于中国的基督教会或佛教协会的"中国儒教协会"，以"儒教会"的组织形式来从事儒教重建与复兴中华文明的伟大事业。[2]

---

[1]《公羊学引论》，第55页。
[2]《再论政治儒学》，第250—251页。

儒教乃是实现儒教宪政的制度依托：

> 此"下行路线"是一条组织化制度化社会化法律化的路线，需要吸取世界各大宗教的长处依中国的具体国情和儒教传统来对儒教作新的创造，即创造出一个有别于古代儒教的不依靠国家政权而独立存在于社会中的宗教社团法人性质的儒教。如果不建立此种宗教社团性质的儒教，不仅儒教的生命会因政治的动荡变迁不能长久延续而中断，如1911年以后的儒教，并且会在今天各种外来宗教的冲击下，难以完成中国复兴儒教重建中华文明的重任。[1]

因此，在蒋庆方案中，儒教既是中国式宪制之基础部分，也是实现这一宪制的行动性力量。从这个角度看，蒋庆之思考比之康南海更为深邃。在康南海那里，儒教旨在确保新形成的现代治理秩序之中国性，它是一种宪制安排。在蒋庆那里，儒教除了是一种宪制安排，还是儒教宪政之实践主体。

这就是蒋庆在当代中国思想史上的第四个重大贡献：在道统几近中断的时代，儒教概念凸显儒家之信念内核，及其清晰的实践倾向。由此，在儒家批判者盛极之后，在儒家冷漠者充斥国中之后，大陆重新出现了具有明确信仰归属感的儒者、儒生，有时也自称"儒教徒"。这是一股注定了要塑造历史的社会群体。他们正在细微处"儒化"中国社会，塑造具有儒家价值的绅士群体。到某个临界点，这个儒化过程将呈现出爆发态势，中国将成为儒家中国。

---

[1]《再论政治儒学》，第258页。

五、 结语

以上从四个方面探讨了蒋庆的思想史乃至历史意义。蒋庆的众多具体倡议尤其是其儒教宪制的设想，实不可行，甚至也不合儒家之理。尽管如此，蒋庆仍是划时代人物。蒋庆在思想上之突破，宣告了二十世纪中国思想——实际上是无思想、反思想的宣传——之历史性终结。蒋庆通过回归中国既有思想，也即儒家之整体规划，打开了中国思想之新天地。正是在蒋庆引领下，儒家进入当下中国的思想场域，思想界逐渐地亲和儒家，回归儒家，走上正途。在经历长期的迷惘、失语、断裂之后，现代中国思想重新开始了。

儒学正在范式革命之中^[1]

九十年代以来，整个社会以经济建设、发财致富为中心，经济学乃一枝独秀，而有学术上的"经济学帝国主义"时代之说。进入新世纪之后几年，社会贫富分化和精英大面积腐败终结了这个时代，有人预言中国将进入法学时代。然而，并没有。相反，真正繁荣的是儒学：纵观今日学术界，儒学最为繁荣，最具思想创造力。

有人不愿承认这一点，因为出人意料。毕竟，整个二十世纪的中国基本上在反传统狂潮中度过，很多人以为，中国将彻底告别儒家，或最好能够如此。然而，儒学竟活了下来，且迅速复兴。

其实，略加思考即可明白，儒学在中国复兴，自有其内在机理。且儒学一旦复兴，则一日千里，今日儒学已进入百年发展之重要转折点，处在广泛而深刻的范式革命之中。儒学已转守为攻，助推中国思想学术之中国化。

---

[1] 曾发表于《洙泗》第一辑，广西师范大学出版社，2018年。

一、 当代儒学概观

以下从四个方面观察当代儒学之格局。

第一，进入门径，也即儒学者是从哪条路径进入儒学的。

二十世纪初，中国现代学术体制如大学建立伊始，即不容中国传统之学如经学，其遭到肢解并史学化，被迫在历史、哲学史、文学史等学科中勉强存身，经学余脉只能在"野"传承。第一次世界大战刺激中国思想觉醒，梁漱溟、熊十力、张君劢等先贤倡导现代新儒学，然此学在学术建制中始终难得其位。

这构成当代儒学之基本约束：儒学主流是从各门史学、尤其是哲学史进入的。虽然中国哲学史学科早已改称"中国哲学"，但其研究范式整体上还是哲学史而非哲学。即便接续港台新儒学统绪者，也差不多下坠为哲学史研究，而失之于琐碎、狭窄。当然，也有人展开哲学思考或进入经学。

不过，进入新世纪以来，涌现出一批半路杀入的儒学者，其科班训练不在中国哲学史领域，而主要学习、研究西学，随着思想推进，自行摸索，转进儒学领域，比如盛洪的儒家经济之学、胡水君的儒家法理学；蒋庆、姚中秋的儒学研究大体也属此类，他们均曾研究西方法政、保守主义思想传统；张祥龙、柯小刚从现象学研究转入儒学，并娴熟运用其解读经典，时有新奇可喜之创发。

特别值得注意的是，一批精通西方古典学的青年学者转进儒学。他们普遍受甘阳、刘小枫的影响，这两位八十年代的文化人物未沉迷于西方现代性而盲目传教，而是始终保有批判意识，循施特劳斯学术范式，进入古典世界。他们倡导中国学者研读经典，自然包括中国经典，一批青年学者随其进入中国经学传统。

或许可以说，未来会有越来越多学者从西学转进儒学，这显示了儒家深厚高明之学对认真思考的学者之吸引力，也必给儒学持续注入新活力，拓宽儒学研究视野。在我看来，儒学研究最富有生命力的发展新方向，恐怕就在此处。

第二，学术形态。

毫无疑问，在当代儒学场域中，哲学史、思想史是主流范式。哲学史研究当然是必要的，但哲学史范式主导，却不利于儒学发展。儒学哲学化即已扔掉儒家之学的主体内容，过于狭窄；哲学再进一步哲学史化，则抽身远离生活，陷在故纸堆中自娱自乐。儒学虚热之源主要在此，看起来研究者众多，会议频繁，专著、论文连篇累牍，实际上思想学术贡献寥寥，更不要说以学术经世济民，而这正是儒学之大义所在。这个范式，正是汉儒夏侯胜所说之"章句小儒，破碎大道"[1]。

儒学欲进一步发展，必须告别哲学史范式，当然也要给其以恰当位置。已有先觉者转向，最直接的转向是回归哲学。哲学史范式的祖师爷如熊十力、冯友兰、牟宗三、张岱年、冯契诸先生，当初都是哲学家，只是后来迫于时势而史学化，则今天从哲学史回归哲学，顺理成章。

儒家哲学在当下颇有活力，如杜维明倡导精神性人文主义；黄玉顺倡导"生活儒学"，发展中国正义论；杨国荣基于儒学，会通中西，构建"具体的形上学"；陈来《仁学本体论》是其由哲学史研究转向哲学研究的重要成果；赵汀阳发展天下观念为一般政治哲

_____

[1]《汉书·眭两夏侯京翼李传》。

学理论。

还有一些学者从哲学史转进经学，如曾亦、陈壁生、丁纪等。近些年来，经学颇为走红，但略加观察即可发现，其名为经学，实主要为经学史。当然，过去几十年来的哲学史主要研究作为子学的思孟学派，集中于宋明心性之学，对历代经学普遍不予关注。因为忽视经学，故对汉晋之学的研究也很少。经学史可为儒学研究另开大门，始于经学史，最终可入经学研究之堂奥。

值得注意的是，在儒学圈内外，基于儒家义理和中国历史经验发展人文与社会科学理论的努力，正在兴起，有些是自觉的，有些是不自觉的。除前面已列者，还有以天下观念重构国际关系理论、发展中国政治学、社会学、人类学等方面的努力。或许可以说，当下中国思想学术界隐然有一股"儒学化"清风。

第三，儒家复兴的操作路线，是走文化路线还是宗教路线。

现代儒学形成之初，康有为、张之洞两人之分歧即在于此：康认为，中国建立现代政制，教化不可能寄托其中，故不能不在国家之外另立教化体系，康氏乃模仿基督教，建立神教化的孔教。张之洞作《劝学篇》回应，其要害在"学"字，他以为，中国传统教化体系以"学"为中心，呈现为"文教"。清朝覆灭后，两者均不得行于中国：中国现代学校系统并无中国之学，孔教也未如康有为之愿成为国教，而固有的教化体系反而遭到严重破坏。

此后致力于儒家复兴者不能不思考其具体路线。老一辈现代新儒家如熊十力、梁漱溟、张君劢诸贤，多关心国家建设。牟宗三、唐君毅等先生致力于儒家哲学构造，同时也强调儒家有"宗教性"或"人文宗教"品性。港台新儒家回流大陆，其哲学为人承接，成为学术主流，其人文宗教论说则被普遍忽视。

蒋庆对此主流儒学的批评，即针对其缺乏宗教维度。他另开门户，接续康有为传统，倡导儒教及其国教化。陈明本来倡导"公民宗教"说，一转而强调神化建设，与美国人由基督教之去神化而抽象为公民宗教，路径正好相反。姚中秋则接续张之洞、钱穆传统，坚持儒家文教说。具有现实关怀的儒学者，则普遍以"文化"笼统称呼。

尽管这几年来，儒教说风头甚健，但现实社会中，儒家复兴大体上还是走了文教、文化的路子。这是很自然的：儒家本来就是以学为中心的礼乐教化体系，完全没有可拯救人或慑怖人的神灵。换个角度看，这恰恰为儒家广施教化创造了别样的良好条件，比如，传统文化、其中主要是儒家经典目前正大举进入学校。试想，若儒家是儒教或孔教，这有无可能？

第四，思考和实践的文化立场，是以儒家为主还是以西学为主？

在政治领域，西学主流被理解为民主理论，故此问题可转换为：当代儒家的思考是以儒学为本，消化、涵摄民主理论，还是儒学自我调整，以适应民主制度？这里涉及一个最基本判断：儒学在所谓现代社会是整体有效还是局部有效？

此问题之争贯穿现代儒学史，在其起步时，康有为各种主张之内在精神以西学为主，张之洞针对于此，提出"中学为体，西学为用"。到二十世纪中期，则有张君劢、牟宗三、徐复观等人与钱穆之争论，前者根据现代性之所需，裁剪儒学，仅保留心性之学，至于社会政治秩序则完全交给民主制度；钱穆基于其历史研究，尤其是承接孙中山晚年思想，坚持中国固有制度之新生转进。

近两年来多次交锋的港台新儒学和所谓"大陆儒学"之争，及大陆学者内部儒家哲学、心性儒学与政治儒学之争，争点同样在此。蒋庆对儒学发展的最大贡献正在于转向政治，带动儒学研究形成全新格局，这引发港台新儒学和接续其学脉、以研究哲学、哲学史、文化为主的大陆儒学者之反弹。

梁涛、郭沂等人重述儒学史，在宋明儒构建之思孟内圣道统之外，强调荀子之法治外王。这一努力似欲调和以上两种思路，而略偏于西学为主。盖其以为，现代西方重视法律、制度，乃得以成就其良好治理，则中国欲求善治，不能不循此模式。实际上，从二十世纪初开始，就有人试图重新发现荀学，唯当初中国在贫弱中，故较重视其富强之术，梁、郭等人则试图从其礼治思想转出接纳西方法治之义理。若能依据荀子的创制立法之理，在中国文明脉络中展开内生的法律和制度之构想，而非简单接纳西方民主制度，倒不失为儒学发展的方向之一。但其努力明显地是照着西学的样子重新搭配儒学结构。

二、 初探儒学新范式

由以上对儒学格局之简单观察可见，儒学于今日已处在学术范式突破之际，旧范式已丧失权威，新范式已初见端倪。这是学术内外力量共同推动的结果。

首先，中国-天下变动之大势，需要一种全新范式的儒学。这涉及对时代趋势的判断：我们处在什么时代？这个时代的大势是什么？

先看中国。中国已进入"三千年未有之大变局"的下半场。十九世纪末，面对西方列强之巨大压力，士大夫寻求"富强"。经两甲子奋斗，尤其是过去四十年的经济增长，中国已初步富强。今日中国已有富强之美"质"，自当"文之以礼乐"[1]。此即需要"文明化"，兴起礼乐教化，更化治理机制。那么，如何兴教化？良好的社会治理机制又是什么？

再看全球。这个时代是"世界历史的中国时刻"，中国已经、并将继续改变世界。就财富、力量而言，相对于中国和新兴国家，西方已丧失其独尊地位，国家运作已暴露出严重问题：其政制陷入福山所说的政治衰败，难以自拔；其教化只能在一神教的独断与文化多元主义两个极端之间摇摆；英国脱欧、特朗普当选则表明，西方维护之普世主义全球秩序正走向瓦解，亨廷顿预言的文明的冲突，似已隐然展开。

此时，中国在世界上如何自处？三千年未有之大变局如何收官？这两个问题紧密相关。回首二十世纪，中国人已试过这个世界已有的主要方案，事实证明，其均难以给中国塑造良好秩序，复古更化是最明智的现代秩序底定之道，由此，中国也可对人类之重归安定有所贡献。

这正是过去二三十年来，中国思想学术界中唯有儒学呈现强劲而持续的复兴之势的根源，也是其他领域学者转进儒学且呈加速度之势、因而整个思想学术界积极儒学化之动力所在。而在此脉络中兴起之儒学，自然形成新范式，既不同于十九世纪末以来的儒学，也不同于二十世纪中期以来的港台儒学。

儒学的处境已大不相同，正从守势转入攻势。此前一百多年，

[1]《论语·宪问》。

中国思想学术的基本盘是非中国的，儒学固然不绝如线，然而必须反复为自己在现代的存在说明理由。为此，早期现代儒学发展出西方物质文明强、而中国精神文明强的说辞，牟宗三在港台则论证儒学不会妨碍中国接纳民主和科学，今日港台儒学者则以台湾为此说之例证。

蒋庆等新一代大陆儒学者则强势宣告，儒学就在这儿、并永在，无需自我论证。由此，儒学在中国大地上挺立起来，自主而独立地思考，依儒家义理思考现代中国秩序底定之方案。此即儒学新范式之要义所在。以此范式，儒学才能恢复其完整形态，以主体意识，构建理论，塑造历史，而在此之前，儒学只是依附在历史的边缘，以残缺的形态勉强续命而已。

儒学今日正处在新旧范式交替之际，儒学圈内发生之种种争论，儒学圈外对儒学之批评，正是范式转换中必有之现象。

新范式儒学是整全的秩序构建之学。已在三千年未有之大变局收官阶段、也即现代秩序底定时代、并将承担更大世界历史责任的中国，正需如此儒学。这里有两个关键词——"秩序构建"与"整全"，两者互为因果。光有哲学、心性之学、儒家文化等，儒学是不整全的，不足以担当秩序底定之大任。今日中国，除了需要儒家哲学，还需要儒家社会科学，如儒家政治学、儒家经济学、儒家法学、儒家社会理论、儒家国际关系理论。儒家除了制度构建，还需要兴起礼乐，安顿人心。

儒学今日之多姿多彩，正是新范式应有之义，故今日关于儒学如何发展的争论，实无必要。港台新儒学批评大陆儒学说，政治儒学是多余的，然而，今日中国和世界确需重新思考好政治是什么。心性儒学指责政治儒学不重视民主制度，但此制在西方确已陷入严重危机，中国岂能睁眼再入覆辙？当然应认真对待西方制度，但中国学者是否也应更为认真地对待中国自身政治传统？

因此，儒学不必与各种意识形态争论，儒学内部也不必剑拔弩张。世界本来很大，儒学何必自限在螺蛳壳里？中国和世界正在快速变化，处在严重困惑而无出路的状态，儒学当起而明道，提撕这个世界。反观当代儒学，面对这个大任，远未做好准备，尚无力提供可信而有效的方案。故儒学没有必要自我设限，相互怀疑，而应以全副身心担当自己的"天命"：推明圣人大道，融摄中西学、制，回应时代问题，提供整全方案。

从根本上说，担当这一天命，需构建新经学，此为儒学新范式之关键学术形态。现代儒学主流接着作为子学的儒学讲，沿宋明儒学发展。然而，此学是宋明儒在政制大框架确定的前提下，主要为与佛教争夺人心而发展出来的；今日中国已在更大的天下，身处迥然不同于佛教的西方宗教、价值和政治制度之全面冲击中，它是整全的，则今日儒学不能不整全地回应、消化、涵摄之，在学术形态上不能不转回经学。由此可以理解，何以这些年来，几种不同的学术力量，经学史、西方古典学均汇聚于重振经学，社科儒学之兴起其实也在经学范畴内。

以经学为中心的新范式儒学，需要新的学术建制。主流心性儒学、儒家哲学和哲学史依托于现有"中国哲学"建制。新世纪以来的文化复兴带动国学院的设立，只是，国学内涵过于宽泛，难免成为文史哲的大杂烩。近来众学者提议设立儒学学科，这确实好于国学，有明确的范围，有确定的学术范式，但仍有可能自我限定于作为子学的儒学范围内。

新范式儒学的学科依托为经学，在建制上，或可设经学院或更为宽泛的中国思想学院。相比于作为子学的儒学，经学返回中国文明之根本，其覆盖范围是整全的，在方法上内在地要求跨学科研究。不仅需要儒学者参与，更需要人文与社会科学各领域学者进入。如此经学，反过来又可辐射这些学科，从而推动整个中国思想学术体系之中国化——此为现代中国秩序底定之前提，也是其标志。

事实上，不独中国，全球思想学术界正处在范式转换中，儒学正赶上一大波机会，即张横渠所谓"为天地立心，为生民立命，为往圣继绝学，为万世开太平"的机会。当此之时，学人当如孔子所说："君子见几而作，不俟终日。"[1]

---

[1] 《周易·系辞下》。

论经学重建

自孔子删述六经，创立"文学"也即经学，经学即为中国知识之大本大源。儒家之所以具有深厚而强韧的生命力，即因其扎根于经学。不幸的是，自二十世纪开始，经学传统几近中断，即便现代新儒学，也忽视经学，致其缺乏深度，行之不远，也缺乏创制立法之意愿和能力。今日中国之更化自新，有待于中国思想之创发与学术之更张[1]。此一事业，必从复经学始。本文将简单讨论经学之兴起、结构，及其与儒学之关系，并尝试提出重建经学之路径。

一、 经学及其与儒学之关系

孔子同时创立经学和儒学，故两者自始即有紧密关系。

孔子对中国文明之最大贡献，在删述六经，如《史记·孔子世家》所述：

---

[1] 参看姚中秋：《中国之道与中国思想之创发》，刊《探索与争鸣》，2014年第3期。

孔子之时，周室微而礼乐废，诗书缺。追迹三代之礼，序书传，上纪唐虞之际，下至秦缪，编次其事……故《书传》《礼记》自孔氏。

孔子语鲁大师："乐其可知也。始作翕如，纵之纯如，皦如，绎如也，以成。""吾自卫反鲁，然后乐正，雅颂各得其所。"

古者诗三千馀篇，及至孔子，去其重，取可施于礼义。上采契后稷，中述殷周之盛，至幽厉之缺，始于衽席。故曰："《关雎》之乱以为《风》始，《鹿鸣》为《小雅》始，《文王》为《大雅》始，《清庙》为《颂》始。"三百五篇，孔子皆弦歌之，以求合韶武雅颂之音。礼乐自此可得而述，以备王道，成六艺。

孔子晚而喜易，序彖、系、象、说卦、文言。读易，韦编三绝。曰："假我数年，若是，我于易则彬彬矣。"

子曰："弗乎弗乎，君子病没世而名不称焉。吾道不行矣，吾何以自见于后世哉？"乃因史记作《春秋》。

"六经"者，非止儒家之经，而为华夏-中国之经。六经记尧、舜、禹、汤、文、武、周公之言、行、事、制，其中有华夏-中国之道，乃至于天下致治之道。六经之文俱在，则中国之道可言、可学、可传。

传承、阐明六经者即为经学，孔子删述六经，孔门即有"文学"，《论语·先进篇》："文学：子游，子夏"，"文"者，六经之文也，故孔门之"文学"就是经学。一般认为，六经多赖子夏传承，经学多源于子夏。

孔子同时又创立儒学。孔子以诗书礼乐传授弟子，有所心得；孔子志在行道天下，于行道之术多有思考，凡此种种心得、思考凝定而成儒学，孔子之儒学思想多见于《论语》《礼记》等记、传[1]。

孔子一身而并立经学、儒学，并同时传授弟子，故经学与儒学混杂在一起，同由儒家士人传承、发展。由于这一点，或可用"儒家之学"这个词描述儒家之完整学术结构，它不同于侠义的"儒学"，同时包括经学与儒学。《汉书·艺文志》谓儒家者流"游文于六经之中，留意于仁义之际；祖述尧舜，宪章文武；宗师仲尼，以重其言"。这两句话，每句之前半指经学，后半指儒学。正因为综贯经学、儒学，儒家之学超乎诸子之学，而为中国之学的骨干。

此后，儒者之学始终呈现为复合结构：孟子、荀子均受经于师，尤其是荀子，又广传各经于弟子。但《孟子》《荀子》之书则非经学著作，而在儒学范畴。从孟子、荀子之学可见儒学、经学不同之处：

经学旨在解经、传经。其基本形态就是解诂经文，阐明经义。经学的根本特征是，所有活动围绕经之文本展开。杰出的经师当然不乏思想之创发，但必定通过文本之重新阐释进行，而不可能脱离文本，自成思想之体系——若如此，则为儒学。

就内容而言，六经为圣王、先王之政典，呈现尧舜三代之礼乐

---

[1]《汉书·艺文志》附《论语》、《孝经》、小学于六艺之后，另于诸子之首列儒家。然武帝仅立五经博士。

法度，则经学自然侧重于传承先王之礼乐法度，并以经证经，或以史证经，阐发礼乐法度的古今之变。大约正因这一点，身为"文学"之选的子夏及其弟子，广泛参与了战国初年魏之变法[1]，并造就商鞅变法思想；而荀子弟子，则有韩非、李斯。儒家转生法家之中介，就是经学所论述之礼乐法度。

儒学在这两点上均不同于经学。儒学不可能脱离经学，但儒学的主要工作不是解经，而是立足于经义，表达其关于当下社会治理之意见。在这一点上，儒学与诸子相当。诸子百家同样立足于经，发表自己关于经世济民之意见。这些意见似集中于两个方面：

第一个方面，解决现实问题之具体方案，重建秩序之次第。这方面的论说，《论语》中甚多，如"正名"[2]，"先富后教"[3]，创制立法之"因"中有所"损"、"益"[4]，"为邦"之道[5]，等等。《孟子》《荀子》也都提出自己的制度设想与重建秩序之次第。这些皆有经学之依据，但已脱离经文，而由学者创制而成。

但重建秩序之关键在于人，儒学欲解决现实问题，不能不养成行道主体。故儒学第二个核心议题是儒家士君子之养成。经文是固定的、古典的，在经学范畴中，几乎无法讨论这个问题，只能在儒

---

[1]《史记·仲尼弟子列传》谓："孔子既没，子夏居西河教授，为魏文侯师。"而魏最先变法，于战国之处最强（参看钱穆著：《国史大纲》，修订本，商务印书馆，1996年，上册，第76页）。

[2]《论语·子路篇》：子路曰："卫君待子而为政，子将奚先？"子曰："必也正名乎！"

[3]《论语·子路篇》：子适卫，冉有仆。子曰："庶矣哉！"冉有曰："既庶矣。又何加焉？"曰："富之。"曰："既富矣，又何加焉？"曰："教之。"

[4]《论语·为政篇》：子张问："十世可知也？"子曰："殷因于夏礼，所损益，可知也；周因于殷礼，所损益，可知也；其或继周者，虽百世可知也。"

[5]《论语·卫灵公篇》：颜渊问为邦。子曰："行夏之时，乘殷之辂，服周之冕，乐则韶舞。放郑声，远佞人。郑声淫，佞人殆。"

学中展开。《论语》《礼记》中关于这个问题的讨论，无处不在。荀子之论学，孟子之养心，都是士君子养成之道，两人都非常重视这个问题。

可见，在孟荀那里，儒学、经学不同而互补：经学是源，儒学为流。经学立法度，儒学造人才。无经学，则不得治道；无儒学，则无以行道。

然而，后人所重视者，通常只是孟、荀儒学之思想创发，而忽略了其学思之经学根基。孟、荀是在经文、经义的范围中运思，脱离了经学，仅就儒学立论，是无从完整把握孟、荀之思想的。

另一方面，欲全面把握战国时代儒家之学，仅关注孟、荀，也是远远不够的。当时有众多经师传承经说，至汉初，经师纷纷将其经说写定为文，如《尚书大传》等。这些经师因缺乏系统思想论说，而不为后世治思想史或哲学史者重视。然而，从政治演进角度看，他们的影响可能更大，因为他们在当时的主要功能是开办教育，其教养之弟子皆直接参与政治；即便儒学者，也是他们教养出来的。从思想史的角度看，他们也同样十分重要，因为儒学者之系统论说正是以其经说为基础的。

二、　汉宋之经学、儒学

综观孔子以后之儒家思想学术史，经学、儒学始终并行，两者之间关系极为紧密。总体而言，经学始终具有基础作用，儒学的发展始终以经学为根。

秦汉之际，延续战国诸子遗风，经学、儒学并行。儒者经历秦亡，均积极投身于更化、改制事业。当时似乎存在三种为学之道，涉及两类不同的更化改制思路。

第一类思路是纯经学的，其改制更化方案是复古，完全以经为依据。若以传统的学派划分，"鲁学"大约是这一风格[1]。武帝初年，发起更化，主其事者为鲁申公之弟子王臧等人，"欲议古立明堂城南，以朝诸侯"[2]，显然欲回三代，复封建。然而，秦汉已确立郡县制，建立了完整的科层官僚体系，社会管理体系回复封建，几不可能。故这一方案终究行不通。

第二类改制更化思路则主张通古今之变，创制立法。此一思路又细分为两个方案。

第一个方案是陆贾、贾谊等人提出的[3]，两人颇有周秦之际诸子遗风，立足经学，而有完整的思想论说。其思想基本属于儒学，虽杂以他家。不过，其经学根底略差，故其言说在汉初崇尚经术的文化气氛中，似缺乏说服力，而未能担当大任。

第二个方案同样出自经师，以"齐学"为主。他们在经学框架中发展儒学，公羊学差不多都有这种倾向，董仲舒是其代表，其学可谓"经学化儒学"。如《春秋繁露》一书之形态，既不是《孟

---

[1] 蒙文通分儒家为鲁学，齐学，三晋之学："齐学之党为杂取异义，鲁学之党为笃守师传"，"鲁学谨笃，齐学恢弘"。参看蒙文通著：《经学抉原》，收入《中国现代学术经典·廖平、蒙文通卷》，河北教育出版社，1996 年，第 496、497 页。关于齐学、鲁学之不同，也可参见钱穆著：《两汉经学今古文平议》，商务印书馆，2001 年，第 220—223 页。

[2] 《史记·孝武本纪》。

[3] 《史记·郦生陆贾列传》记陆贾"时时前说称《诗》、《书》"，且奉命作《新语》；贾谊作《新书》，而《史记屈原贾生列传》谓："贾生以为汉兴至孝文二十余年，天下和洽，而固当改正朔，易服色，法制度，定官名，兴礼乐，乃悉草具其事仪法，色尚黄，数用五，为官名，悉更秦之法"。

子》、《荀子》式儒学论著，也不是正统经学的训诂、章句或后世的注疏，而是发明、排比经义，据以创制立法。

最终推动汉武帝更化改制的，正是这最后一派。经学化儒学既无正统经学之泥古，又非诸子之浮说。此学立足于经学，回归尧舜禹汤文武周公之大道，有助于解决权力的正当性；而其提出之方案，在郡县制框架中又是切实可行的。故在创制立法时代，非此学不可：其遵圣人之道，而非复古之制。

显然，经学化儒学之发展既需深厚经学根基，又需通古今之变的创制立法意识，殊非易事。这一经学化儒学推动汉武帝更化改制，其结果却是儒学之衰落：武帝更化，重点在尊经，以确立正当性。故其核心政策为立五经博士，并设弟子员[1]。由此，经学确立独尊地位，儒学消退。

汉代由此成为中国历史上独一无二的"经学时代"。此一时代的经学已越出知识领域，经学阐明之经义被用于指导政治，裁决案件、设立制度，董仲舒本人就有"春秋决狱"实践[2]。

此后，经在中国政治上始终占有极其重要的地位，经义始终具有"根本法"性质。经学在知识上的重要性在相当程度上来自于此。经学类似于今日之宪法学。[3]也正是经学持续扮演这一角色，让中国政治保持了连续性，每个时代的政治，其根本精神，其制度法律，其施政方略，都受制于经义。在中国，没有神权政治，但有经义政治。理解中国历代政治，不能不溯源于该时代之经学。

---

[1] 参看《两汉经学今古文平议》，第197—199页。

[2] 关于这一点，可参看赵伯雄著：《春秋学史》，山东教育出版社，2004年，第99—127页。

[3] 参看姚中秋著：《国史纲目》，海南出版社，2013年，第269—271页。

但在汉代，儒学仍存在，《论衡》是代表。虽然它围绕经而展开，但具有自己的思想体系。只不过当时，其影响始终不算太大。整个汉晋唐时代，经学都是知识体系的主体，儒学只是补充。

关于宋代思想学术，人们多关注"道学"。然而，宋学之繁荣实发端于经学。唐代思想驳杂，虽有"五经正义"之编纂，但经学实乏善可陈，思想领域最为发达的是道学、佛学。但仍有少数经师坚守经学。范仲淹、欧阳修、宋初三先生有改革立法、更化秩序之雄心，乃致力于经义之阐发，尤其是其易学、春秋学，成为宋代思想兴起之前驱[1]。

王安石之经学体系在宋学发展史上尤具关键地位。王安石得君行道，创制立法，很自然地回到董仲舒式经学化儒学，形成"三经新义"体系。三经新义摒弃传统注疏，别创义理。其用心与董仲舒颇为类似，旨在为创制立法提供依据。正是这一经学体系，开创了学术上的又一时代。

由"三经新义"刺激，有道学之出现[2]。今人关于道学，多关注其儒学部分，尤其是关于道、理、心、性之论述。这些论述具有西人所说之"本体论"、"形而上学"属性，但其用意绝非哲学的，而仍为儒学式的，系士君子养成之方。为此，宋明儒发展出"功夫论"。在心学，这一点尤其明显。

---

[1] 卢国龙指出，基于政治环境，"庆历诸贤必然走向上一路，即从唐虞夏商周等古远的政治典范中寻求宪纲。唐虞夏商周的政治典范都记录在《六经》中"，故庆历诸贤纷纷致力于解经（卢国龙：《宋儒微言：多元政治哲学的批判与重建》，华夏出版社，2001年，第8页）。

[2] 余英时引证诸多材料指出："二程道学是在与王安石'新学'长期奋斗中逐渐定型的。"（余英时：《朱熹的历史世界：宋代士大夫政治文化的研究》，生活·读书·新知三联书店，2004年，上，第54页）。

同时，道学家绝非离经而论道，道学的根基仍在经学。程子作《周易程氏传》，朱子作《周易本义》、《诗集传》等，朱子嘱其弟子蔡沈作《书经集传》等等。即便心学，仍不离经学，如阳明于《大学》古本大义之阐发。经学的制度论述与儒学的功夫论相辅相成。

宋学中最为重要的突破在于形成新经学体系，即"四书"系统。五经重礼乐法度，《大学》、《中庸》、《论语》、《孟子》本属儒学系统，侧重于讨论士君子之养成与行道之术。四书经学系统将此一儒学传统经学化。这是儒家之学适应平民化时代的一次重大努力，充分体现了宋明儒家关注士君子养成之特征。

不过，在士人学习和科举考试中，五经依然至关重要。满清为解决其入主中原的统治正当性问题，刻意崇道、尊孔，其官学十分重视经学，皇帝亲率大臣遍注各经，带动经学繁荣。乾嘉之学多为经学，如果说乾嘉之学存在什么不足，那就是缺乏儒学，甚至缺乏儒学意识，故其经学未能如宋儒那样"推明治道"[1]。桐城派兴，唤醒士君子道德意识；常州公羊学派兴，唤醒经学之创制立法意识，而开启晚清之社会大转型[2]。

三、 现代思想学术之困境

晚清思想之巨变实由经学之转型推动，其中最为突出者为常州

---

[1] 朱子曾谓"二程未出时，便有胡安定、孙泰山、石徂徕，他们说经虽是甚有疏略处，观其推明治道，直是凛凛然可畏"（《朱子语类》，卷八三，《春秋·经传附》）。

[2] 关于这一点，参看《国史纲目》，第443—445页。

公羊学派之兴起。公羊学兴起，推动经学再回"推明治道"之大道。

康有为借此而接引西方思想、学术。面对西方冲击，中国不能不改制更化，创制立法，对此，唯有经学能够有效回应。而公羊学本有秦汉之际成功更化之记录，康有为乃致力于依经学接纳西学，据西学阐发经义，从而提出相当完整的现代国家构建蓝图。

然而，康有为之经学，震慑于西方之学，生吞活剥，消化不良，灭裂鲁莽，其改制、更化方案乃告失败。张之洞缺乏经学根基，只能以肤浅的儒学勉强支撑。《劝学篇》"中体西用"之主张虽中正平实，终究没有创制立法之根本应对方案，故不能抵挡激进主义之冲击。

民国立政，经学即被扫灭。蔡元培将经学逐出教育体系，此为孔子以来中国教育与文化之巨变：中国教育向来以经学为中心，蔡氏新体系则完全脱此常轨，基础教育中不再诵经，新兴大学也无经学专门研究。

与此同时，学术界也积极地运用其新得之西学，肢解经学，将其历史学化。《古史辨》派完全从历史角度考辨诸经，胡适给"整理国故"运动设定的目标就是为中国文明编纂各种专门史[1]。这样，在西方引入的学科体系中，经学被历史学化：《诗》归入中国文学史研究范畴，《尚书》、《春秋》、礼归入中国历史学领域，《周易》归入中国哲学史，整个儒学也归入中国哲学史。[2]向来作为

---

[1] 可见胡适：《〈国学季刊〉发刊宣言》，刊《胡适文存》，二集，黄山书社，1996年，第1—13页。

[2] 关于这一点，可参看陈壁生：《经学的瓦解》，华东师范大学出版社，2014年，第136—165页。

一个整体存在的经学遭到肢解，不复为一活的生命体，而在相互分割的、历史化的知识体系不绝如线。

与此同时，通过全盘移植，现代中国的人文与社会科学起步了。百余年来，中国的思想学术基本上都通过移植的方式发展。经学始终缺席。最为可悲的是，对此事实，无人在意。几乎没人认为，为了中国的思想学术，经学有必要登场。即便在中国古代思想史、哲学史研究中，经学也被遗忘，似乎从来没有存在过。

然而，纵观百余年来中国思想、学术之得失成败，其最为严重的问题，正缘于经学之缺席。

人文、社会科学之思考与研究，可用司马迁之言概括："究天人之际，通古今之变，成一家之言"[1]。什么样的"天"，何等样的"人"，怎样的"古"，怎样的"今"，这些构成人文与社会科学思考和研究之基础问题，关于这些问题的认知，构成研究之基本设定，规范着思考指引方向和轨道。整个学科的推进是在这些基本设定搭建的框架内展开的。

但专门的人文与社会科学是无从阐明此精义的。在西方，同类问题通常由神学或哲学予以讨论，而后灌注于各专门之学中。中国本无神学和哲学，传统上，由经学阐明这些基本设定。由于经学缺席，现代中国学人根本没有触及这类根基性基本设定。因此，一百年来，对于更深入、全面地理解天人古今等关乎人之存在和秩序之根基性问题，中国学人没有做出任何贡献，中国思想、学术始终肤浅无根。

然而，任何思想、学术不可能没有此类基本设定。既然自身阙

---

[1]《汉书·司马迁传》。

如，现代中国的人文与社会科学只能移植欧美。中国学人于其研究之中，跟随着国外理论之变动而亦步亦趋，包括不加反思地接受西人之基本设定。这样，大多数时候，中国学人罔顾中国自身的问题、处境、民情、文明，而邯郸学步。学人们没有能力独立地思考中国及世界的问题，只能在他者的思想框架中，费劲而无效地思考他者的问题。

如此思想、学术经常无助于中国之创制立法和社会治理，反而造成观念与秩序之巨大混乱。欧美已是现代，中国处于古代，中国必须现代化，中国学人常以此等"真理党人"姿态，以末世论的终极拯救心态，运用欧美价值、信仰、理论改造中国之民情、文化。改造国民性、按照欧美理论重塑中国秩序，这是百年中国学人之基本理念，故而现代中国思想和学术普遍具有激进主义倾向，不论其具体立场为何。

即便百年来的现代新儒学，也难脱此种偏弊，虽然略好一些。现代新儒学可谓现代中国思想学术之唯一可观成就，因为其毕竟还在中国思想的脉络中运思。但在康有为之后，经学传统基本中断，现代学科更以历史主义消解了经学，现代新儒学在此知识环境中出生，同样脱离经学之根，兀自蔓生。新文化运动期间，新儒学兴起，绕开经学，径直立基于宋明儒学，尤其是心性之学[1]，梁漱溟、熊十力、张君劢诸贤无不如此。港台新儒学承续这一传统，继续发展哲学化的儒学论述。这一学术传统回流大陆，更加等而下之，中国哲学专业实沦为中国哲学史专业。

---

[1] 1958 年牟宗三、徐复观、张君劢、唐君毅四贤在《为中国文化敬告世界人士宣言》中直接宣称，中国之学就是心性之学。

当然，现代新儒学传统中诸贤也非全然不顾经学，熊十力、牟宗三颇为重视《周易》。但其易学不是经学式的，而是哲学式的。熊十力晚年重视《周礼》，但同样是非经学式的，只是阐发了一种基于《周礼》的政治哲学而已。

这样的新儒学必定行之不远。牟宗三之后，现代新儒学即有议题枯竭、研究重复之现象，好像所有问题都已研究完毕，学者只能作琐碎的饾饤之学。此时，中国与西方交接之后的新秩序还远没有构建起来，儒家之学却已先衰。原因在于缺乏经学根基，光秃秃的儒学缺乏学术发展之纵深空间。

传统上，经学总能刺激、引发儒学之扩展、深化，因为经学更多关心制度问题，创制立法所涉问题极为广泛；其中，制度的建设和操作需要人，这有待于儒学解决，儒学的核心议题是士君子之养成及其应世之道，还有在社会各个领域展开创制立法事业之道。而现代新儒学将西方制度视为当然，因而忽视经学，专心于心性，故无力指引政治归于大道。因为没有创制立法之抱负，故尽管重视心性之学，却空谈心性之哲学，而没有发展士君子养成之学，没有造就行道天下之文化、社会、政治主体，更没有提出行道天下之策略。故新儒学有传承道统、发展学术之功，却未有创制立法、行道天下之伟业。

总之，整个二十世纪中国思想、学术之总体特征是经学缺席。或者更为准确地说，西方的时髦思想一变而为中国之经学。从根本上说，二十世纪中国学者都寄身于他人的思想框架和学术范式中，始终在追赶，却无所获。

四、 经学为学问体系之本

中国思想、学术领域需要一场文化自觉，需要一场孙文式革命，在思想学术领域中"驱除鞑虏，恢复中华"。具体地说，重构中学与西学的关系，其中的关键是接续经学，重建经学，发展经学，并以之为思想学术之本。

经者，常也。经学探讨社会治理之常道，是各门具体思想、学术之根基。传统学术体系中，关于人间秩序，有各种各样的专门之学，如诸子之学、史学、天文舆地之学等，而以经学统摄之。经学是整全的，但非各门学科之总和，而是专门之学的根基。具体而言，它致力于探究和阐明关于人的存在及人间形成与维护秩序的一些根本问题，对这些问题的界说，可构成各个专门的人文与社会科学之基本设定。举例而言，经学可回答以下问题：

世界的本源是什么？是天还是神？中国文明演变史上具有决定意义的事件是"绝地天通"[1]，由此，中国人的核心信仰基本确立为敬天，而非崇拜人格化的上帝。信仰对人的秩序想象能产生决定性影响，那么，敬天具有何种后果？它与人格化的上帝信仰有何不同？

司马迁谓"究天人之际"，《中庸》谓"赞天地之化育"。中国哲学关心的不是神人问题，而是天人之际问题，那么，天人之际究竟是何种关系？

人是什么？人性是什么？人们在这方面的想象与知识上的认知与信仰有关，与天人之际的性质有关。而这一点将决定人们如何面

---

[1] 见《尚书·吕刑》与《国语·楚语下》。

对他人，设定与他人的关系，而社会归根到底是人与人的关系网络所构成的。各种人文与社会科学研究的主体就是人如何存在及人与人之间的关系，而人性论是出发点。

人际间如何形成秩序？人文与社会科学研究的根本目的是助成人间形成良好秩序，然而，人们究竟有何种秩序想象？秩序想象决定着人们塑造和维护秩序的行为的方向。

凡此种种根本问题，只能通过经学予以回答。通过研究、思考这些根本问题，经学能"明道"，推明人间治理之常道。这些知识灌注于整个中国古典知识体系中，而其他专门之学的展开以这些知识为基本设定，并划定各种专门之学的运思模式。

现代中国人文与社会科学恰恰缺乏这样的中国式根本设定，而以他者（异质文明）的预设为自己的根本设定。但中西在信仰上早已分途：中国人敬天，西人信上帝，而天大不同于上帝。因此信仰，而有此人性认知；因彼信仰，而有彼人性认知；敬天信仰下的人性认知大不同于上帝信仰的人性认知。接下来，敬天信仰下的秩序想象必然大不同于上帝信仰下的秩序想象。

然而，中国现代思想学术基本上忽略了这一点，强以西人之预设批判中国古典学术，比如，学界对中国人性论的批评随处常见。学界以西人之人性论构建理论，进而设计制度。然而，这样的理论合乎民情吗？这样的制度与现实是否错位？

人文社会科学研究的对象是人，不同于物理学、化学所研究之物[1]。人生而在文化中，各共同体的文化有所区别，人的存在方

---

[1]　关于这一点，哈耶克指出过社会科学素材之主观性，见［英］弗里德里希・A. 哈耶克：《科学的反革命：理性滥用之研究》，冯克利译，译林出版社，2003年，第17—29页。

式就一定有所不同，这是一般之人的个别呈现。人文与社会科学不能不有普遍的视野，但也不能不在文化框架内展开，透过个别的文化认知一般之人。综观人类各地的思想与人文学术，无一不在文化脉络中，即便自称是普遍的。每个共同体中的智者都是透过自己的个别视野来体认、理解人。

根本上，人文与社会科学思考者、研究者所思考、研究的对象首先是自己，并通过自己来构造对一般之人的想象；首先是自己所见到的人，并以此想象一般之人。这是人文社会科学诸学科不同于自然科学之处，因此，自我体认，对身处自身文化中的自己的体认是思考和研究之原点。惟有透过自我体认，方能深入人之最精微处。而这个自我绝不是空洞、抽象的，必定由个别的文化所塑造。这是无法剥离的事实。否认这一事实，以他者的视野，是无法展开最为深入的自我体认的。

因此，主张接续、重建、发展经学，不是基于学术民族主义，不是为了刻意不同于他人，而是为了更为真切地感受人、理解人、认知人，从而在中国发展出关于人的共通的知识。经学呈现中国之道，中国人一直在此道上，此道灌注于中国的一切，包括塑造中国人，其存有状态、其价值观念、其秩序想象是中国的。经学研究深切地把握这些，人文社会科学诸学科以此为预设，循此发展理论，可切入中国人生命之最深处。

而中国人就是在中国的一般之人。中国学者基于中国人的各种属性而发展出来的所有理论，都具有人类共通的维度，有助于认识一般之人。大体上，自然科学理论可能只有一套，但人文与社会科学的理论必是多元共存的，而其中又有重叠之处。关于一般之人的理论，只能寄身于不同文化中人的多元理论中。出自某一文化，却宣传自己是绝对普遍的理论，或者相信其为绝对普遍的理论，其实无非是根源于唯科学主义的迷信，是思想的霸权主义幻象。

今天，已经有不少专业领域中的学者认识到，简单套用西方思想、学术，不足以完整而准确地把握中国事实，不足以解释中国历史的演进，无法思考中国文明的前景。由此提出，应当建立中国学术相对于西方的主体性[1]。然而，这些反思大多着眼于中国现实，而缺乏历史纵深感。学人普遍没有充分意识到中国现实与历史之间的深刻连续性，更没有意识到贯穿其中的中国之道。这样，经学就没有进入其知识视野。而没有经学自觉，是无从确立中国思想、学术之主体性的；不从经学出发，就无法构建解释中国演进、进而理解人类一般变动的贯通理论；没有经学支撑，也不可能想象中国正在生成的秩序之样态。

中国如果要结束十九世纪末以来的彷徨、曲折、反复，就必须

---

[1] 有政治学者指出："与印度、俄罗斯、墨西哥等大国比较，我们做得还不错，但很多人却认为中国错了。根本原因在于，中国缺少基于自己历史文化和政治实践的'新概念新范畴新表达'，结果总是在用'他者'的概念来诠释中国，中国似乎永远不符合'先生'的标准答案"（杨光斌、曾毅：《中国社会纷争的观念之维与因应之道——兼对中国社会科学研究体制的总体性检讨》，《探索与争鸣》，2014 年第 1 期，第 47 页）；国际关系领域的王义桅质问：为什么没有中国的国际关系理论？他认为其中一个原因是"中国国际关系理论的'美国化'使其丧失主体性"，进而提出："随着中国崛起从器物、制度层面向精神层面推进，国际关系理论的中国梦将有望通过充分塑造'全球中国'身份的过程得以实现"（王义桅、韩雪晴：《国际关系理论的中国梦》，《世界政治与经济》，2013 年第 8 期）；法学家许章润则提出"汉语法学"概念（许章润：《汉语法学论纲——关于中国文明法律智慧的知识学、价值论和风格美学》，《清华大学学报（哲学社会科学版）》，2014 年第 5 期）；语言学界的申小龙则提出文化语言学，强调字本位的中国语言文字体系与音本位的西方语言体系的根本差异（参看申小龙等著：《汉字思维》，山东教育出版社，2014 年，尤其是该书《总序》）。

重归常道；为此，就不能不接续、重建、弘大经学。

五、 经学方法刍议

今日中国学人必须接续、重建、弘大经学，此为这个时代中国学人最为重要的知识使命。但展开此一知识工作，难度颇大。

近些年来，经学史研究已经展开，并取得一定成果。这种学术史的梳理可为重建经学之预备。接下来当接续经学，经学地思考，以"推明治道"。然而，经学发展需要较为苛刻的条件。

经本身是整全的，涉及天人之际所有重大问题。经学围绕经文展开，而经文呈现的是完整的生活，经学欲理解、阐释此完整生活，不能不动用各种各样的知识。故经学自始就是综合的，也可说是跨学科的，用现代术语说，经学涉及哲学、伦理学、政治学、历史学、文学、社会学等几乎所有人文与社会学科，还涉及天文学、地理学、机械工程学、化学等自然科学与工程学科。

于是，经师不能不"博学于文"[1]，历代经师差不多都是全能学者。借助这样的知识储备，经学才能展开；由此生成的知识，才能对具体的专门之学具有引领意义。经学要影响思想、学术，首先必须吸纳、消化这些思想、学术，把这些知识融会贯通于经文的注疏、阐释中。由此形成经义，反过来引领专门之学，更可指引社会治理实践。今日从事经学者，不能不如此。

至于发展经学之方法，或有以下三点。

---

[1] 《论语·雍也篇》。

第一，潜咏经文，体会圣人用心。经学的力量来自于"文"，文以载道。故经师的首要任务就是深入经文，体会圣王仁民、爱物之用心，从经文所记之制度中体会治理之道。经学有别于一般专门之学的地方正在于其所记载者均关乎道，而道在文中，不可凭空玄想。于文中明道，这是经师的基本知识任务。

第二，立足历代注疏，融会贯通。经学不同于一般专门之学处在于，它有十分漫长而极为丰富的知识传统，历代学者均立足于自己的视野，运用自己时代的知识，持续不断地注疏经文，阐明经义，乃至于据经义创制立法。凡此种种努力，均得经文大义之一二，今日经师不应忽略，不应凭空虚造。

第三，运用新知识，以发明经义。上面两点，对经学研究者而言实为基础，也可能成为陷阱，即是沉溺于历代注疏，无以自拔，只讽诵经文，无所发明。经学的生命力在于吸纳、消化新知识，而阐明经义，从而更为恰切地指引当世问题之解决。

经学之所以常在常新，保持生命力，在于其开放而不断地吸纳、涵摄新知：汉代经学吸纳诸子之学；宋代经学吸纳道家思想，也受到佛教义理的影响；清代御注各经，吸纳传教士带来的西方天文学、数学知识。所有这些新知识，均有助于经师从自己时代的立场理解、阐明经义。不开放，无经学。经是一，但经义常新。也唯有经义常新，经才能始终具有道之范导力量。如果经学不能涵摄自己时代的全部重要新知，就不可能具有统摄人心的力量。

今日发展经学，最大难度正在于，知识范围急剧扩大。欧美既有庞大的知识体系，欧美之外的世界也各有可观的知识体系，这些多多少少已进入中国，并具有广泛影响力。经师不能不"博学于文"，吸纳这些学科的基础性知识，而予以贯通。如何吸纳、消化、涵摄既有知识，这是今日经师面临的巨大挑战。如果当代经师做不到这一点，那就无法发展出令今人信服的经义，无法成为各专门之学的根基。

从这个意义上说，经学于今日难成一专门学科，至少在当下，而更多地是作为一种方法存在。在知识过于庞杂的今天，也许很难有人可以做到既掌握传统注疏，又精通各相关学科。同样，培养经学方面的学生，难度也极大。

可行的办法也许是"彼此跨入"，也即，传统注疏研习者跨入一两门人文与社会科学领域，而人文与社会科学领域的学者也跨入经学，治某一经或诸经之某一领域。由此可形成经学与人文—社会科学间的深度融合，在此过程中，新经义或将不断被阐明，而人文、社会科学的基本设定、运思方式、基础理论也会逐渐地成熟，替代或者涵摄移植的外来者。

实际上，传统经学的发展也多以这种路径展开。故经学今日发展最需要者乃是经学意识，学人的经学自觉——不止是治经学者、治儒学者，而是各学科的学者。有了这种自觉，任何专门之学的研习者都可进入经学。经学是整全的知识体系，这也就意味着，学人完全可从多个角度切入，包括自然和工程之学。不同学科从不同方向进入，即可共同成就经学之繁荣。

与普遍的经学意识互为表里的是经学的现实关怀。经学旨在塑造良好秩序，而非纯粹的知识事业和学术事业。就此而言，经学不同于西方之哲学和神学。经学的主要功能是"推明治道"，以指引良好秩序之塑造和维护。经学不能不具有现实关怀，不能不有创制立法之抱负。为此，经师不能不明于时势，经是常，经之大用却系于时。不知时者，不足以言经学。

欲复经学，不能不在大学内建立经学建制，这包括设立经学院。国学院本身是一怪胎，把历史、哲学、文学等专业堆积于一处，而无以贯通。国学院的出路是逐渐强化经学，转身为经学院。当然，也可在哲学系里开设经学专业。

而考虑到上述经学展开之难度，经学院建制也应保持开放，容纳众多学科的学者：只要对经学感兴趣，就可进入此一学院中。学生也如法处理，不论专业为何，只要对经感兴趣者，即可于学习专业之外，专攻某经或多经。这样的经学院其实就是大学中一所传统的精英书院，而不是一般意义上的院系建制。惟有这样的建制切合于经学的地位。经学如果专业化，成为破碎的专业体系中的一个，那就无从发挥其作为经学的基础性作用。

经学若得以发展，将给儒学的发展创造广阔空间。二十世纪儒学的发展已为经学今日重建创造了一定条件，而经学重建的过程必定给儒学提出新问题，带动儒学更新自己的理论。比如，在城市化、在知识高度专业化的背景下，如何养成士君子？士君子如何在网络时代兴起礼乐、化成天下？所有这些已超出经学范围，乃是需要儒学回答的问题。

今日中国的秩序重建已进入关键阶段，这样的时代需要经学登场，也需要儒学面对新议题。尤其是，经学、儒学研究者与人文—社会科学界积极地展开双向互动，则这两种知识的生产均可顺利展开，精英的观念和思考方式可以逐渐中国化，则儒家式社会治理秩序就是可期待的——而在中国，唯一健全、且可持续的社会治理秩序，必定是儒家式的。

经学的重建与经典诠释的方法论问题[1]

原编者按：儒学的复兴，必然涉及"经学"问题、儒家传统经典的诠释问题。对于经学的兴废存亡、经典的诠释方法，目前学界存在着不同的看法。就这些问题，我们对当代新儒家代表人物之一，北京航空航天大学人文与社会科学高等研究院教授、弘道书院院长姚中秋（秋风）先生进行了访谈，以飨读者。

郭萍（以下简称"郭"）：秋风先生，您好！非常感谢您接受我们的访谈。近年来，您通过对儒家经典的独特诠释，提出了一系列新的见解，在学界产生了很大的影响。这些见解中，一个非常重要的问题是对传统"经学"的看法。我注意到，您认为经学是中国知识之本，今日中国思想之创发与学术之进展，必从复经学始，必须接续经学，重建经学。而经学的接续与重建，最终要落实和体现在对经典的诠释上，那么在当今，面对古代典籍，我们应该以怎样的态度和方法进行诠释呢？

姚中秋（以下简称"姚"）：这些年，我一直在研读五经，十

---

[1] 此为《当代儒学》编辑部郭萍、刘瑶瑶的访谈记录，发表于《当代儒学》，第七辑，广西师范大学出版社，2015年。

三经，我有这样一个感受：通过梳理、解读经，我们可以最好地去理解中国人的信仰；通过对这一信仰的理解，可以准确地把握中国人对于生命、对于人的存在、人与人的关系、社会治理等问题的认知；而由此，我们可以更好地解释中国人的行为和中国社会的制度，进而探讨当下中国的优良治理之道。

郭： 经典诠释的过程也是重构经典的过程，但经典中的核心精神是一直传承不变的，可以说这是一种"变易"和"不易"的结合，但问题是我们如何把握诠释合理性？据我所知，您带研究生诵读语、孟、尚书、礼记等，并著有《治理秩序论：经义今诂》《建国之道——周易政治哲学》，运用现代人文与社会科学理论解经。有人批评您对上古儒家经典的解释存在"过度诠释"的问题，不知您对这种批评怎么看？

姚： 解经，从根本上来说，是为了解决我们自身的困惑和问题，我想，这是我们解经应有的出发点。如果我们没有这样的问题意识，或者没有这样的困惑，而去解经，那基本上就是智力游戏。我们因为有这样的困惑、有这样一个问题意识的推动，解经的工作才会有一种生命的意义，或者说是个体的生命的意义，或者是文明体的生命的意义。解经，在我看来，是我们通过回到经典，就是回到我们的文化生命最为本源的地方，更深切地理解自己，把握自己。

郭： 您觉着解经是通达我们生命、自我认知或体认的一个很重要的途径，但它并不是目的本身，是吧？

姚： 它的目的是为了找到"道"。这个"道"本身又是一以贯之的，由源到流，从古到今，从圣贤到我们。如果我们通过解经，找到了圣贤所阐明之道，那么我们也就可以说，找到了今日我们要走的"道"。

郭：这个自古传承下来的"圣人之道"就是我们今天所需要的"道"？

姚：对！其他的文明是怎么样的，我不是很清楚，但至少对中国文明而言，应该就是这样的。圣人之道就是我们今天要走的道。吾国之道，一以贯之。

郭：汉代经学一直有今古文之争，这里面就涉及到对于经学有不同的理解和诠释，那么各种不同的诠释是不是都符合了那个"道"呢？

姚：人各不同，经学必定有不同的方法，形成不同的流派，但应该说，每一种方法、每一个流派都多少阐明了经义之一端。我们不同的人从不同的角度面对经、体认经、试图索解经意，就有点类似于我们睁着眼睛摸象。即便我们睁着眼睛摸象，也不可能摸到整个的象，因为你摸到的就是那巴掌大那么大的地方，而象是很大的，对不对？所以，即使你觉着自己摸的是象，实际上你摸到的也仍然只是它的局部，它并不是全部。你不能说某一派、某一个人或用某一种方法就把经义完整地揭示出来了。

郭：这是不是表明我们对经典的不同诠释，"凑"起来就可以逼向"真"？

姚：实际上我并不会说后面一句话，因为我们"凑"不起来，就是说，解经，从根本上说是一个跨世代的、持续展开的历史性过程。所以，你也不必想象某一天，我们所有人都凑到一起，把各自解的经义之一端拿出来，可以凑出一头完整的大象来。其实也凑不出来，因为，永远都不会有这么一个摸大象会师的时刻，每一个解经者，甚至一个解经者在不同时间点上对一句经文的理解，也会有一些变化。

比如，朱子解"四书"，或者程子作《易传》，一辈子都在作，作了几十年。也就是说，解经者的看法也有一些调整，也有一些变化。所以，解经这个工作，不会有什么终点，也不可能有一个完全是百分百的合乎圣人之意的解释。所以我认为，解经更多体现的是一种态度，就是我们非常严肃地面对自己的本源。以这样的态度面对经典，体认大义，就是经学。由此，我们体认圣人之道。而实际上，圣人之道就是我们生命的本源，就是我们的生命应该走的大道，我们这个文明应该走的正道，这两者之间是统一的。

郭：这样，那您认为传统经学在方法上或角度上对现在经典的诠释也有一些启发、借鉴的意义，对吧？

姚：那当然是了。首先，我们要理解经义，首先要认识字、词，就是训诂、考据这些最基本的工夫，你必须得具备。否则，你就是胡思乱想。望文生义这种事情，在现代是很多的。现代人，尤其用所谓"哲学的方法"讨论经典的时候，特别容易犯这样的错误。

郭：如果拘泥于考辨、训诂就会陷入"我注六经"的困境，而像您所说以所谓哲学的方法解经又会不自觉地偏离了经文本意，导致"六经注我"的偏颇，那么在这两个极端上我们怎么平衡？

姚：我想，可能我们首先还是要有一种态度吧，或者用宋儒爱讲的一个词，要有一个"志"。《礼运篇》一开始孔子就说："大道之行也，与三代之英，丘未之逮也，而有志焉。"确实，从认识论的角度来讲，我们很难"还原"圣人之本义。不过，这样一种认识论本身就有问题，因为它假设了有一个"原"，原原本本。但是，什么才是"原"？孔子在某种具体的语境中说了一句话，《论语》记载了这句话，在编辑、记载之时，本身就有一个剥离，把具体的语境给剥离了。所以呢，当我们说还原的时候，这个"原"本身就是一个大可怀疑的东西。

尽管如此，这里还是有一个很重要的问题，那就是，面对经，我们需要一个"志"，也即，尽可能地探究圣人的意思是什么。要有这样一个态度。有了这样的态度，我们就有可能体会圣人说这句话，试图回应什么问题，他展示了什么样的解决这个问题的可能性。或者说，有这样的志，我们就有可能体认圣人之"道"，我们研读圣人说的那句话，我们解经，并不等于还原其本原，我们最根本的任务是找那个"道"。经典的意义不在于其作为历史研究的对象，我们不一定要还原圣人说话当时是什么样的情形，那句话当时是什么意思。其实圣人说这些话，包括他选择或删削那些事，也是为了向后人揭示道，那我所要做的这个工作，主要就是体会这圣人之"道"。你要做这样一个工作，就要有一个一以贯之的"志"。你要探究圣人之道，就要有全副的准备，准备全身心投入。比如，你要理解这个字，那你还要理解圣人说这句话的语境，甚至包括当时他所处的社会环境；你还要结合圣人所说的其他的话，通盘的去理解。所以，我们解每一句经，都是很复杂的工作，需要有一个全身心的投入。

郭：您觉着我们体味圣人之道的这种"志"，是士君子才有的情怀，还是社会大众都应该具有的？

姚：当然，大众很难具有，我觉着这只能是少数人的事业吧，他既有这样一个意愿并且能坚持下来，能够在其生命中发用它，肯定是少数人的事。

郭：但是我们儒学要落实在民间社会，还是希望越来越多的人真正了解儒家或者是儒家的一些思想，那您说不是士君子阶层的人，他们是不是也有必要去了解这些东西呢？

姚：那需要先知先觉者来传道、弘道。儒家理解社会，最基本的范式就是君子、小人之别，士君子和庶人之间的区分。这个区分很重要。儒家所构想的这样一种区分，并不是等级制度，因为，士君子是人人都可以成为的，它不是一个固定的僵化的社会等级。所以，这样的结构，在任何社会的任何时间地点上都是存在的。有些人否定这样的结构，相信我们每个人都可以直接面对经典，每个人都可以体会到。你当然可以这样想，问题在于，事实是，绝大多数人确实做不到。事实上人们做不到，你却对他寄予很高的希望，甚至轻率地认为，他们所理解的也是道，这会造成很大的麻烦。

郭：您能举几个例子，比如说它的危害性或者它在我们当下的表现吗？

姚：我不举儒家，可以举其他例子，比如基督教。我昨天晚上跟一位朋友讲了一句话，他很吃惊，我说，其实基督教新教的产生或者说宗教改革所导致的基督教的变化，实际上是一次蒙昧化过程。因为，新教的基本命题是"因信称义"，每个人直接和上帝对话，并且都可以宣称自己得到来自上帝之"真理"。这是非常危险的。因此，我们看到，在西方社会这几百年来，总是会有各种各样的新兴宗教，而且都很狂热，都宣称自己得到了神启，就是因为，原有教会制度瓦解以后，随便一个人，只要他看了几句《圣经》，就可以宣称自己得到了真理。经典诠释的这种任意性，是现代社会诸多困境的根源之一。而儒家似乎还没有出现过这么严重的问题。儒家那样一个社会分析范式，或者说儒家认同的社会构成秩序的基本模式，也就是君子、小人之别，是非常平实而中正的。这是说，每个人都有机会，而不是说，每个人一定能够达到同等水平。

郭：以您为例，现在您带领解经，那么大家对您解经的认同性来自哪里？

姚：我想，首先是存在一个士人共同体，他们肯定是具有一定的判断能力的，所以他们的共同认可，能够确定某种主流的意见。其实，在每一个时代经学发展的过程中，都会有某种或者某几种大家普遍接受的说法、义理。这就跟现代各门学科一样，从事这一个学科的这些人组成了一个学术共同体，他会有一个基本的、共同的判断。不管是经学的发展，还是儒学的发展，乃至一个社会要形成良好秩序，其实都取决于有没有这样的一个相应的共同体。比如说，要发展经学，就需要这样一个经学的学术共同体；要形成良好的社会秩序，就需要有一个士君子共同体。这样的共同体，内部必然有所不同，但也必然有一个基本的共识，所谓"和而不同"。它作一个共同体来引领整个社会，而不是一个人、两个人引领社会。也不是靠社会中的所有人齐头并进，这是不可能的。在我看来，一个"小人"组成的社会不可能有前景。

郭：传统经典为我们建构了一个意义世界，它作为真理和知识的权威，成为政权合法性的来源和道德价值的依据。那么，您解经是否也是为了促进您的另外两项工作——述史、创制的开展呢？

姚：这三个工作还是有所区别的，各有侧重，尤其解经和述史之间，可能是有较大区别的。因为我们写历史，主要关注历史中发生的事，将其以一种比较恰当的方式描述出来；解经，面对的主要是文本。我们当然也要面对历代的注疏，这也是一个历史工作，但主要的工作，还是面对文本本身。所以，这两个工作所面对的对象就不一样，自然会有比较大的区别。不过在中国，解经和述史之间确实又有紧密的联系，因为最起码，对前经学时代，也即三代来说，五经就是历史记录，我们的历史就在经中记载着。

应该说，这一点跟其他国家其他文明的经的性质，有很大的区别。我们的《春秋》《尚书》《诗经》《礼记》都是史，所以，要述三代之史，最坚实的材料其实就是"六经"。中国有一些比较时髦的考古学家，心情似乎颇为苦闷，因为，在其他文明中，要描述早期的历史，基本上靠考古，比如说古埃及、两河流域，人们要刻画其早期的历史，基本上都靠考古发掘，拼凑出一副残缺不全的图画。可在中国不一样，在中国，考古学从一诞生，就是历史学的附庸，因为在这之前，司马迁已建立起了一个完整的三代历史框架，讲的清清楚楚、原原本本。他把历史每个节点都讲的非常清楚。到考古学在中国发展之时，中国人早就已经建立起清晰而完整的早期历史框架，所以中国的考古学家发现，他们只能去给这个历史框架做一点修修补补的工作，就是不断地证明它。司马迁就说了，殷人设都于某处，你把安阳发掘出来，证明了司马迁的说法。宋代就已经著录了很多古器物，形成一个命名体系，现代考古学家发现，他们还得用那个命名体系来命名从地底下挖掘出来的东西。

这就是中国跟其他文明很不同的地方，当然也是中国的"经"跟其他文明的"经"很不同的地方。你述这段历史，就不能不以经为主。我的《华夏治理秩序史》的前两卷，基本上是以"经"作为主要的材料来还原历史的。有些朋友批评我这样做不妥，可这是一个基本的事实，你没办法否认它。

郭：三代的文献不足征的情况下，很难从实物上证明……

姚：实际上，我们三代的文献（主要是"六经"）比其他文明完整多了。比如，根据《诗经》，其实可以写出一部西周史，是完全可以写出来的。你考古挖掘出来的东西，只是证明了它讲的是对的。它生动地描述君子的生活方式，描述了车马礼仪之类，现代人可能都不相信，觉得好像不可能啊，三千年前，怎么可能有那么奢华的车辆呢？但这几十年来，考古学家从关中、从河南挖出来了车，证明它说的是对的，它的格局、规格跟《诗经》里说的一模一样。《诗经》也讲了很多具体的历史，周人南征、跟楚人的关系之类，你都可以用历史证明。

当然，经学诞生以后，历史记载就经学化了，今天，我们面对《尚书》《诗经》《左传》，我们主要从事经的诠释。我们的目的不是复原历史，而是解经。那么，经学是为了什么？我觉得，经学从根本上就是要创制。经学是为了回应、回答我们的困扰、困惑，解决我们自己所面临的问题。但我们解决这个问题，经学的方法和现代社会科学的方法不同之处在于，我们会回到本源，在本源上寻找解决问题之道，"志于道"，据此，我们设计制度。当然，设计制度，我们还要参考历史上的经验，还有就是化用我们今天所能看到的西方的治理之术，我们要有开放的视野。但是，我们首先肯定自己文明有一个道。这个道是什么？就是方向，我们的文明有一个方向，也有一些基本的准则、基本的规则。

我想，我们从经里面要找的是这些。这就是解经者跟现代学者不一样的地方。十九世纪末以来，中国其实都是在创制立法，因为我们身处剧烈变动的时代，而且，变动的范围非常广泛，在社会的各个领域，可能都需要创制立法。但我不能不说，其实二十世纪的大部分创制立法，都属于无头苍蝇瞎撞。很多人甚至明确地要背道而驰，他认为，圣人之道是属于古代的，到了十九世纪末，它就该终止了，我们现在已进入新的轨道上。

这样的背道而驰，经常是有意为之的。比如在战国时代，法家设计秦的制度，秦的君臣设计自己的制度，都是有意地背离三代之道。因为他们认为，三代之道已经跟他们所在的那个时代完全断裂了，他们要解决时代的问题，就必须凭空地为他们自己创制立法。法家认为，他们必须自己自觉地和前代切断联系，从头开始。这是由于他们认为，先王之道、圣贤之道不足以解决他们的问题。当然，我们也理解他们的处境，当时秦国僻处西陲，面临很大的竞争压力，所以他们会认为，圣贤之道太遥远了，根本就不能解决眼前的问题，索性另起炉灶。

这样的想法在两千多年以后，现代中国人重复了一遍。现代中国也是突然面临一个强有力的西方，生存压力如此之大，这个时候，我们告诉自己，为了活命，我们先把祖先忘了再说，我们先把圣贤之道忘掉，先做一回流氓。所以，我们观察一下当时的那些革命者，他们基本上也都读过圣贤书，但是他们认为，这个东西已经没有用了，我们现在必须得自我立法，我要为我自己立法，不能再让死人拽着我的手了，这是他们有意识的做法。

应当承认，这种做法在短期内确实会解决一些问题；但是，所有背道而驰的创制立法，都不能长久。这也是汉儒思考的主要问题，因此，陆贾对刘邦讲，圣人之道才是“长久之道”。背道而驰的严重后果，往往需要较长的时间才能看清楚。然而，人通常都是短视的，在历史过程中的人通常都是短视的，尤其是那些面对具体问题、解决具体问题的政治人物，他们通常都是短视的。所以，需要有人不断地提醒：这种短视的做法，不可能建立起一个长久的制度。

中国历史上有一个很有意思的历史现象，这个现象，我在我的研究中，称为"第二次立宪"，这个"第二次立宪"的基本含义，就是从原来的背道而驰，转变到认同道统。像汉初，就经历过这一种转变，它的标志性事件就是汉武帝的复古更化，其表现就是武帝立五经博士。在秦代，虽然也有儒学博士，但是，秦始皇从来没有尊五经，相反是烧五经，"焚书"焚的就是《诗》和《书》，就是五经中最重要的两部。然后又"坑儒"。这两个事件就非常清楚地表明了秦背道而驰的政治决心。当时秦朝出现了问题，儒生指出了问题，也指出了方向，这个方向就是回到圣贤之道。而李斯听完，勃然大怒，鼓动秦始皇焚书、坑儒。这其实是短见的政治家和有远见的儒生，或者可以说是"政统"和"道统"之间第一次生死相搏。当时，当然是皇帝这个政治家获胜了，把书也焚了、儒也坑了。可最后的结果是，秦只维持了十四年。

郭：那是不是恢复了"圣贤之道"，我们当下的诸多问题甚至所有的问题都迎刃而解了呢？

姚：我不会说，所有的问题都会迎刃而解，但是，一些重大的问题，确实可以因此找到比较好的解决方案。我之所以这样说是因为，儒家从来不会认为，我们可以找到一个完美的解决方案。三王之教还有更替呢、还有变化呢。就是说，所有的法度都会有所偏失。但是，如果我们能够随着这个道创制立法，那起码，现在一些显而易见的重要问题，是可以获得有效的解决的。我们这个时代或许也要经历一次汉武帝式变化，其实就是恢复、回归道统。我最近刚写了一篇文章，题目是《汉武帝归宗道统叙论》。具体到我们今天这个时代的重大问题，比如政治制度的问题究竟怎么解决，争议非常之多。我想，可能现有的几种方案存在一个共同的问题，那就是，忘怀中国之道，而是拿着外国人的方案来比拼。

郭： 历史上，经学在社会上起到了统合的作用；但是现在学科是分门别类的研究，那么经学与现在学科之间是什么一种关系呢？

姚： 我想，你刚才用的"统合"一词是非常准确的。经学在传统社会中，确实是把多个领域统合起来了，不仅仅是在多个学科之间，我想，它是在更大范围内、更高层次上，把人心、知识和社会治理统合在一起，构成一个完整的有机的生命体，经或者说经学是贯穿其中的。我们现在面临的根本社会问题就是破碎，整体秩序的破碎化，这应该是二十世纪以来中国面临的一个非常大的问题，比如说，人心和知识的分裂，两者之间没有关系了，而这两者，在传统的体制中，由经学同时解决了，经学贯通两者。诵读《诗经》、《论语》，就可以正人心，养性情，而在生命有所安顿的同时，又可解决社会治理的问题，经义可以给我们提供良好的秩序规范等等，我们据此可以在社会层面建立一系列制度，在政治领域中建立一系列制度。所以，通过经典的诠释与养成，人被有效地嵌入到制度中。这样的制度是本于人心的，所以它能有效运作。另一方面，知识也不脱离人心、制度，而是跟这两者形成密切的互动。

我们现在当然也有一套知识体系，我们都在大学里面学或者教，可是，这个知识体系跟人心毫无关系，甚至在很大程度上是反乎人心的。因为经济学、政治学告诉我们，要理解社会，就要假设人心是恶的。这跟我们老百姓所接受的生命观念是完全不同的。虽然反传统反了近一个世纪，可中国人一张嘴还是"人之初，性本善"。于是，传统观念与现代知识之间产生了非常大的张力。反过来，现代社会各个领域的制度，也跟这两者之间是脱节的。我们建立了很多制度，可制度在很多时候也是跟人心相背反的。最简单的例子，比如说，国家几十年来一直要进行殡葬改革。殡葬方式要不要改革？从纯理论的角度说，可以改革。但是，国家权力强制所有人按照同样一种模式来安顿死亡，这跟我们普通人所理解的生死观念是完全背反的。我认为，二十世纪中国最严重的问题就是人心、知识和制度之间的撕裂，也因此，中国始终没有建立起稳定的社会秩序。

郭：　这种撕裂是不是可以通过经学的重建而得到弥合？

姚：　我想，经学的重建可以在很大程度上弥合这样的分歧。通过经学的重建，可以在这三者之间重建有效的联系或互动关系。我觉得，这里最核心的维度还是知识，知识是人心和制度之间的一个中介、一个桥梁，因为，大多数现代反人心的制度，其实都是由反人心的知识支撑的，因为建立这个制度和操作这个制度的人，都是受过较高教育的人，受过所谓现代教育的人。

所以我有时候会有一种说法，现代中国社会最大的问题，就是社会领导阶层和被领导阶层之间在观念和价值上存在根本对立，这两者之间的根本对立、冲突，导致社会始终处在不稳定的状态。道理很简单，在一个家里，爸爸老是看着儿子这也不好，那也不好，总是打儿子，家里怎么能好呢？现代中国就有点类似这个情况：本来，社会领导者，不管你是按照老子的理念，还是孔子的理念，都应该顺其自然，顺着老百姓的心性来治理。可是，我们现代的社会领导者不是这样，他们总是觉得，老百姓是愚昧落后的，需要改造，大家都知道改造"国民性"的说法，这可是社会领导者阶层这一百年来的基本理念。老百姓可能不听，那就打。所以，在现代中国，社会领导者群体与普通民众之间始终处于紧张、甚至敌对的状态。我相信，任何一个社会，只要其社会领导者和普通民众之间处在敌对状态，就不可能建立起良好的社会秩序。

那么，社会领导者群体为什么会这样？与普通民众之间何以发生如此严重的冲突？就是因为，普通民众还相信传统，而传统就是经义塑造的。经中的话，普通民众还信。而社会领导者群体接受的都是西方或者苏联的教育，他们没有读过经，他们不知道中国人是什么人。或者他们知道，但觉得中国人都错了。那么，要缓解两者的冲突，就需要恢复以五经教育社会领导者的传统。通过重建经学，恢复经典教育体系，有可能缓解人心与知识之间的对立，缓解社会领导者阶层与普通民众之间的对立。

郭：听您的观点，好像经学可以作为其他学科的更为基础性的、更为始基性的一个东西。

姚：你说的太对了。在传统的知识体系里面，经学也不是跟其他学科并列的，相反，它是各个学科的基础，是一个共同的基础。道理很简单，每个人接受教育，首先都是念经，都是诵读经典，这是共同的、基础性的教育，不管你以后研究什么学科，你首先都要读这些经典。这些经典就给大家从事各个专业研究提供了一些共同的、共享的基础，这个基础构成人们从事专业研究的出发点。我想，我们现在重建经学，当然不是仅仅把它建设成现代人文学科中的一个学科。我关于经学重建的设想是开放的，首先，我希望在人文社会科学这些领域中的学生，一开始都能接受一些经典教育，这样，起码学生对于经，多少知道一点。我在北航从事通识教育，提出的一个根本看法是，通识教育的核心内容，是中国经典研读。

郭：这是不是通常所说的国学最核心的部分？

姚：那当然是。其实，我基本上不用"国学"这个词。因为，国学究竟包括什么？我们现在看成立较早的人大国学院，文、史、哲、西域学、敦煌学，什么都有，那我们就会问：你这里培养出来的是什么样的人？这个很麻烦，其实，国学院的演进方向或者说出路，应该是成为经学院。因为历史学、哲学或者中国文学都有专业的系科啊，随便一个人，只要有文科的学校，都有这些专业系科，那你把这三个学科缝合在一起，能缝合出什么眉目来？可是呢，这三个学科的产生，在二十世纪初的产生，是有一个共同的背景的，那就是杀死了经学，才有这些学科。这些学科其实收纳了经学的尸体。那我们现在所做的工作，就是从这几个学科中复活经学，要让经学重新活过来，而它活过来，不会和这三个学科产生直接的冲突，相反，它会给这三个学科提供一个更好的基础。

郭： 经学家朱维铮说过"学随术转"，他所指的"学"主要是经学，就是说经学随着每个时代的政治或者是政治策略的导向而转变，您对这种经学观点怎么看？

姚： 朱先生接受的是经学史的训练，实际上，他是反经学的。他的这个观点也具有二十世纪反传统的深刻烙印。我认为，"学随术转"这句话，基本上是颠倒了因果关系，实际上，在历史的大多数时间，是经学引领治术。我们在汉武帝的复古更化中可以看得非常清楚，儒者经过六七十年的努力，促使汉武帝改变了其统治术。事实并不是，因为汉武帝要做某些事，儒家赶紧花三年，用经学做了个课题，论证汉武帝的做法伟大、光荣、正确。历史的事实是，经学反复论证，汉所承之秦制是不可能长久的；要长久，就必须转变统治术。怎么转变？要走向圣贤指出的正道。汉初已经试过很多办法，试过法家刑名之术，也试过黄老无为之治，都不行，最后迫不得已，汉武帝走上了经学家指出的道。经学家在汉武帝还没出生时，就已经把这条道给皇帝指出来了，所以，是经学引领了汉代政治的变化。这是更为接近历史事实的一个描述。我们去看现代中国的起步，其实也是如此。满清政治十分腐朽之时，士人群体中就有了经学的觉醒，在十八世纪后期，有常州公羊学、有桐城派的兴起。有了他们思想上的觉醒，龚自珍、魏源这些人才会涌现出来，然后有曾文正出世，康有为出世，中国士大夫的精神发生根本变化，中国的政治才有重大变化。显然，在这段历史时期，同样是经学引领时代的变化。今天中国社会所发生的变化，同样也是儒学、经学引领的，而不像有些人，比如余英时先生所说的，是政治引领儒学、经学。

郭：您现在也是从多种现代维度上解经，会不会破坏经典原有的有机性呢？

姚：你看的是我那本小书《经义今诂》，那只是一个尝试，尝试从经典中选出若干段落，予以阐释。但这不是我解经的终点或理想范式。我想，解经最终还是回到对经典的完整的理解上，所以后来又写过一本对《周易》十一个卦的解读——也即《建国之道》一书，已由中央编译出版社出版。但客观地说，这两种方法都可以运用。如果完整地理解，比如《诗经》各篇的大义究竟是什么，这当然是非常重要的基础性工作。但是，我们在思考具体问题的时候，完全可以从一经的某几章，或者从不同经的几章，探求大义，因为你不可能在一个时间希望解决全部问题。《诗经》给我们呈现的是一个完整的秩序，可是，在某些时间，我们思考一个具体问题，比如夫妻之道，我们面对这个问题，会找到《诗经》《周易》《礼记》中相关章节，把它们集中在一起来讨论。所以，我们完整地理解一经，解读它、阐释它，这是一个基础性的工作。但不是所有人都有能力去从事这个工作，也不必要每个人都从事这个工作。尤其是对创制立法这个工作而言，可能有的时候更需要的是带着一个具体的问题意识，寻找相关的"经"，探索其大义。

郭： 您是否还会尝试其他一些新的解经模式？

姚： 应该还是有的。我在写《华夏治理秩序史》时，解读过《尚书》中一些重要篇章，纳入到三代历史的叙述中。这其实就是另外一种解读，我是把它作为历史来解读的。但是，这样做，又跟我们一般的历史写作，有很大不同，因为，圣人删述《尚书》，毕竟是要揭示三王之道、尧舜禹汤文武周公之道。所以，当我把《尚书》嵌入《华夏治理秩序史》时，我对历史的叙述，就发生了很大的变化，实际上，我所叙述的对象就不再是具体的历史事件，而是治道。

郭： 经典是否能给我们思考问题的时候提供一种思想上的引导，或是一种方式性的一种东西？

姚： 我想是的。在中国文明的思想脉络中，经学的思维方式确实是至关重要的。这话说起来可能会涉及到一些根本的问题，在西方的文明中，我认为，他们可以不断地诉诸上帝，来思考、解决自己的问题。所以，在那里，经文也许不甚重要，重要的是直接面对真理本身，直接探究真理。

可是在中国，人们的本源信仰不是崇拜上帝，所以，孔子给我们删述六经，不是启示录，不是记载上帝的话。六经记载的是先王之行事，记载是的先王之言、行、制度。也就是说，孔子在这个地方给我们昭示了解决现实问题的个别办法。我们往回看，就可以看到，对某个事情，先王是怎么做的。通过孔子的删述，就有了"六经"，然后"道"就在其中。所以在孔子之后，我们要解决自己时代的问题，就去看"六经"。

这其实是我们的生命和我们这个文明的生命体成长的方式，这是一种独特的态度。所以，我们会说历史对我们中国人来说很重要，那它为什么很重要？就是因为，我们不信上帝而敬天。我们不是探寻终极的真理，没有上帝，就没有这样的真理。相反，我们取象于天，取象于古人。由此就可以理解《诗经》所说的"仪刑文王"。至于我们现在，则是仪刑孔子，透过孔子，仪刑尧舜禹汤文武周公。

所以，在中国传统的知识体系里，经学更多的是告诉我们一种思考的方法，一种思考的向度。也就是说，你要不断地回身，回身去看以前我们走过的路。透过体认以前我们走过的路，我们就知道，现在我们在哪儿，接下来我们可以走到哪里去。例如，颜渊问为邦，孔子就告诉他："行夏之时，乘殷之辂，服周之冕，乐则韶、舞。"你会看到"因"中有所损、益，这就是孔子所昭示的创制立法之道：他确实是要解决自己时代的问题，但他要回身去看。而我们中国文明的历史事实证明，这样的思考方法是很有效的。

郭：孔子对经典的解释已经注入了新的内容，这就是"损益"对吧，其实最终的目的就是解决他当下的问题。

姚：对！其实中国人是最善变的民族。我们讲"易"，只有中国才会有《周易》，才会有易的哲学，发展出变通的思想。可是，在变通中又有"不易"。这是一种生命的状态，我们既强调变，又强调不变的道。

最需要深入理解的，正是"道"这个字本身。其实在西方，是没有这个字的，在我看来，西方人的概念中，并没有对应于道的字。西方人热衷于思考"being"，"存在"，探究"真理"。中国人根本就不讨论这个问题，什么叫"存在"？"存在"在哪儿，无人感兴趣。我们关心"道"，天有天道，地有地道，人有人道，世间所有的就是道，我们就沿着一条道往下走。在这样的一个概念中，同时就有变和不变：首先我们要向前走，前头的路肯定和我们已经走过的路不一样，那肯定是要变的；但不变的是，你始终在这个路上。前头的路总有预料不到的场景，到了这个场景之后，你必须得想办法，所以中国人是最灵敏的民族。但无论如何，你是在这个路上想办法，所以中国人又是相当保守的民族。我们把这看起来不兼容的两者，巧妙地融为一体。

郭：那么面对经典的解读，您觉着在哪个层面是变的？哪个层面又是不变的？

姚：我们观察一下现实中形成的制度，你会发现，它有很大的变化，汉代的制度和三代的制度就完全不同，宋明的制度又和汉晋的制度完全不同。这就是变。但是，这些变的背后，都有经学的支撑，它里面确实有不变的东西。举个最浅显的例子，君子是持续不变的，君子在社会里发挥领导作用、并且具有差不多相同的德行，这一点，基本上是没有改变的。所以我们读《诗经》，那里面所描绘的君子和宋明时代的君子，没有太大的区别。当然，君子养成方法发生了很大的变化，在三代，主要靠礼乐之化成；但到孔子删述六经以后，养成君子主要靠"学文"。汉晋时期，士君子的维护主要靠礼法，到了宋明又有一套功夫论。这些都发生了一些变化，但成为君子，君子所具有的某些德能，在社会中发挥引领作用，这些没有变。我觉得，这就是"道"，这就涉及中国的治理之道。这个由芸芸众生组成的庞大的共同体如何形成良好的秩序？我们的圣贤早就形成了一套想法，这个想法是一以贯之的，这个基本想法是君子发挥领导作用，君子又大体是一个开放的群体，而开放的程度，每个时代又有不同，但其总的趋势是日趋开放。

中国社会演进的趋势就是日益平民化。孔子那个时代经历的巨变就是平民化，原来的封建等级制度瓦解，形成平民化社会；唐宋之变是再度平民化，一个农民的儿子也可以成为士人；到了今天，可能是更进一步的平民化。可是，我想，我们这个时代所面临的核心问题，跟以前是一样的，就是如何养成士君子，士君子通过什么样的机制发挥领导作用。这个主题是不变的。我认为，这也是我们这个时代的经学所要解决的核心问题。

郭：看来您已把经学与家国天下、自身生命的证成贯穿为一体了。再次感谢您接受我们的访谈！

（录音整理：刘瑶瑶）

卷二

探寻思想创发之道

太史公曰："先人有言：'自周公卒五百岁而有孔子。孔子卒后至于今五百岁，有能绍明世，正《易传》，继《春秋》，本诗书礼乐之际？'意在斯乎！意在斯乎！小子何敢让焉。"

——《史记·太史公自序》

中国之道与中国思想之创发[1]

今天，人类正处于"世界历史的中国时刻"[2]。整个世界越来越深刻地感受到中国的影响，并期待中国更为积极地对世界承担责任，以改善世界秩序。同时，持续百年的中国现代秩序构建事业已近收官阶段。面对这双重艰难任务，中国知识人需要改变百余年来纯粹被动的思想消费者姿态，而创发中国思想，以更为准确地理解、表达自我，更为深入地理解世界，构造更为健全的中国现代秩序与世界秩序。然而，中国思想如何创发？

一、 中国思想的前历史

在传统知识体系中断之后的百余年间，现代中国唯一具有思想意义的知识成果，是马一浮、梁漱溟、熊十力、张君劢、冯友兰、

---

[1] 曾发表于《探索与争鸣》2014年第3期。
[2] 这是笔者为2012年北航知行思想年会确定的主题，多位学者对此展开论述，可见《世界历史的中国时刻》，《开放时代》2013年第2期。笔者的论述可参见秋风：《世界历史的中国时刻》，《文化纵横》2013年第3期。

贺麟、钱穆、牟宗三、唐君毅、徐复观等先生所代表的现代新儒学思想体系。

在今日海内外学术机构中，人文和社会科学各学科普遍视现代新儒学为中国哲学之代表，并以之为思考中国问题的重要资源。由"中国哲学史"学科发展而来的"中国哲学"的研究对象，主要就是现代新儒学，中国人文学者试图在此知识传统中深化、发展。同时，在世界学术场域中获得高度重视的中国人文知识成就，也是新儒家发展起来的儒家哲学体系，及其开放出的思想和知识空间。

这是很奇怪的。在过去百年的任何一个时间段，儒家都不占有主流地位；相反，儒家经常是被嘲笑、批判的对象。各种各样的现代观念体系，自由主义、民族主义、马克思主义、无政府主义、法西斯主义、科学主义，等等，都曾有过风光的时刻。围绕着这些意识形态的观念和知识占据着大学讲坛，充斥学术期刊，更是始终占据公共媒体，在心思变幻无常的青年学生中各领风骚三五年。这些观念之间可能严重对立，你死我活，但有一个共同特点：一致地无视儒学，或者激烈地反对儒学。而今，百年过去，这些王者如过眼烟云，而长期处于边缘位置的现代新儒学却赢得了历史[1]。

为什么出现这样乖异的结局？根本原因在于，现代中国各种流行的价值、观念，从一开始就缺乏思想的品质，而均呈现为"意识

---

[1] 关于自由主义的思想成就，殷海光曾这样评论："中国的自由主义者先天不足，后天失调……在思想方面，无论有何严重的毛病，中国的保守主义是一种相当成熟的思想。和保守主义比较起来，自由主义在中国还需多多增进……直到目前为止，自由主义者在思想上很少能够应付左右夹攻而始终屹立不倒的。之所以如此，时代环境的压力固然是一大原因，自由主义本身的思想脆软稀薄也是一重要原因。在这 50 年来，我们既未看见中国有像穆勒（J. S. Mill）的 On Liberty（论自由），更没有像海耶克（F. A. Hayek）的 The Constitution of Liberty（自由之构成）的著作。"（殷海光：《中国文化的展望》，中国和平出版社，1988 年，第 275—276 页）

形态"。

就在最近，刘小枫和邓晓芒发生一场论战[1]。两人争论的问题、展开争论的姿态、投入争论时的角色认定，均具有强烈意识形态色彩。邓晓芒自称哲学家，言必称康德，号召中国再次启蒙；刘小枫自称哲人，言必称柏拉图，号召中国回到古典。施特劳斯反思现代性，呼吁回到古典。中国的施特劳斯派们听从这个教诲，回到了古典，然而，他们却回到了施特劳斯的古典。在这场争论中，邓晓芒指控刘小枫终究摆脱不了儒家士大夫情怀，可刘小枫则深情地诉说着柏拉图的教诲。

这两位的争论代表着过去一百年来中国所谓思想争论的实质：这是他者的争论。争论者只是不同的外来真理在中国的宣传者。他们以为自己是思想者，实际上只不过是他者思想的传抄者。这些争论只是各种外来思想在中国的争论，类似于当年日俄为了争夺霸权而在中国的东北摆开战场。刘邓之争同样具有如此性质，而它所引发的反应具有重大象征意义：中国人在思想上鹦鹉学舌的状态，以最狗血的方式宣告结束。

身处于现代转型期中，中国当然需要外来思想。然而，现代中国的宣传者把中西之别轻易地转换为古今之变。中国思想被宣告已经死亡，对于当下中国已没有任何意义。相反，中国必须以现代思想解决自己的问题，而这个现代思想就是外来的思想。这些外来思想就是中国的救世主。在这里，我们看到了思想的霸权姿态，所有外来思想的传播者都以霸权的姿态面对中国问题。

---

[1] 两人的争论文章分别是邓晓芒：《评刘小枫的"学理"》；刘小枫：《致八十年代的熟人邓晓芒教授的信》。可在网上搜索。

这样的霸权姿态让外来思想的传播者以为自己掌握了终极真理，而丧失了思考的动力。他们不愿意深入中国机理中深思熟虑，而只是以最肤浅的语言宣传自命的真理。外来思想被意识形态化了。所谓意识形态化，就是将复杂的思想总结成为若干简单的教条，且以之为灵丹妙药；事实上，宣传者相信，这些教条是社会问题的最终解决方案。在几乎所有意识形态宣传者身上，都可以看到沃格林所说的"灵知主义"[1]：依循自己的意识形态，中国可以进入天堂。

另一方面，思想的霸权姿态决定了其问题之虚无。意识形态宣传者眼里通常没有中国。一种常见的心态是，中国纯然是作为问题存在的。中国就是无可救药、而惟有自己的意识形态可以治疗的癌症晚期病人。既然如此，当然也就不必认真地发现中国的具体问题；唯一要做的事情是，摧毁既有的中国，从废墟上重建天堂。另一种常见的做法是，错把他人的问题当成中国问题。这多见于当代学院知识分子，他们宣传的外来思想自有其具体的问题意识，宣传者就把这个问题当成自己的问题，而忽视中国自身的具体问题。

现代中国的思想者即便没有上述宣传意识、霸权姿态，但纯粹以西方资源来思想，也无法有效地回应中国问题，更无法生成回应人类普遍问题的中国思想。这其中一个几乎无法克服的障碍在于文化脉络与语言。

从根本上说，思想是生命自我反思的自然流露。作为自我反思主体的生命当然是个体的生命，但也是有文化的个体生命。文化构

---

[1] 参看《科学、政治与灵知主义》，收入［美］沃格林：《没有约束的现代性》，张新樟、刘景联译，华东师范大学出版社，2007年。

成思想的脉络，思想通过语言表达。所言即所思，思想在语言中展开。在文化脉络中思想，才能捕捉生命之最精微处。运用母语，才能最准确地描述最精微的生命反思。现代中国热衷于传播外来思想的知识人，包括最近三十年来热衷于接轨的学人，始终受困于文化和语言的铁笼。对于人家的思想，他们始终是雾里看花；于自身的生命，他们也始终是隔靴搔痒。他们只能从知识的层面上看待外来思想，并以知识为价值。由此，他们不能深入生命之精微处，而只能在肤浅中打转。他们只能宣传意识形态，介绍知识，而无法创造思想。

现代新儒学思想恰恰避免了上述困境。新儒学是在中国文化脉络中展开的，其学人致力于在开放的世界上，在中国脉络中，以中国思想回应中国问题。由此，现代新儒学才能立定中国主体性，借助西学资源，发现和切入中国真问题，思考其精微处，并以细密的中国语言表达。

回顾百年中国思想史，可以说，从现代新儒学诞生的那一刻起，也即，至少从康有为会通中西之时起，扎根于儒家的现代中国思想已经生长[1]。在 20 世纪 40 年代以及后来的港台地区，现代新儒学取得重要的思想成果。尤其是以西式哲学体系构造的方式会通中西之学，让儒家思想得以进入西方学术体系中。

20 世纪 80 年代之后，现代新儒学回流大陆，滋润久已干枯的大陆思想、学术界。不过，由于 20 世纪中期的文明断裂，大陆学

---

[1]　现代新儒学的开端应当在康有为，关于这一点，可参看干春松：《"儒学第三期发展"重思》，《学习与探索》2013 年第 1 期。笔者对此问题亦有讨论，可见《"儒家事业"初论：基于分期的视角》，收入姚中秋：《儒家宪政主义传统》，中国政法大学出版社，2013 年，第 32—39 页。

人已没有能力接着新儒家讲。因此，新儒家在大陆并没有发展出多少思想成果。不过，大陆儒者基于自身的问题意识，走出了另外一条思想创发之路，包括蒋庆倡导的政治儒学。因应于中国秩序之构建，大陆儒家转而重视治道的探索。

这个创新显示了中国思想自身演变的内在逻辑。今日中国之处境，与现代新儒学发生的民国时代和港台地区相比，已有巨大变化。要害是，人类已进入世界历史的中国时刻。凡是在中国独立思考的人们，不能不转换立场、视野。这是中国思想展开创发之前提。

二、 世界主体性意识与中国思想

今日中国之处境和问题，显然不同于一百多年前现代新儒学诞生之时。

中国具有悠久历史，具有深厚文明传统，又因此文明传统而成一超大规模共同体。中国的特征就是久，美，大。[1] 久则难免穷，穷则必思变。中国历史上已经有过多次大变：儒家诞生前，有殷周之变；儒家诞生后，有周秦之变、秦汉之变、唐宋之变。[2] 一百多年前，中国开始另一场大变。而这次大变与前几次相比，有一个

---

[1] 牟宗三、徐复观、张君劢、唐君毅四贤在 1958 年《为中国文化敬告世界人士宣言》第七节专门讨论《中国历史文化所以长久之理由》。又，笔者曾论述中国之大，作为一个社会科学事实的重要性，可见秋风：《超大规模国家的治理之道》《读书》2013 年第 5 期。至于中国治理之美，可参考姚中秋：《国史纲目》，海南出版社，2013 年。

[2] 历次变化详情，可见《国史纲目》。

重大差异：中国不能不与欧美列强打交道，而它们不同于以前的戎狄蛮夷，在国家组织技术和物质技术方面是领先于中国的。于是乎，中国一直在追赶，这就是整个 20 世纪中国历史的主题，各家各派共享这个主题。

经过百年追赶，今天，中国处在百年来前所未有的新境况中，而有三个事实，催生了中国思想者不能不面对的三个问题：

事实 1：中国经济经历了三十多年的快速发展，中国人富裕了，国家强大了。这就是世人瞩目的"中国故事"。由此形成中国思想者不能不面对的**问题 1**：中国故事是如何发生的？

事实 2：因为中国故事，人类已进入"世界历史的中国时刻"，中国正在从根本上改变世界。这也许是世界历史上最为重要的事件，它才刚刚开始。由此形成中国思想者不能不面对的**问题 2**：中国将带来一个什么样的世界秩序？有没有能力让世界变得更好？

事实 3：但同时，中国各个领域存在诸多严重问题。因此，中国一直在改革，还将有更进一步的改革，以完成现代转型。转型的目标是形成优良的社会治理秩序。由此形成中国思想者不能不面对的**问题 3**：中国的现代优良治理秩序是什么样的？

这三个事实、三个问题紧密相关，并构成一个完整的时间序列：解释中国在过去几十年是如何成功的，探讨现在的中国需要做什么，想象中国在其中发挥更重要作用的人类未来是什么样子的。

这三个问题共同构成了中国思想应当面对的"中国问题"。概言之，中国思想者需要构想一个普遍的优良秩序之道，它可以连贯地解释中国的过去、阐明现在、想象未来，这包括中国身在其中的人类未来。甚至可以说，这不仅是中国思想者须面对的挑战，也是全球思想界的最大问题。

在很大程度上说，事实 2、问题 2 至关重要。中国始终在世界中，现代中国思想也始终对外部世界相当开放。然而，中国与世界的关系，今天与百余年、甚至与十年前相比，发生了根本变化，人们的心志自然有很大变化。

二十世纪初以来的百多年间，中国精英基本上是小学生心态，放下身段，虚心学习着欧美现代价值与制度。比如，中国自由主义的思考方式向来是单向的：以形成于欧美的普适价值指导中国的现代秩序之构建。

现代新儒学的限度也正在此。整体上，现代新儒学是以追赶者的心态自处的。在他们看来，西方现代种种文明架构是更为现代的、成熟的、完整的，也就自然构成了中国文明现代演进之方向。他们据此重新设定儒家思想构造的方向，由此牟宗三有"良知坎陷说"，也即，由中国固有的心性之学"坎陷"出中国自身没有的西式民主制度。

凡此种种中国思想程度不等地缺乏"世界的主体性意识"，现代新儒学部分地具有，但不完整。本来具有普遍性的中国文明被普遍认定一直在世界之外，不是普遍的世界历史的主体组成部分，中国也就不具有世界主体性地位，相反，中国必须等待源于西方的现代价值和制度的拯救。20 世纪整个思想界都在思考中国如何进入世界，中国怎样努力才能避免失败，不被"开除球籍"，屹立于世界民族之林，或者成为正常国家，具有世界属性等等。

如此中国思想自然不具有普遍主义属性。十分诡异的是，尽管现代各派思想和意识形态信奉者都清楚中国身处于开放的世界中，但是，中国现代知识分子的整体思想和知识心态是自我矮化的民族主义，而非堂堂正正的普遍主义。这样的思想品质让中国思想解决中国问题的效力大打折扣，这包括上面讨论的思想之意识形态化。缺乏普遍性的中国，只能接受作为真理的意识形态的支配。

自由主义在这方面的表现尤为明显，这是相当奇怪的。在西方，自由主义始终强调自身的普遍性，中国的自由主义也特别强调普适价值。然而，这种普适价值被认定只属于西方，中国的自由主义从来没有设想过中国在世界中的普适性存在，也没有思考过这种可能性。相反，中国被特殊化，西方被普遍化，自由主义决心以西方的普遍性灌注特殊的中国。惟有经过如此文明改造过程，中国才有资格进入世界，具有世界的身份。这是一种"逆向普遍主义"。

这样的自由主义是短视的，据此立场回应第三个问题的答案，也一定是缺乏远见和想象力的，因此而缺乏在中国的可行性。自由主义的核心诉求是，中国要建立现代政体。然而，现代政体是否就是西方现代各国既有政体之翻版？自由主义给出肯定回答。问题是，中国这样一个超大规模的政治共同体只要复制英国或者美国或其他西方国家，就可以在中国建立优良治理秩序，就可以让世界秩序变得更加美好吗？中国的自由主义始终缺乏世界主体性意识，完全是为了解决中国问题而生，而丝毫不考虑世界问题。

过去百年的逆向普遍主义的中国思想倾向，到了这个世界历史的中国时刻，显然面临更为严重的失灵。或者说，它根本就不能抓住问题的焦点，而甚至完全没有能力回应中国问题。因为，今日中国处境之最为重要的事实是：中国已深度地在世界中。解决中国问题不能不具有世界视野，并由世界反观中国。

为此，今日中国思想必须实现一次视野的根本转换，以贯通中国与世界：在中国思考世界，从世界思考中国。中国思想者需要普遍主义胸襟，需要世界主体性意识。此所谓世界主体性意识，本源在于对于中国的世界历史责任的自觉。中国精英不能不基于这种自觉思考，如何通过中国的努力，让世界变得更好。

惟有如此，中国思想才能贯通今天与未来，才能同时解决中国问题与世界问题。在过去一百年，世界问题就是中国问题，他人的方案就是中国的方案。世界其他角落的某些激进群体的想法或社会试验，立刻强烈地撼动中国，中国随着外部世界的节奏而变幻莫测。自今日始，这个作用链之方向必将有所转换：中国问题就是世界问题，中国方案也是世界方案。中国以何种方式构建现代治理秩序，不仅决定中国人的生活，也在极大程度上影响整个人类的走向。

为此，中国思想者不能不从世界命运的高度思考中国问题的解决之道。中国思想者不能不意识到，中国秩序会对世界秩序产生巨大影响。因此，在中国问题的解决之道中，自然地包含着解决世界问题的方案，至少是重大潜力。

世界主体性意识，这就是今日中国思想所应具有的视野。没有世界视野的中国思想不仅是无力的，也是无效的。

三、 中国主体性意识与中国思想

看起来悖谬、但真实不妄的是，恰恰是世界主体性意识，让中国思想者不能不回到中国，而同时具有中国主体性意识。

这首先是因为，从知识生产的全球格局来看，世界问题的解决需要中国人的知识和智慧。在过去数百年的世界历史进程中，西方思想充分发挥着主导性作用，整个人类因此而有巨大变化。但显然，这并不是一个令人满意的世界。需要新知识，新智慧。从文明生态的角度看，新知识、新智慧必定主要来自西方以外。

而中国故事已经证明，中国最有可能给世界提供新知识、新智慧。西方思想的正当性在很大程度上是由西方的富强证成的，尤其是在西方以外的世界，比如在中国精英那里。自十九世纪末开始，中国精英即诚心服膺西方价值、知识，因为西方的思想、知识让西方富强了。以同样的逻辑，人们完全可以反向追问：在中国故事背后，是不是也存在着一套富有生命力、且具有世界意义的价值和知识体系？

我的答案为：是的，中国故事背后是有一套价值和知识的。这就是儒家价值及其提供给中国人的生存智慧。我已多次论述指出，中国三十多年的巨大发展，其实是中国文明复兴的结果。从中国人的企业家精神，中国企业的组织形态，都可以看到这一点。支撑经济发展的是儒家价值和知识。[1] 但在很大程度上，这套价值和知识是隐性的、甚至是非法的。这些价值和知识只是不自觉地呈现于普通中国人的习惯性行为中，而在精英控制的思想、学术领域中不获承认，甚至持续遭到猛烈否弃。

这就是百年中国之根本困境所在：思想与生活脱节，知识与文化相反。在传统中国思想中，天理与人欲之间、士君子与庶民之间，始终存在张力，但从来没有脱节：士就是自觉的民，君子养成之学就是庶民教化之道。儒家士君子始终致力于在生活中提撕生命。现代中国知识分子的本质特征则是在生活之外，与生活脱节，

---

[1] 可参看姚中秋：《钱塘江以南中国：儒家式现代秩序——广东模式之文化解读》，《开放时代》2012年第4期。

经常自居于生活之上。启蒙派最为典型，而现代中国最时髦的知识分子几乎都是启蒙主义者。他们试图以外来的价值和知识替换中国人已有的价值、知识，以构建其想象的美丽新世界。

这样的中国思想其实没有能力解决中国问题，它甚至根本不清楚问题在哪儿。事实上，它经常自己想象和制造问题。比如，启蒙主义者制造了中国人愚昧、落后、中国文化天然适合于专制之类本不存在的文化和社会问题幻象，并为此而穷尽心力。凡此种种幻象反而遮蔽了真正的问题。启蒙主义者几乎没有建设性地致力于这些真问题的解决。此类中国思想又经常把中国之外的价值和知识当成真理，因此也就不能为世界问题的解决贡献任何新价值、新知识。

中国思想的活路何在？在于回到生活。中国思想者必须尊重普通中国人的生活，尊重其生活的智慧和文化。而这一智慧背后的观念和思想就是儒家，中国思想的活路在于尊重儒家。

回到生活，回到儒家，才能有效地解释中国故事。中国故事的创造主体是普通中国人，这些中国人不是因为阅读了胡适、罗素或者哈耶克、弗里德曼的书，才包产到户、创办民营企业的。相反，他们是基于遥远而亲切的传统而行动的，而他们的价值观也告诉他们，这样做是正确的[1]。所谓中国故事，就是中国文明在一种不那么有利的环境下自发生长的故事。

这样的中国故事也就确定了儒家在当下中国思想中的地位。针对问题 3 的思考，也即，什么样的制度在中国可带来优良秩序，凭空想象是无益而无效的，优良的中国现代秩序只能在中国故事自身

---

[1] 科斯和王宁在《变革中国：市场经济的中国之路》（徐尧、李哲民译，中信出版社，2013 年）所说的"边缘革命"，其实暗示了一点。

的逻辑中合乎情理地延伸。中国故事中合乎情理的制度将被确定为正式制度，至于中国故事中存在的各种问题，人们将找出更加合乎情理的制度，予以回应。从这个意义上，问题 3 的解决不是一场乌托邦的新开始，而是中国文明零敲碎打地回应问题的自我演变。[1]

中国思想的价值正在于此。当下中国思想有必要深入中国故事，厘清其内在逻辑，沿着其逻辑，寻找解决最为紧迫而重大的问题的方案。这将让中国故事以一种更为美好的方式延续下去，尤其重要的是，扩展开来。这就是解决中国问题的框定条件。

换言之，中国思想必定在作为中国故事之支撑性力量——中国之道中生长、展开。中国之道是连续的，从古到今是连续的，即便再暴烈的文化革命也没有完全切断它，它仍然支持了中国故事。据此完全可以推定，这样的中国之道从今天到未来也是连续的。这也是中国思想者必须具备的一个信念。没有这样的信念，就没有中国思想。据此，中国思想者不能不面对另外一个事实，并生成另外一个问题：

事实 4：中国文明支撑了中国故事，中国之道是一以贯之的。由此形成思想者不能不面对的**问题** 4：中国文明的生命力何在？中国之道是什么？

百余年前，中国知识人对中国之道普遍丧失信心，而另寻他道。即使在今天，在知识领域中，很少有关于道的知识之生产，也

---

[1] 波普反对唯理主义的乌托邦工程，而主张"零星社会工程（piecemeal social engineering）"："零星社会工程将采取找寻社会上最重大最紧迫的恶行并与之斗争的方法，而不是追求其最大的终极的善，并为之奋斗的方法"（［英］卡尔·波普尔著：《开放社会及其敌人》，陆衡等译，中国社会科学出版社，1999 年，第一卷，第 293 页）。

很少有学者具有道的自觉——倒是有太多的人以董仲舒所批评的"易道"为志业[1]。但在"野"的民间社会中，此道仍在，所谓百姓日用而不知。而正是这不自觉的中国之道支持了中国故事。

中国思想生成的前提，就是知识人从根本上放弃"易道"的雄心。易道则意味着背对中国故事，背对中国。归于道，才有中国思想可言。具有生命力的中国思想当回向中国之道。但同时，也应具有世界视野。中国思想就是中国之道在世界视野中的展开。

然则，何为中国之道？中国之道在五经。故今日中国思想当从五经出发。

这是当下中国思想不同于现代新儒学之处。与现代中国各种现代意识形态不同，现代新儒学致力于会通中西之学。不过，现代新儒学之中学主要立足于宋明心性之学。今天，中国思想需要更进一步。今日中国面临的问题已不是救亡图存，不是防御性的自我辩护，而是构造具有世界意义的中国秩序。这就需要中国思想者回到中国秩序的源头，以探寻中国秩序的基本原理。

从知识上说，这就需要中国思想者沿着现代新儒学的路径，更进一步上溯，回到五经，在中国思想发生的本源处体认中国之道。从知识上说，需要接续和发展经学以接引外部资源，以此思考中国的命运、处境与前路。经学是中国文明的地基结构图，历代儒学尤其是宋明儒学，还有现代新儒学，是地上建筑物的设计图。凡此种种，均构成当代中国思想者的出发点，但重点是经学。

如此回向中国之道、立定中国主体性的中国思想是民族主义的吗？恰恰不是。回向中国之道，中国思想将恰恰具备普遍主义的品

---

[1]《春秋繁露·楚庄王篇》："故王者有改制之名，无易道之实。"

质，因为，中国之道内在地是普遍主义的。这一点，自中国文明奠基时就相当明显。比如，西方政治思想所思考之对象多为城邦，中国圣人却从一开始就是思考天下。儒家思想具有这种视野，儒家的基本概念其实也正是为了回应无远弗届的天下之治理难题。价值、思想的品质决定了中国文明与政治共同体之可大、可久，中国是一个没有明确界限的天下。

自 19 世纪末一直到 20 世纪上半期，中国思想者的根本纠结是，中国是天下，而非国家[1]。面对列强的武力侵凌，缺乏足够资源动员能力的天下体系曾被视为一个问题，中国精英一直致力于将天下中国改造成为民族国家。但今天，当中国开始改变世界，天下主义也许就是中国观念中最为可贵的。中国可以贡献这样的观念于世界，而重新想象一个更为文明的世界秩序。[2]

由外及内，具有天下主义指向的中国内部治理秩序，也就必然大大不同于今天欧美示范给中国的现代秩序模板：民族国家（nation-state）。立基于这一民族国家理念的诸多制度，在中国的优良秩序构建过程中也就未必具有充分的正当性。因此，中国秩序是什么，需要中国思想者的制度想象力，也需要中国政治家的制度创造力。

也就是说，回向中国之道，中国思想者将给予在世界中的中国以一个贯通性理解：它不仅能解释中国文明长期具有的内在生命

---

　　[1]　梁启超在《新民说》中较早提出了这个问题：中国人的缺陷就是"知有天下而不知有国家"（《饮冰室合集》，中华书局，1989 年，第 6 册，《新民说》，第二一页）。

　　[2]　赵汀阳、干春松都对此问题已有一些讨论，可见赵汀阳：《天下：世界制度哲学导论》，江苏教育出版社，2005 年；干春松：《重回王道——儒家与世界秩序》，华东师范大学出版社，2012 年。

力，也可解释这几十年来发生的中国故事；它可以框定中国制度变革的方向和中国秩序的原理，也能给世人展示一种更美好的世界新秩序的可能性。

四、 双重主体性下的双向阐释

八十年前，陈寅恪曾指出中国思想创发之通途：

> 窃疑中国自今日以后，即使能忠实输入北美或东欧之思想，其结局当亦等于玄奘唯识之学，在吾国思想史上既不能居最高之地位，且亦终归于歇绝者。其真能于思想上自成系统，有所创获者，必须一方面吸收输入外来之学说，一方面不忘本来民族之地位。此二种相反而适相成之态度，乃道教之真精神，新儒家之旧途径，而二千年吾民族与他民族思想接触史之所昭示者也。[1]

中国是一个成熟、且始终保持了连续性的文明体，之所以如此，就是因为，中国文明是开放的，中国思想者是好学的。但另一方面，以宋儒为代表的中国思想者又具有确定的中国主体性意识，因而能够化佛入儒，儒学因此而成长，中国之道因此呈现得更为丰富。

---

[1] 《冯友兰〈中国哲学史〉下册审查报告》，收入陈寅恪著：《金明馆丛稿二编》，生活·读书·新知三联书店，2001年，第248—285页。

当然，身处于世界历史的中国时刻的中国思想者，不能不同时具有明确的世界主体性意识。这样的处境也许有别于宋儒。儒家向来是普遍主义的，但现代世界则是一个自 15 世纪之后逐渐生成的实体。今日中国思想者的思想史意义，在很大程度上取决于其回应世界问题的能力，因此，中国思想者必须在世界的框架中思考。然而，现代新儒家之外的 20 世纪各种思想流派的失败已经昭示，中国思想者必须立定中国主体性。

也就是说，今日中国思想者不能不同时具有中国主体性意识和世界主体性意识。归根到底，中国思想者当以中国价值、知识和智慧贡献于人类解决世界问题的事业。

这也就框定了中国思想的基本方法论：中西的双向阐释，不管从价值还是从知识的层面上均需如此。双重主体性意识必然意味着双向阐释。中国思想者可基于中国经验，丰富基于西方经验的关于优良治理的知识，比如，对于教、对于政，以及两者之间的关系，可提供别样的经验，从而可发展出更为普遍的理论，这个理论可同时解决中国现代秩序构建问题与世界秩序改善问题。

不过，即便在双向阐释中，中国思想者也仍然不能不首先是中国的。事实上，中国思想者对于世界的意义也正在于其中国性。只有这种主体性意识可以给世界带来新知识。这是文化身份和思想禀赋所决定的，个体无法选择。这其实也是思想的全球分工体系所决定的，中国思想者的比较优势显然在于以世界视野阐释中国之道，而不可能是去发展欧美思想。

因此，对今日中国思想者来说，世界主体性意识是视野，中国主体性意识是立场。中国思想者需要的是具有世界主体性视野的中国主体性立场。现代中国知识分子在这两个方面都是严重欠缺的，而其关键在于没有中国主体性立场，缺乏中国思想自主创发之信念。知识分子普遍相信，中国之道是特殊的，已经死亡了，中国必须接受外来的价值与知识。知识分子自觉地把自己、把中国定位为西方价值、思想的单纯消费者，而放弃了思想创造的责任。

今天，普遍主义的中国思想之成立，要求中国思想者放弃逆向普遍主义，而基于具有世界视野的中国主体性立场，为中国的世界和世界中的中国创造性地生产新思想。这就是中国思想之创发。

为此，今日中国思想者需从事两项基础性工作：

首先，中国思想范式之自觉。中国古典思想有其思考天人之际、古今之变、社会治理的模式，由此而形成一系列的概念、基础性命题。这些要素构成完整的中国思想范式，并渗透于中国各门知识体系中。晚近百余年来，这套知识体系被弃置，中国思想范式也逐渐被中国知识人遗忘。中国思想之现代创发，不能不唤醒这套思想范式。

其次，重振中文的思想表达力。这与上一点紧密相关。中国思想范式是通过中文表达的，中国的学术语言体系在很大程度又由这套思想范式塑造。百余年来的中国思想学术语言基本上是欧化的，以这样的语言，中国人很难发展思想。今日中国思想之创发，当以语言的自觉为前提。以优美高贵的中文思想、学术语言表达普遍主义的思想，这是今日中国思想不能不承担的文化任务。

构建儒家人文与社会科学体系刍议[1]

构建中国特色哲学社会科学体系可有多途，其中之一是构建儒家的人文与社会科学。此为儒学当代发展之内在需要，亦为中国人文与社会科学发展之内在需要，而儒学恰有此能力。若能成其功，则对人类探索更为普遍、更具解释力的人文与社会科学有重要助益。以下拟从四个方面，略作讨论。

一、 儒学有深厚的人文社会知识传统

据孔子删定之《尚书》，中国文明凝定于尧舜禹时代，摆脱巫术，屈神而敬天，其教化不以崇拜神灵为中心，而为人伦之教、礼乐之教，用西人之语，可谓之理性的人文之教[2]。由此则有文书积累，后人习之则为"学"，也即教育。三代之时，学在官府，意谓学在君子之府中。随着时间推移而有专业分工，渐有人专心于

---

[1] 发表于《学海》2019 年第 1 期。
[2] 关于这一点，可参见姚中秋著：《尧舜之道：中国文明的诞生》，中国文联出版社，2016 年。

学，为"学者"之雏形，《左传》《国语》对此有所记录。

孔子是中国人文知识体系之奠基者。孔子不在官府，以布衣身份，于礼崩乐坏之际，搜罗先代文献，删述而成六经，深思之、明辨之；孔子又以之教养弟子，传授其学。孔子的基本身份是"学者"，创立了专业学术，故后世尊孔子谓"先师"。由于孔子兴学，"士人"含义发生根本变化：此前系在君子之府中承担具体事务者，此后则指读书、学文以成人者。

孔子建立学术，已涵盖后世所有人文与社会知识各领域，且已有一定专业分化：首先，六经各有侧重，如太史公说："《易》著天地、阴阳、四时、五行，故长于变；《礼》经纪人伦，故长于行；《书》记先王之事，故长于政；《诗》记山川、溪谷、禽兽、草木、牝牡、雌雄，故长于风；《乐》乐所以立，故长于和；《春秋》辩是非，故长于治人。"[1]《易》学含有今日所谓哲学，礼学含有今日法学、伦理学、社会学、人类学等，《尚书》学含有今日政治学，《诗》学含有今日博物学、人文地理学等，乐学含有今日音乐舞蹈学，《春秋》学含有史学、政治学等。其次，弟子禀赋不同，孔子因材施教，故有四科之别："德行：颜渊，闵子骞，冉伯牛，仲弓。言语：宰我，子贡。政事：冉有，季路。文学：子游，子夏。"[2]言语科含有今日国际关系学，政事含有今日行政管理学，等等。

可见，孔子奠定中国人文与社会知识之基本范式：提供核心文本，即六经；提供学科框架，此后人文社会知识生产多在经学中展开；提供运思之前设概念、基本话语、核心命题、思考方式等；兴

---

[1]《史记·太史公自序》。

[2]《论语·先进》。

办学术传承制度，即教育；由此种种，创造士人学术共同体。

孔子之后，诸子百家兴起，其所以成一家之言者，或以其道，或以其术，其中可见知识专业化分工现象：由法家、名家而有刑名之学，在今日法学范围内；兵家发展出今日之战略学、军事学，纵横家发展出今日之国际关系学。然各家之中，仍以儒家最为特别：儒家传承六经，六经无所不包，故其学术最为广大而有涵摄能力。其他各家如法家，专业深挖某一方面，但偏而不全，最终，其学为儒家所吸收，纳入经学为本的整全体系中。

百家争鸣，终归于汉武帝之表章六经、推明孔氏，立五经博士，兴太学，以六经教育青年；建立察举制，遴选学而优者进入政府，故"公卿大夫士吏斌斌多文学之士"[1]，而有"士人政府"。由此，孔子始创之儒家人文与社会知识体系得以挺立、扩展、成熟，且得以见之实行。

这套人文知识体系以经学为本。六经广大而精微，涵盖人生成长与人群秩序构建、维护之一切领域，且有丰富阐释空间。学者以自身问题意识阐明经义，"温故而知新"[2]，可得新知识，据此形成解决时代问题之方案。故每代知识体系之变动皆由经学驱动：经学显明了道，其他所有专业化学科必由之而行，汉唐宋明，无不如此。

这套人文知识体系以史学为渊薮。中国以外各大文明以信仰人格神为中心，其神以言对人颁布律令，约束人、塑造秩序，三大一神教均有发达的教法学，此为其人文社会科学之渊薮。中国人敬

---

[1]《史记·儒林列传》。
[2]《论语·为政》。

天，天不言，故无此类律法，乃于前人之行中探寻生命成长与人群治理之道，故自古以来，史学最为发达，人文社会科学知识多在史学之中；即便专业化知识亦常以史学形态表达，政治学、国际关系学、地理学等均见之于史学。

随着知识发展，儒家人文社会知识体系自然分化滋生，而形成多个专业化程度较高之学科，今日所谓人文学科固不用说，略需一说者乃今日所谓社会科学者，举其中三大学科。

政治学：士人以修齐治平为要务，故诸学科中政治学最为发达。可能也正因其太过发达，以至没有专业政治学，而弥漫于经学之中，既有推明治道者，又有精研典章制度者；融汇于史学之中，史以资治，其中所记人事制度无不有政治学意蕴。同时，诸史皆有志书，记历代典章制度之演变，唐以后则有专门的典章制度之学。

法学：宽泛地理解，礼即西人所谓法，其覆盖生活所有领域，无所不包。故在中国，法学最早呈现为"礼学"，别附"刑学"。三代君子之知识体系中，以礼学最为重要。由周公制礼作乐，可知其通于礼学。孔子删述六经，亦精通礼学，孔门四科中的"文学"即包含礼学。由典籍所记可推测，由子夏之礼学衍生出法家之学，同时有刑名之学。汉武帝独尊六经之后，刑名学与经学会通：经学家以经义解释律条，反过来又以律条注解六经，由此形成"律学"，汉晋两代，名家辈出。唐宋选举制度中有律学科目。至于今人所谓公法，则多在典章制度之学中。

经济学：《尚书·舜典》记帝舜建立中国第一政府，首以禹作司空，平水土；次以弃为后稷，播种百谷；大禹则谓"德为善政，政在养民，正德利用厚生惟和"[1]，政府职能覆盖经济、财政诸领域，则君子不能不思考之。孔子论政，多言及财税；《管子》发展出关于财政赋税、市场管制、价格涨落的原理性命题；《史记》有《平准书》，历述国家货币财政政策之演变；又有《货殖列传》，详记工商业发展历史及其原理；随着士人主政，经济学术日益发达，故汉书始立《食货志》，为历代正史沿用，其中有经济发展理论、财政学、货币金融学、福利理论等；至于历代名儒大臣奏疏、著述中，对经济问题论述甚多，多为政策讨论，间有制度设想和理论思考。

总结以上所述，孔子始创、两千年来儒家士人群体丰富发展了一套完整的人文与社会知识体系，其有如下品质：

第一，完整连贯。自孔子以来，中国逐渐发育成熟其完整的人文与社会知识体系，自成一内在连贯的体系。今日人文与社会科学各学科所涉内容完全具备，且多有西学体系中所无者，足以矫正西学之偏失。

第二，纯乎人文。六经不同于中国以西各文明的经典，盖其文明以信仰人格神为中心，故其经典多为神典，其经学即神学。中国经学则纯为人文的，以清明理性全面探讨人世生活之方方面面，如此人文的知识社会体系，西人要到十七八世纪后才逐渐构建。

第三，实践倾向。古希腊哲学以辩证法探寻本体，神学试图猜测神意，其重思辨以求所谓真理，故崇尚言辞，学者多致力于以严密的言辞构建理论，看起来较为专业、体系。儒家则纯然关注人生，以人观人，故有强烈实践品质，如孔子反复告诫者，"君子欲

---

[1] 《尚书·大禹谟》。

讷于言而敏于行"[1]，崇尚行动，故《中庸》谓"言顾行，行顾言"，凡有所思、所言，均以可行相约束，且自己先行。今人所谓儒家人文社会知识之体系性、逻辑性不强，原因在此。然而，人生本非纯然体系化的，儒家这套知识体系人人可行，《中庸》所谓"道不远人"，因而十分有效。

第四，富有成效。儒家人文社会知识体系持续发展繁衍两千多年，士人以此修身、齐家、治国、平天下，中国得以维系大一统于不坠，且规模持续扩大，几乎在历史上任一时期，均为规模最大之文明政治共同体，此即儒家人文知识体系富有成效之最有力证据。

常有人笼统谈论人类各大文明的轴心突破，把孔子与苏格拉底、释迦牟尼、耶稣相提并论，但就其性质而言，儒家不是哲学，亦非神教，因此，儒家有其人文社会知识体系，其他文明则未发展出来，或者即便有，也不完整。因为，古希腊哲学或西方神教均以存在人间世与神国这两个世界为预设，其所求者是超出人间世，升入神国，则其用心不在今世人间，经常是禁欲的，厌恶生命，极力摆脱人伦，当然难有完整的人文与社会知识体系。比如，柏拉图体系中没有伦理学，神教也不可能有；神教传统中也缺乏政治学、经济学。西方之有完整的人文社会科学体系要到启蒙之后。

儒家则不然，中国文明成型于敬天，天非有其独立之体的人格神，如孔子所说，所谓天者，"四时行焉，百物生焉"[2]，四时周而复始，万物生生不已，此即是天，人亦在其中，天不在人之外。故世界只有一个，人在其中生生不已，则人生、人伦、人际秩序是

---

[1]《论语·里仁》。
[2]《论语·阳货》。

人可以、且值得思考之全部，人的理智之全部责任是全面体会人、研究人，则必定生发出覆盖人生、人伦的完整的人文与社会知识。

在中国文化中，惟儒家发展出完整的人文社会科学知识体系，盖儒家以外的诸子均只得人生、人群之一偏，故其理论体系均有诸多严重空白，以至于失衡：如孟子所说，杨朱无君，墨氏无父；道家绝去礼学，法家否定教化，其在某些领域各有所贡献，然均不足以构造自洽完备的知识体系。至于中古以来兴起的佛教，心在方外，自然不可能用力于人文。

可见，人类迄今所构建之相对完整的人文社会知识体系，仅有两套：孔子以来儒家士人群体所构建与发展者，近世西人所构建与发展者。其他时代、文明的人文社会知识体系均不完整，难成体系。准此，今日若对现代西方人文社会科学体系不满，唯一出路是进入儒家人文社会知识体系。且以时间衡量，儒家人文知识体系行之更为久远，则其必有可取之处。

二、 人文社会科学需走向儒学化

明朝晚期，传教士进入中国，带来一些西学；十九世纪中期，欧美列强进入中国，西学更多进入中国，尤其是其国际关系理论；甲午战争之后，较大数量的士人承认西学在很多方面优于中学，乃决意全面变革学校、学术，废科举，改书院、私塾为新式学校，大量派遣留学生于东洋、西洋。由此，经学建制瓦解，以经学为本的人文知识体系丧失建制支撑；经学并未死亡，但迅速边缘化。西学得以建制化：大学、研究机构等建制化学术组织全盘移植、教授、研究欧美人文社会科学体系，尽管最初曾以日本为中介，尽管中间有过大规模移植苏联的插曲。人文社会知识全盘欧美化，四千年来思想学术之变，莫大于此。

西学有其明显优长之处，即言辞体系发达，专业分工细密，深耕细作；力求分解人事至其"单子"，或可见人事精微之处；以此"单子"，用清晰概念和严密推理重构世界，或可在最极端处揭示人生、人群情态。故西方人文社会科学进入中国，确实增进了中国人对人、对秩序的认知，其中有儒家所未能触及者，或即便触及，角度亦有不同者。

尤其是，近世中国进入西人所驱动的现代世界，此中观念、制度本多发源于西方；借用西方人文社会科学，中国人迅速理解此世界之构造和运作机理，知道在其中如何行为，最初容或步履蹒跚，经过摸索，逐渐熟悉，在其中取得颇大成功，最典型者，中国经济今日在全球已举足轻重。若教育学术建制未能广泛传播这套知识体系，则中国人在西人所主导的世界中恐怕未必能有所成——纵观世界，现代转型失败的例证甚多。

尽管如此，对中国这样一个本有源远流长之人文社会知识体系的古老文明大国而言，全盘移植欧美人文社会科学知识，亦造成严重问题：知识与人生、秩序之紧张甚至对立。

人文与社会科学的研究对象是人，其所研究之事实不是在人之外的物理事实，而是人所塑造并在其中的"主观事实"[1]，事实见于行为，行为出自人心，人心受熏染于人文环境，人文环境由人的

---

[1] 对此概念之详尽论述，可参看［英］弗里德里希·A. 哈耶克：《科学的反革命：理性滥用之研究》，冯克利译，南京：译林出版社，2003年，第17—29页。

观念塑造，人文知识则浸润默化人群之共同观念。故人是人文的存在，学者既是研究者也是行动者、影响行动者；自己之外的人既是研究对象，又是自己的兄弟、同胞。学者固可出乎其外，然又必定身在其内，其认识、研究活动不是纯外在的观察、解剖，而必以体会为本；其所得知识又可能变成观念、制度作用于人。

由此而有研究者与其所研究之人、知识与人生之间的关系"顺"或不顺的问题[1]。圣贤之道顺乎人心，故能以人文化成天下。儒家之学顺乎人心，故历代儒者可持续得到新知识，又改善人生、人群。近世学者则不然：其全盘接受西学，而民众生活依其惯例仍为传统的，仍在中国固有人文知识所塑造之观念与制度中，比如重孝悌、以家为中心。于是，学院知识与民众生活各在其轨，形同油、水，甚至形成对立，知识逆乎人心，现代中国之社会失序，根源正在于此。教育建制以西学培养之精英，与普通民众的观念扞格不入，社会各维度乃有广泛而深刻的断裂、冲突，精英发动的各种文化运动、社会政治运动多以改造民众观念、打破固有制度为主要诉求，固然冲击了人生、人群，但未必使之更好，反而可能进入失序状态。

事实上，不仅在民众生活层面，在社会上层架构，学院知识与政治也处在分离甚至对立状态。为求富强，几代仁人志士以外来政治观念发动文化社会政治运动，略加观察即可发现，所有这些运动均遭遇严重挫折，盖其与国民的人情习俗相悖，而最终之成败则取决于精英于遭遇挫折之后的抉择：或放弃对外来观念的迷信，转而

---

[1] 此顺字，取自《孝经开宗明义章》：子曰："先王有至德要道，以顺天下，民用和睦，上下无怨。"

走上"中国化"之路，也即顺乎民众之心者，最终得以成功；而凡拒不做此转向者，无不失败。

就学术自身生态考察，移植的人文社会科学体系显然缺乏自生能力。中国全盘引进西学已过百年，略作盘点即可发现，中国学者几无任何内生创新可贡献于此体系。这或许并不奇怪，细加分析，西学实有两层：表面的成文的技术性知识，深层的不成文的背景性知识[1]，前者可移植，后者难移植，惟可以生命体会之，此显然为中国学者所无以做到者，故其研究西学，或可登其堂，终难入其室。由于知识的自生能力匮乏，中国学者只能一波又一波地紧跟外部世界而移植其最新知识，邯郸学步，终至于附庸化，丧失知识生产、再生产的主体身份。

其结果，操持这套学术的学者虽为中国人，却无法内在于中国，与民众相隔，因而无法准确地理解中国，对中国过去一百多年发生的重大变化无法做出令人信服的解释，其对未来的预测也一次又一次落空。知识的功能恐怕就是理解、解释和预测，中国学者依凭其所移植的知识无法做到这些，则此一知识体系及此知识共同体就是无效的、失败的。

因此，近些年来，各学科有越来越多的不满声音发出。此不满已不限于中国，即便在西方，学界、公众亦有不满之情。今日西方各国乃至全球普遍陷入贫富日趋分化、神教冲突日益激烈、原有世界体系崩解等广泛而严重的困境中，其人文与社会科学体系却束手

---

[1] 奥克肖特区分过技术知识和实践知识，见［英］迈克尔·欧克肖特：《政治中的理性主义》，张汝伦译，上海：上海译文出版社，2003 年，第 7—12 页。关于这一问题的详尽论述，请参见《论自由主义的保守化》，收入秋风：《嵌入文明：中国自由主义之省思》，南京：江苏文艺出版社，2014 年。

无策。尤其是在二战以来一直身居全球知识生产中心之美国，人文社科各学科范式似已普遍失败，面对本国内部秩序与世界格局之大变，学者普遍失语。中心如此，处在知识世界边缘之各国之窘状可想而知。中国学界近些年来的窘迫亦与此有关：美国似乎已无值得移植的东西了。

但也许，中国可以走出困境。中国学者是幸运的，因有现成的丰厚知识资源可用，此即绵延两千多年的儒家人文社会知识体系，其虽遭猛烈冲击、尘封百年却未死，完全有复兴且张大之可能。这需要中国学者回转其眼光，认真对待儒家所积累之人文与社会知识传统，并与时偕行，作创造性发展。

为此，首当"正心"，打破普遍存在的对于西方人文与社会科学体系之现代迷信、普世迷信。西方人文与社会科学体系常被称为现代的，并被视为构建和维护现代秩序所必须者。然而，西人所谓"现代"，在其文明演进脉络中实有特殊所指：相对于中世纪之神教支配，人文、理性即为现代。据此标准，不说尧舜禹时代敬天而屈神，至少自孔子、秦汉以来的中国之教、学，即为人文的、理性的，即是现代的[1]；至少中国学者完全有理由肯定，人类起码有两套现代的人文与社会知识体系，儒家的和现代西方的[2]；且儒家一直是现代的，西方只在近世才是现代的。由此可以解释一个引人注目的现象：过去一百多年来，在非西方国家中，仅有包括中国在内的儒家文化圈诸国之现代化取得成功。

---

[1] 福山从国家形态的角度肯定秦汉以来的中国是现代的，参看［美］弗朗西斯·福山：《政治秩序的起源：从前人类时代到法国大革命》，桂林：广西师范大学出版社，2014 年，第 109—124 页。

[2] 杜维明等学者讨论过"多元现代性"，可参看［德］多明尼克·萨赫森迈尔等编著：《多元现代性的反思——欧洲、中国及其他的阐释》，郭绍棠、王为理译，商务印书馆，2017 年。

故西方人文社会科学不是普遍的而是地方性知识，至少不是唯一普遍的。其大体扎根于古希腊哲学和希伯来一神教土壤，两者均以世界的两分为本，而这构成西方知识之基本框架。毋论其他文明如何看待，至少此知识体系难以普遍于敬天的中国，对中国而言是地方性的。

中国是西方无可避开的"他者"，由于其体量，由于其历史悠久，由于其卓越的文明绩效，恐怕也是最为重要的他者。正是中国人之敬天，正是儒家据此发展、积累的人文的、理性的知识体系，让西方无从宣称其为唯一的现代。任何人，只要了解历史、面对现实，就会走出对西方的现代迷信，认真对待中国文化，对待儒家的知识体系。

人文社会科学之中国化、儒家化，可谓两种现代知识体系之会通，更进一步，为两者之移形换位：从立足于西学，转到立足于中学。这一努力丝毫不影响其现代性，也丝毫不影响其普遍性，反而可以进一步提升其现代性和普遍性，有助于人类更好地理解人，发展关于人生、人群的普遍理论。儒家将欧美数百年来发展之知识视为地方性的，并以自身生命经验、历史传统和知识体系为本，予以吸纳，回应当世人类所面临的重大问题，自可以扩展、深化人类的自我理解。此为中国思想学术发展之大道，亦为中国学人有所贡献于人类之唯一途径。

三、 儒学需走向社会科学化

自经学体系崩溃，传统知识体系崩解之后，其残砖碎瓦寄存于学术建制内移植来的人文与社会科学知识架构中：经学中的易学在哲学专业，《诗》学在文学系，《尚书》学在古典文献专业，《春秋》尤其是《左传》在历史专业，"乐"在音乐史专业，礼在人类学、民俗学专业等；传统史学在现代史学中保留一些遗存，尽管越来越少。不过，经学建制解体不久，第一次世界大战爆发，部分中国人对西方文化发生质疑，乃有复兴儒学之自觉。从知识形态上看，百年来的儒学复兴已经过两个阶段：

第一阶段是哲学化儒学。新文化运动前后，知识人对西学逐渐熟悉，以哲学为西学之皇冠，乃介绍发展西方哲学，并在中国固有知识中寻找与西方哲学相对应者，乃以哲学范式拆解儒学，以西式方法重构之，形成若干儒家哲学体系，此为现代中国最为重要的哲学成就，其集大成者是牟宗三先生，其为学之法十分典型：一方面译介康德，一方面疏解孟子与宋明儒学，而重构儒学为西式哲学样态。

第二阶段是政治儒学。儒家哲学范式裁剪儒学，所舍大于所取，摒弃传统儒学关切之若干重大议题于不顾，尤其是把人群治理完全交予西来之民主，则儒学不成其为儒学矣。政治儒学以异议者身份出现，发端于上世纪九十年代中期，关注儒家政治义理之构造；在学术资源上，接续汉代经学，而非如哲学化儒学之以宋明儒学为本。政治儒学使儒学趋于完整。

今当在此基础上进入儒学复兴第三阶段，其中心任务是：会通儒家哲学、政治儒学，并予以深化、细化，发展儒家人文与社会科学。考虑到社会科学的重要性，或可简化为儒学之社会科学化。

儒学何以需发展其人文与社会知识体系？因为，人文与社会科学在今日中国和世界学术建制中已广泛存在而根深蒂固，有细致的专业化分科，有犀利的分析工具，确为认知人生、探究治理之利器。儒学不能无视之，而当利用之。孔子以"好学"为大德，儒学向来对一切可得到的知识持开放态度，西学有利器，何不利用之？

而且在今日之世，儒学如欲行道于天下，也不能不利用现有专业化知识体系。策略上的理由是：人们习惯了西方人文与社会科学的样态，由此而对知识之期待已不同传统社会。今日若仍照着讲汉儒之学，或宋明儒之学，恐不能令人满意。新的儒学知识惟有具有西方之学的明晰与体系，方能令更多人信服。

又，今日世界比汉唐或宋明时代更为复杂，更多变动，则此前知识形态亦有难以适应之处。如传统知识以史学为大宗，然而中国以外各文明、国家本不重视史学，则研究其人、其国，自不能以史学为大宗。在一个更为广大的天下，面对多样的文明，尤其是深受西式观念渗透的世界，儒学不能不转换其知识形态，方能涵盖今世议题，有效回应时代问题。

历史上，儒学之学术形态、知识形态一直因时而变：汉唐以经学为中心，其知识以诸经之传、注、疏、章句形态等为主。唐中期以降，士族解体，社会普遍平民化，经学不易传承。同时，佛教广泛传播，儒学欲辟之，则不能不回应其所提出的问题，乃深入人心，高谈性命，由此，其思想依托转向《易传》、四书，其知识形态为师生问答、辩难之语录、书信，此与禅宗颇为类似，系以子之矛攻子之盾；而汉唐儒者未发之儒学新义也正由此形态透出，别开儒学之生面。

一千年后，儒学知识形态恐又当一变。西人以其独特知识形态积累了丰厚知识，儒学欲回应之，则不能不采用其形态。今天，用汉唐之注疏经典方式恐怕曲高和寡；用宋明儒的语录方式，大多数人可能不知所云。采用西方知识形态，则可为人所理解，行之广远。

更重要的是，以如此知识形态或可透出儒学新义，发展儒学而非固守旧学。每一种知识形态的兴起皆为回应特定的时代议题而起，经学回应社会政治秩序构建问题，宋明儒学回应人心整顿问题，当今时代议题则统摄两者且更为广大：今日天下已极大地扩展，多样、复杂、快速变动，为把握人生、人群，既求广大，这需要广泛的涵摄能力；为应对神教，亦求精微，这需要细致的分析能力。这就需要利用人文与社会科学之专业化分工及每门学科的分析工具。

现代儒学通过其哲学形态对性命之学有深入探讨，又通过政治儒学唤醒经学，对制度构建之基本原则有所阐发，概言之，通过前两期努力，儒学已在相当程度上推明大道。则今日儒学可由道之阐发转入"器"的构造和"术"的发明，以探明儒家之道广而深地行于天下之途径，以重建儒家中国。器即制度，术即政策。在知识上，这就需要发展儒家人文与社会科学。

传统上，儒学本有此类知识，故有本有末，有道有器，道不虚悬而在器中，故得以构成完整的体系，所谓"周乎万物，而道济天下"[1]，故能化成天下，塑造和维系儒家式秩序。过去一百年，儒学面临冲击，以维系道脉为主；建制内人文社会科学自成一体，是所谓道、器分而为二，故秩序难以凝定。发展儒家人文社会科学，即是为儒家之道作器。在未能发展出如此知识体系前，儒家只能被认定为残缺不全——这也正是儒家当下的现状。如此残缺不全的儒

---

[1]《周易·系辞上》。

家其实不能发挥其致太平之作用。

儒家完全有条件发展出完备的人文与社会科学体系。前已指出，两千多年来，儒家士人已发展、积累了丰富的人文、社科知识，触及人生和治理的所有问题，凡此构成儒家发展人文社科知识体系之可用资源；有此为本，儒家进而吸收、消化西学，则可于思想学术上"大有为"。

当然，此处提出发展儒家人文与社会科学体系，或曰儒学的社会科学化，绝无意于以之为儒学发展的唯一方向，但确可为一重要方向。

四、 发展经学，发展更为普遍的人文社会科学

发展儒家人文社会科学体系，不是从头构建，而大体上是"嫁接"，也即把现有人文社会科学体系之枝条嫁接到儒学之本上。

前文指出，学术建制内现有人文社会科学体系是源于西方的地方知识，但从中也可区分出地方性程度不等的两部分，这由其形成过程所决定：此套知识构建于启蒙之后，但终究在西方文明背景中，故启蒙了的思想仍不自觉受制于前启蒙的西方传统，主要是神教、神学，故西学之根基，即其关于人性、人际关系、秩序形成动力的预设直接来自于此，或略作变形而已。

举例来说，构造了现代西方思想、也即人文与社会科学基本范式之早期现代思想，普遍始于"自然状态"与"社会契约"预设，其中蕴含西学之基本教条：意志自由、理性主义、个人主义等等。然而，所谓自然状态中的人其实就是未信神之前的人；人为神所

造，故为个人主义的；神、人之间无情，故自然状态中的人以理性为其根本禀赋，并凭理性计算走出自然状态；所谓社会契约即神教圣约之变形，而通过契约设立主权者，类似于神的降临或先知之被拣选；神能言，故其通过先知对人颁布律法，人通过社会契约所设立之主权者的首要权力也正是制定法律，以法律维护正义。

略加反思即可发现，西学这些预设实难成立。显而易见，人由其父母所生，先有夫妇之伦，而后有生命之孕育和诞生，人生而在人伦中，且因其生而扩展人伦。故人的存有绝非个人主义的而是人伦的——此正系儒学所再三申明、坚持者，且以之为思考人、人际关系、普遍秩序之本。西学不明乎此，故其所建造的知识逆乎人之情实，导致种种悖谬。

可见，西学之根基部分有过强地方性，不足以作为理解人和秩序之普遍基础，从儒学角度看，这一点格外明显。建立儒家人文社会知识体系之关键正是要抽走这一根基，换上儒学大义。至于其分析技术，本身较为中性，儒学完全可以接过利用。此之谓"嫁接"，也即，以儒学发展出来的关于人性、人际关系、秩序的思想为人文社会知识之本，运用西方人文社会科学成熟的分析技术，生发出解释人生和人群治理的新知识体系。

既为嫁接，儒学之生气必定灌注滋润此知识体系之全体。举例而言，一旦肯定人的人伦属性，则现有人文社科基于个人主义的诸多命题，势必需要顺势改变，比如确认人不是同质的而是异质的，有男女、长幼之别，有君子、小人之别；人的行为不再由个体需求之满足，也即当下可见物质利益之最大化所驱动，而有更多考量；家将被视为自然而基本的人群单位，成为治理之基本单位，则整个治理体系的架构必不同于个人主义社会。

立本于儒学，人文社会科学的研究方法也必有所转型。西学方法大体上是分解至"单子"，比如同质的原子化个体，再依其所预设之所谓自然人性，逻辑地重构社会、国家，此可谓原子式个人主义方法论；由此可有严密的推理体系；人的行为可量化，故有实证方法。凡此方法当然还可使用，但本乎儒学，亦可运用体认的方法、历史的方法等。

知识与实践的关系也将重置。西学尚言辞，多以逻辑推理至细微处，其结果是难行，哲人沉迷于知识生产而不作践履。儒学则不尚言而尚行，行顾言，言顾行，本乎儒学的人文社会科学知识也当为可践履的，至少学者在阐明知识时须反思自己可行之乎？自己尚不能行，何必言说于天下，欲天下人行之？由此可对知识施加必要的约束，以做到"道不远人"，避免学人构筑乌托邦而为祸天下之风险。

完成以上所说的嫁接，首当阐明大本，然后才可以嫁接工具、方法于其上，此本主要在经学中。西方人文社会科学知识之本在其神教经典和古希腊哲人之古典，儒家人文社会科学之本则在六经，因为六经展示了人的典范性存在，六经中有典范性言说和制度。同时，传统的儒家人文社会科学知识也多蕴含在历代经学中，故发展儒家人文社会知识，首当发展经学，以明其大本。

此经学不是汉代经学的简单重复，而是今时之新经学。相对于当下发展儒家人文社会科学知识之需要，宋明儒学多谈性命而忽略人伦、制度，固然有所不足；汉唐经学亦有所偏，比如牵拘于阴阳五行之说，多有荒诞不经处。今当直回六经，综合运用汉唐、宋明之学，借用西方人文社会科学知识和方法，以推明六经大义，惟此可以为人文社会科学体系之本。

也就是说，新经学与儒家人文社会知识体系将相互支撑、同步发展；新经学在相当程度上是以人文社会科学的知识和方法所发展之经学，儒家人文社会知识体系在相当程度上是新经学弥纶而有之体；新经学明道、弘道，儒家人文社会知识体系则为其器。

以经学为本、构建儒家人文社会科学的事业，不只是中国学术发展之需要，亦有助于人类得到更为普世的人文知识体系。发源于西方、目前盛行于全球的人文与社会科学体系有其明显优长之处，也有同样明显的盲区、甚至扭曲之处，实不足以作为理解、认知人之生命成长和秩序维护的普遍知识。比如，其隐然受约束于神教对人的想象而不得人生、人群之情实。合乎情理而普遍的人文知识体系尚有待于生成，借助于儒家人文知识体系，或可接近之。

放宽视野即可发现，西方现代人文社会科学体系之建立，得益于中国之处甚多。自野蛮人入侵后，欧洲长期处在战乱蛮荒状态，中世纪则在神教支配下。传教士翻译到西方的中国经典，对十八世纪欧洲思想人物产生强烈冲击，经由中国学术和历史经验，伏尔泰等启蒙思想者恍然明白，不靠神而靠人也完全可有良好道德和政治秩序，由此西人乃大步摆脱神教而构建人文的、理性的道德理论、政治理论；亚当·斯密的经济学与法国重农学派有密切关系，而后者深受中国影响。[1] 就此而言，西方人文社会科学的底层本有中国传统，由此，才得以具有一定程度普遍性。

但这种普遍性还是不够，需以中国之学更进一步扩充之。今日构建儒家人文与社会科学体系绝非排斥西学，只是西学终究受制于

---

[1]　参看朱谦之：《中国哲学对欧洲的影响》，石家庄：河北人民出版社，1999年，第 183 页以后。

其神教传统，而故其体系中多有扞格不通之处；构建儒家人文社会科学知识体系，则立定人道之大本，顺流而下，疏通其中纠缠扭曲之处；至于西学中可取之处，尤其是方法，则大可取而用之。

由此可得到超越西学的、普遍的人文与社会科学知识体系。或曰：西学是地方性知识，儒家的人文社会科学难道不是？姑且承认之，但这丝毫不能减弱其价值：若能构建这套地方性知识体系，人类将多一种地方性知识体系，双眼齐观的效果必定优于独眼观看。

更进一步考察中西学术之本则可断定，相比于西学，儒家人文社会科学知识体系更可普遍，因其"道不远人"，更近乎人情。西方人文社会科学体系过去百年来流行于全球，但其未能将人道贯彻始终，实际上在人道、神道之间徘徊游移，是为"二本"。今日构建儒家人文社会科学体系，则全本乎人道，是为"一本"。一本，则可以内在一致；人道，则必定可以普世。

回首历史，中国人缔造了迄今为止规模最大的单一文明与政治体，仅凭这一点即可说，中国知识若不能作为主体参与人类的自我理解，则任何关于人和秩序的知识，也即人文与社会科学知识体系，都没资格自称为普遍的，即便其自称为唯一现代的，也是僭越；当然，中国学人若不能贡献中国思想学术于人类，则为自私、失职。

五、 结语

世界正在大变动中，而中国是推动变化的主要自变量。面对旧秩序的广泛坍塌，人类不得不再次构建普遍的人文社会知识体系。

当此"世界历史之中国时刻",遍观全世界,中国学者责任最为重大,因为中国早就有过源远流长的人文社会知识体系,遍观今日世界各大文明,此恐系人类可用之最重要思想、知识和价值资源。

中华民族的伟大复兴须先之以知识的复兴,构建关于人生、人群治理的知识体系,既是中国的,也是普遍的;人类走向命运共同体,需要共享的知识、观念、价值来塑造、支撑。儒学和人文社会科学相向而行,共同返本于经学,接续儒家既有人文社会知识体系,援用西方既有人文社会知识体系,面向时代问题做思想学术创发,则可以担当以上内、外两大知识责任。

超大规模与中国治理之道[1]

社会由人组成，组成社会的人的数量及其所占空间之规模，必然对社会的组织产生巨大影响。研究人的组织形态，规模也许是需要认真对待的首要要素。举一个最简单的例子：三个人的组织将大大地不同于两个人的组织，一亿人的组织完全不同于一万人的组织。

也因此，自有政治的观念活动以来，规模就是其中一个重大的隐秘主题：或者作为政制设计需予解决的难题，或者成为导致一个政体崩溃的根源。在中国政治史上，规模问题以各种形态反复呈现，促使人们发展出各种政制构想。

吴稼祥先生立足于中国历史解释、寻找普遍的优良治理之道，为此而著《公天下》。这也许是当代中国学界第一次以规模问题作为切入点、并推导出一套优良治理模式的政治理论著作。

---

[1] 曾发表于《读书》2013 年第五期，系为吴稼祥的《公天下：多中心治理与双主体法权》（广西师范大学出版社，2013 年）所写之书评。

一、　规模问题与政治学之演进

现代学术体系中的两大核心学科，经济学和政治学，都把规模问题作为本学科的基础性问题，优先予以讨论。

亚当·斯密的《国富论》第一章《论分工》提出下列著名命题："劳动生产力上最大的增进，以及运用劳动时所表现的更大的熟练、技巧和判断力，似乎都是分工的结果"（《国民财富的性质和原因的研究》，郭大力、王亚南译，商务印书馆，1983 年，上卷第5 页）。分工是经济增长的内生动力。第三章《论分工受市场范围的限制》就讨论规模问题："分工的程度……要受市场广狭的限制"（第 16 页）市场规模越大，分工越能深化、细化，市场效率更高。当然，大范围市场的细密分工必然引起另外的成本问题，也即，需要更为复杂的制度，已故杨小凯教授在这方面进行了深入的研究。

规模问题也始终是政治学的一个隐密主题。作者指出东西方政治生态的根本区别如下："天下和城邦，分别是东方华夏文明和西方古希腊文明最早成型的国家形式。"（第 39 页）在不同的规模上思考优良政制和社会治理，这是中西政治思想出现重大差异的一大根源。

或许可以说，西方古典政治思考似乎患有规模恐惧症。《理想国》第四卷中，苏格拉底提出这样一个命题："我国的当政者在考虑城邦的规模或要拥有的疆土大小时似乎应该规定一个不能超过的最佳限度"（郭斌和、张竹明译，商务印书馆，1986 年，第 137 页）。这个最佳限度就是城邦够大，但又能够保持统一。具体是多少呢？《法律篇》第五卷中，客人说："我们有合适的人口数：5040

个农夫和他们的田产保护者。"（张智仁、何勤华译，上海人民出版社，2001年，第148页）

显然，柏拉图的理想是小国寡民，也即点状城邦。这一理想为亚里士多德所承续。《政治学》卷七第四章专门讨论理想城邦的理想人口规模，提出城邦人口的增加"不能无限地进行"的命题。亚氏提出两个理由。第一，"一个城邦的公民，为了要解决权利的纠纷并按照各人的功能分配行政职司，必须相互熟悉各人的品性"。第二，"在人口过多的城邦中，外侨或客民如果混杂在群众之间，便不易查明，这样，他们就不难冒充公民而混用政治权利"。最后亚氏提出他的城邦适度规模之标准："足以达成自给生活所需要而又是观察所能遍及的最大数额。"纽曼注："《修昔底德》viii65—66记公元前411年，寡头为政时期，雅典在籍公民限为五千……亚氏本文未确言实数，但依所示两限，一邦公民人数不能超过万人。"（《政治学》，吴寿彭译，商务印书馆，1996年，第355—356页）

直到卢梭，依然在点状城邦的规模上构想优良政制。《社会契约论》说："仔细考察了一切之后，我认为除非是城邦非常之小，否则，主权者今后便不可能在我们中间继续行使他自己的权利。"译者何兆武加译注如下："《日内瓦手稿》：'由此可见，国家最多只能限于一个城。'又，《忏悔录·1756年》：'它（《社会契约论》——译者）是为它的祖国（日内瓦——译者）并为像他的祖国那样体制的小国家而写的。'（商务印书馆，2005年，第123页）

这构成西方政治理论的一个传统：它针对点状的城邦构想优良政制，即直接民主传统。不过，至少从罗马开始，西方出现另一个政治传统，共和传统。在很大程度上，此一政制模式乃为应对大规模共同体的治理问题而产生。尤其到中世纪，封建制下，贵族们相互之间通过封建契约，构建出大型政治共同体：封建的君主国。欧人的政治思考转向大规模共同体的治理。英格兰"普通法"旨在为大规模共同体中确立普适的法律规则而生成。具有普世化倾向的基督教也为欧洲政治共同体规模之扩展提供了精神动力。《大洋国》所思考的政治体就远非点状城邦。

到十八世纪，规模问题终于推动了政治学的一次革命性跃迁，此即美国立宪。

美国制宪者面对的立宪、建国事业，从一开始就不以城邦为单位。北美殖民者散布于广袤的原野，并形成若干政治实体。然后，他们面临"规模依赖"问题，尤其是"安全依赖"，也即防御外敌。普布利乌斯在《联邦论》第三、四、五三篇首先论证了"我们处在分离状态而必然面临的外国武力与诡计之种种威胁"，接下来则论证了"由于各邦相互纷争以及内部派系与不和而完全可能引发的不同的、但也许更加令人忧惧的危险"（第六篇，据 The Gideon Edition, Libertu Fund, 2001 译出）。这一点，还有联合的其他好处，促使普布利乌斯坚定地主张州之联合，为此而致力于在各州之上建立一个强大的全国性政府。

这一计划遭到强烈反对，反对者的理据正是古典政治学原理：民主政府必须限定于狭小的疆域；规模过大，必定导致专制。普布利乌斯正是为了回应这些怀疑而撰写了系列文章，论证了大规模政治共同体的优良治理是完全有可能的。第九篇中这样说：

> 然而，与其他学科一样，政治科学已获得巨大进步。现在，各种原理的运作已被深入地理解，而这是古人所不知晓或知之不多的。将权力规整地分配到不同性质的部门，实施立法

的平衡和制约，设立由行为良好即可保有职位之法官组成的法庭，人民自己选举产生的代表在立法机关中代表人民，所有这些原理要么是全新发现的，要么在现代大为完善。借由这些有效的手段，可保持共和政府的优越性，而减轻或者避免它的缺陷。不过，在这些有助于改善民主的政府体制的原理之外，我还是愿意冒险补充一点——在有些人眼里，这一点是新奇的，从而构成了他们反对新宪法的一个理由。我所说的是这样的体制运转的范围之扩大，或者是在单个邦的层面，或者若干小邦联合成为一个大的联盟。后者与我们讨论的议题直接相关。

这里所说的诸多制度，简言之，就是代议民主制或曰共和制。一直到卢梭的古典政治思考之所以患有规模恐惧症，就在于其所想象的优良政制大体是直接民主制。这种制度约束了政治共同体规模。在当时，解决这个规模难题的唯一办法是建立君主制。代议的民主制也即普布利乌斯所说的共和制，则让民主制突破了人口数量和地理距离的约束。

当然，联邦制，以及联邦论者视为当然因而未加论述、而由托克维尔在《美国的民主》阐明的基层之自治，包括上卷论述的市镇自治和下卷论述的社会自治，同样有助于政治共同体突破人口与地理的约束，具有较大的可扩展性。

普布利乌斯相信，借助联邦制和代议制两种制度，新生的美洲合众国完全可以大规模的人口和疆域共同体而获得优良之治理。第十篇更进一步指出，大规模还可带来政治学上的规模优势：抑制党争，增加政治的稳定性。本书作者也指出："古希腊城邦的优点是活力四射，缺点是既没有内部稳定，也没有外部安全。"（第 34 页）合众国借助其规模优势，同时解决了这两个难题。

可以说，建国的规模难题迫使美国的立国者温故而立新，创造出新的政体，并在此过程中发展出新的"政治科学"。此一新政体大体解决了现代国家的规模难题，规模问题在此后美国人的政治思考中也就隐而不彰了。

尽管如此，《公天下》郑重提出规模问题，仍然具有十分重大的意义，因为，当代中国的政制仍未能有效地解决规模难题，因而中国脉络中的政治思考不能不认真面对规模难题。

二、 中国的"天下"治理之道

一旦在中国脉络中意识到优良治理的规模难题，则华夏-中国治理之道的永恒价值就立刻凸显出来。

如《公天下》所说，至少从尧舜禹时代开始，中国人安身立命之文明与政治共同体就不是点状的城邦，而是平面铺开的"天下"。历代圣贤所体认、思考的正是天下如何趋于优良治理，由此而凝定的华夏-中国治理之道自始就是超大规模的文明与政治共同体的治理之道，也即"天下"治理之道。"超大规模"、天下就是理解中国治理之道的至关重要的维度。

关键的问题在于此书所指出的此一共同体的高度复杂性。希腊式城邦是"同质共同体"，天下则是"异质共同体"，"作为政治共同体的天下，是一种最大化的多种地理元素、民族构成、文化品类和治理体制的异质聚合体。这种聚合体的特点，就是一大二多——

规模大，元素多"（第 31 页）。按照《公天下》的分析范式，至关重要的问题是，如何在如此高度复杂的异质共同体中达致活力与稳定的平衡？

第一份系统阐明中国治理之道的文献——《尚书·尧典》，是这样描述帝尧治理之道的："曰若稽古：帝尧曰放勋，钦、明、文、思、安安；允恭，克让。光被四表，格于上下。克明俊德，以亲九族；九族既睦，平章百姓；百姓昭明，协和万邦：黎民于变时雍。"这章文字含义极为丰富。"亲"、"平章"、"协和"乃是在三个层级上构建和维持不同性质的共同体的三个原则："亲"依赖熟人的情感，由此可以形成小型共同体；"平章"就是辨别，借助客观规则界定各个小型共同体彼此间的权利、义务，在他们中间创造出和平；"协和"则是合诸多共同体为一超大规模的天下。这三个原则之复合运用，共同促成天下之人的"和"。而帝尧之所以能运用这些原则，则因为其敬、明、文等卓越德行。

本章文字所阐明的帝尧治理之道是复杂的，这是由其所构建的共同体之超大规模所决定的。这就是中国五千年来治理之正道。就因为它解决了规模难题，而成为正道。此后中国历史上的几次社会治理秩序的大转型都由规模难题引起，新制度之稳定或者崩坏，也都取决于是否有效解决规模难题，并且都隐然回向尧舜之道。《公天下》之主体也正以此解释中国政体之演变：

第一次大转型是尧舜禅让之公天下向禹夏家天下之转变。如此书第六章所说，禹通过治水、平土，其所治理的人口与疆域规模大幅度扩大。为有效治理，禹不得不寻求新的政体，以增加国家中心的控制力。为此，禹强化王权，由此而形成世袭制度。

第二次大转型是殷周之变。在传统政制中，此书最为推崇周制。相对于夏、商，周最为突出之表现在于其所治理的人口和疆域大幅度扩大。为应对规模难题，周文王、武王、周公前赴后继，完成一次制度创新，本书总结为"双首都＋多中心＋大居正＋非集权"。

这里值得商榷的是"大居正"，也即"嫡长子继承制"，即人们常说的宗法制。拙著《华夏治理秩序史》第二卷《封建》对此有专门辨析。其实，周的宗法制主要为阻止那些与君具有血缘关系者以血缘关系亲近君，而将其转化为公共性的君臣关系。正是借助这一制度安排，周王才得以突破血缘限制，其治理规模可无限扩展。正确理解宗法，方可正确理解周解决规模难题的秘密。

第三次大转型是周秦之变。春秋时代，周的经典封建制松动，此书第十二章对此有所分析。礼崩乐坏表现为上下双层变动：在上层，礼乐征伐早已不自诸侯出，接下来是"倍臣执国政"，大夫相互兼并，蚕食诸侯，人口和土地向晋国六强、齐国陈氏、鲁国三桓之类强势大夫之家集中，他们发展为战国时代之"王"。在下层，原来作为多中心治理主体的封建的小型共同体——家——解体，其成员游离出来——"游"是诸子文献中反复出现的一个词。这样，可有效治理的治理单位之规模不断扩大，且其成员是个体，而不再是封建时代的家，此即"国民（nation）"。

国王如何治理如此广阔疆域上之国民？战国之王权制应运而出，它包括如下制度：治理众多人口而礼制已失效，故有刑律之治；刑律需人执行，不能不设立官吏，形成官僚制；国土面积广大，不能不分片治理，官僚也不能不分层，由此设立郡或县。凡此种种制度，皆为有效解决广土众民之规模难题。

最为经典的王权制成型于秦，秦制的基本理念是由余所说的

"一国之治犹一身之治"，商鞅提供了实现这个理念的统治技术。借助王权制积聚的强大国家力量，秦得以扫灭六国。然而，秦何以不二世而亡？这个问题是秦以后中国政治思考之首要问题。

简单地说，正是规模不适应症导致秦的速亡。兼有东方六国，秦的统治范围即扩大六七倍甚至更多。先不必考虑东方人与秦人的文化差异，仅规模本身就对秦的统治构成极大挑战。然而，秦始皇君臣似乎没有意识到这一点，简单地把既有秦制平铺推展至东方六国，以及新占领的边疆地区，以治理这个新生的超大规模共同体。

今天从事企业管理的人士都知道，这是非常不负责任而危险的。管理的有效性是受规模限制的，管理学的研究表明，正常情况下，一人可有效管理的群体大约是七人。政制中有类似原理。秦局促于西方之时，推测其疆域约有七八个郡、一百来个县。此时中央政府可非常有效地控制这些郡县官员。现在，一下子扩大至三四十个郡、一千多个县，皇帝、中央政府直接管理郡县官员几乎就不可能。这也正是两千多年来，中央与郡、省或者州、省与县之间总是自然生长出一级政府的缘由。

秦制之制度逻辑加大了规模难题的效应。秦制以人性恶为预设，以君、臣、民之间相互算计为其制度设计之首要原则，故其体制的基本形态是，皇帝通过自上而下的官僚体系紧密控制每个人。此制之有效运作依赖于多个层级的紧密控制：皇帝紧密控制官吏，官吏逐层紧密控制，基层官吏再紧密控制民众。局促于西方时，此一金字塔式控制体系确实是有效的；规模成倍扩展之后，自上而下的控制力度必大大松懈。当陈胜、吴广基于生命之计算发出第一击后，基层官吏普遍反水。这一事实特别值得注意，它表明了秦的看似强大的控制体系之虚弱不可靠。

这构成秦制之反讽：秦制以权力自上而下的高强度控制为本。它可以借助这个体制积聚的力量扩大国家规模。但当国家规模急剧扩大后，这一控制体系反被瓦解。

三、 规模难题与儒家应对之道

回过头来看看儒家的治理之道。

孔子"祖述尧舜、宪章文武"，完全承继五帝三王之道。因而，儒家的社会治理之道就是超大规模共同体的治理之道，孔子的理想是"行道天下"，"修身、齐家、治国、平天下"。从此角度可对儒家的社会治理方案给予较为准确的理解。

《论语·为政篇》第三章最清楚地表达了孔子之社会治理理念：子曰："道之以政，齐之以刑，民免而无耻；道之以德，齐之以礼，有耻且格。"孔子在这里进行的是比较制度分析。孔子以惊人的先见之明指出正在兴起的王权制之本质：政、刑之治。孔子认为，这是必要的，但是不够。还应更进一步，以德、礼之治为本。为什么？原因之一就是规模问题。仅依靠政、刑治理广土众民，成本极高，以至于国家根本不能承受。相反，建立小型共同体，基层社会以德、礼自我治理，则可化解大规模难题。孔子已把大规模治理之道嵌入儒家理念中。基于中国之超大规模现实，儒家始终坚持治理超大规模文明与政治共同体之道。

又如，秦时儒生即已敏锐而清醒认识到秦制之规模瓶颈。秦始皇晚年发动焚书事件。然而，焚书事件因何而起？恰起因于儒生向秦始皇提出解决规模难题之方案。《史记·秦始皇本纪》记载，嬴政三十四年，周青臣赞美秦制曰："以诸侯为郡县，人人自安乐，无战争之患，传之万世。自上古不及陛下威德。"周青臣认为，皇帝直接统治每个人是令人自豪的成就。博士、齐人淳于越则认为，秦制的危险恰恰在此："臣闻：殷周之王千余岁，封子弟功臣，自为枝辅。今陛下有海内，而子弟为匹夫。卒有田常、六卿之臣，无辅拂，何以相救哉？事不师古而能长久者，非所闻也。"秦制不能有效治理超大规模共同体，欲解决规模难题，必须复古，也即复封建。复封建正是历代儒家的重要政治理想，朱子、黄宗羲、顾炎武都有混合郡县、封建之主张，所谓"寓封建之意于郡县之中"，《公天下》第二章对此有所讨论。

董仲舒的伟大在于，不拘泥于封建之名，而部分找到了化解规模难题之道。由此而有中国历史上第四次大转型：秦汉之变。董仲舒-汉武帝更化之后形成的体制首先保持皇帝的普遍主义权威，以此维持天下的完整性，也即此书所说的政治秩序的第一要义：统一或稳定。不过，这样的皇权要受到限制，不再下县。皇权退出县以下的治理，基层社会之治理交给接受过儒家教育之士君子-绅士。他们与官员具有共享的价值，从而形成社会与政府的合作，尽管其间也存在对抗。由此形成了多中心治理之架构，这就保证了本书所说政治秩序的第二要义：活力。

我把董仲舒-汉武帝更化之后的体制称为"儒家士大夫与皇权共治政体"，它一经形成，就大体实现了稳定与活力的平衡。因此，两千多年来，它不断地被复制，以至于有些人贬义地谈论中国的"超稳定结构"。但在我看来，这个体制实际上是一个明智的创造，它解决了导致秦制瓦解的规模难题，因此才具有顽强的生命力。在这里发挥关键作用的是儒家士君子群体，它横跨于社会、政府之间，居官则以道事君，推动政治之理性化；在野则组织民众，推动基层之社会自治。这样的体制与周制有深刻的结构性相似。

四、　发展历史政治学

至此也就不能不说，本书若有什么缺憾，那就是对儒家理念之内涵和儒家士大夫群体之历史作用，未做仔细分析。由此导致本书对秦以后政体演变之描述和解释，失之粗疏。比如，此书将汉武帝后政体之特征概括为"单中心治理，单一郡县制，高压"（第 321 页），其绩效被归入"劣"。这个评价似乎值得商榷。

基于同样的理由，周制在此书的制度比较中得分最高。作者在最后一章描述理想政体，即倾心于封建之现代形态：联邦制。本书作者在其他论述中也一直主张联邦制。事实上，一百多年来，不少有识之士均主张，以联邦制解决中国的超大规模治理难题。本书为此提供了一个相当有力的历史政治学论证。

丰富的历史已经证明，联邦制确实可以有效地解决大型共同体的规模难题。但是，联邦制之建立是有其历史条件的：联邦制国家都是联合既有之分散的诸邦为一个政治共同体，是由分而合的政治过程。历史上似乎还没有由合而分建立联邦制的成功例证。

不过，这并不意味着，非联邦制的大规模、超大规模政治共同体，只能走单中心的集权治理之思路，而不能走出规模困境，获得统一与活力的平衡。历史事实是，董仲舒-汉武帝更化之后形成的共治体制在相当程度上解决了中国的超大规模治理难题，此即皇权大一统之下的县以下基层社会自治。

实际上，在美国政体中，联邦制固然十分醒目，但美国社会的根基是基层自治，比如托克维尔盛赞不已的市镇自治。在探讨美国解决其规模难题的方案时，不应忽视这一点。也就是说，联邦制并非规模难题的唯一解。如果放宽视野，观察一下英国、法国，这个结论就更能站得住脚。这两个建立了良好现代秩序的国家并没有实行联邦制，而是单一中央权威下的地方自治。

只是，二十世纪中期以来，中国的基层自治传统基本被废弃。然此历史经验弥足珍贵。因为，它是中国人经过长期摸索才找到的解决超大规模共同体治理难题的方案，并有两千多年运作的历史经验。最为重要的是，尽管经过百年破坏，其相关制度在当下仍有重大存留，比如南方沿海地方依然在发挥作用的以祠堂为中心的乡村宗族自治。在过去三十年中，这些制度在复苏。而这正是中国社会出现良性变化的制度原因。

换言之，在当下探寻优良治理之道，不应只是面向西方，也不应只是把中国传统当成反面教材。优良治理的诸多制度在现实中就存在，它从遥远的历史深处延伸而来。当然，五经、儒家先贤之理念同样在阐明这优良治理之道。至关重要的是，这些理念绝非死的资源，而是活的精神，就在今日中国人的心底。

因此，当代中国可以有一门新的政治学进路：历史政治学。它将进入经学的世界，阐明其中的优良治理之道；它将进入中国政治经验中，掘发其中各种政制之得失。这样的历史政治学乃是"立法者的科学"之最为重要的预备性学科，旨在重述中国治理之道。此道从一开始就是超大规模共同体的治理之道，在中国建立和维持优良治理秩序，超大规模是一个最为重要的事实，立法者和政治思考者必须面对这个事实。历史政治学通过重解经、史，阐明此一超大

规模的文明与共同体的治理之道。当然，确立这样一门学科的前提
是下面的信念：中国治理之道是永恒的。中国五千年、两千年、一
千年前的制度并未死亡，更不是专制的一片黑暗。

《公天下》已经隐然具有这样的信念。因此，它是历史政治学
的一本标杆性著述，它向学界示范了进入丰富的中国政治经验世界
来思考政制问题所能取得的知识成果之丰硕。当此世界历史的中国
时刻，这样的知识路径已成为中国学人义不容辞的责任。

儒家经济学之百年探索与展望[1]

经济学是当世之显学，其至有所谓"经济学帝国主义"之说。不幸的是，在中国，现代经济学与儒学长期处在隔绝状态；尤其是在过去三十年中，主流经济学家对儒学、进而对中国文化多持否弃态度，而政府官员、企业家群体的心智深受经济学影响，今日中国文化复兴遭遇巨大障碍，根源在此。

以研究制度经济学闻名的盛洪教授最近出版了《儒学的经济学解释》[2]，则反此主流，致力于打通儒学与经济学，进而为发展儒家经济学奠定了极富启发性之新起点。说此书是新起点，乃因为，此非第一本系统的儒家经济学著作：一百多年前，康有为弟子陈焕章已有发展儒家（或曰儒教）经济学之努力。此后百年，这方面的零星知识努力也断续有之。

故本文将首先回顾 19 世纪末以来，在西方实力优势和知识压力下，中国知识人发展儒家经济学的艰难努力，进而在此脉络中考察《儒学的经济学解释》对于发展儒家经济学之开拓性贡献，最后简单讨论在此基础上发展、完善儒家经济学的路径。

---

[1] 曾发表于《天府新论》2016 年第 3 期。
[2] 中国经济出版社，2016 年。

一、 中西经济学传统之分殊

人欲生存，不能不消费，不能不生产。人们合群并探索提高其合群之技艺，以扩大其群之规模，目的也在于提高生产效率，产出更多物品，养活更多人，提升生存质量。

故《尚书·舜典》记帝舜设立华夏第一政府时，首先命禹为司空，在洪水泛滥之后，负责"平水土"，以为恢复生产创造条件；其次命周人祖先弃为"后稷"，主管农业，"播时百谷"，改进农业生产；在任命契为司徒以负责教化、皋陶为士以负责兵刑之后，又命垂作"共工"，负责组织玉器、青铜器等礼器工业生产和公共工程兴建。此即中国政府之典范，其前五大官职竟有三个与今人所谓经济活动相关。故《尚书·大禹谟》记禹谓"德惟善政，政在养民，正德、利用、厚生、惟和"；《洪范》八政，首列"食"与"货"，货者，货物、货币也。由尧舜禹文武周公之行、制可见，重视利用自然资源、创造条件便利民众生产，以保养生民，为中国治道之要义。

《中庸》曰"仲尼祖述尧舜、宪章文武"，故孔子治国之道是，先"富之"而后"教之"[1]。在儒家士大夫形成并成为社会治理主体后，即高度重视今人所谓"经济"问题，而细致观察、深入思考，形成诸多思想，自成一儒家经济学体系[2]。儒家士大夫较为

---

[1]《论语·子路篇》：子适卫，冉有仆。子曰："庶矣哉！"冉有曰："既庶矣。又何加焉？"曰："富之。"曰："既富矣，又何加焉？"曰："教之。"

[2] 叶坦对中国典籍中"经济"、"经济学"两词之含义，做过详尽的历史性梳理，可见《"中国经济学"寻根》，《中国社会科学》1998年第4期。

系统的表述，见于汉儒之《盐铁论》，明儒邱濬之《大学衍义补》，及清代冠以"经世"之名的各种文献汇编。

但以中国思想学术之固有品质，士大夫无意构造专门分科之经济学体系，其经济思考内置于治平之学、经世济民之学的大框架中；士大夫也无意以西式逻辑和风格表达其思考，则以西人眼光来看，儒家似无经济学。但这怎么可能？儒家以治国、平天下为要务，怎能不思考经济问题？事实上，《大学》后半部分主要是探讨财政问题。

经济学在西方，其性质、格局自始即不同于中国。在色诺芬《经济学》、亚里士多德《政治学》《伦理学》与伪亚里士多德《经济学》中，均可见经济学是家政学，即家政管理之学；而此所谓"家"，系以奴隶生产为主之庄园经济体。故家政学、也即经济学研究之主要议题是，家主、也即奴隶主如何组织奴隶高效生产财富。[1]

故从一开始，中西经济思考之对象完全不同：在中国，"家"是血亲、姻亲之家；此家作为生产活动单元，其组成人员始终是相亲相敬之自由人：在三代封建制下是庶民，庶民身份固低于君子，但绝非奴隶，故《诗经》雅、颂各诗中可见周王、诸侯、大夫等各级君与普通农民敦睦和洽之气氛。[2]战国以后则有士农工商"四民

---

[1] 色诺芬在其经济学中专门讨论如何训练奴隶（［古希腊］色诺芬：《经济论·雅典的收入》，张伯健、陆大年译，商务印书馆，1981年，第44页）。亚里士多德说，"一个完全的家庭是由奴隶和自由人组合起来的"，家内关系依次是"主和奴，夫和妇，父和子"（［古希腊］亚里士多德：《政治学》，吴寿彭译，商务印书馆，1996年，第10页），生产性的主、奴关系是家内首要关系。

[2] 如《小雅·甫田》："曾孙来止，以其妇子，馌彼南亩，田畯至喜。攘其左右，尝其旨否。禾易长亩，终善且有。曾孙不怒，农夫克敏。"郑玄笺云：曾孙，谓成王也。攘读当为馕。馌、馕，馈也。田畯，司啬，今之啬夫也。喜读（转下页）

社会"，此为职业分途，非等级之别。在此社会中，家就是自成体系之小微型企业，独立自主地组织生产、消费活动，家内自然形成劳动分工，所谓"男耕女织""耕读传家""商农为本"等，即为家内职业分工模式。又，在中国，向无身份制，故人们可自由转换职业，且在城乡之间自由流动。

在此背景下，儒家经济学思考之议题完全不同于古希腊：儒家经济学不关心微观的家政管理，因为，每个家作为独立企业，自主经营，无需外人、包括政府操心。又因其规模较小，也根本用不着发展专门的家政管理学。儒家士大夫思考、讨论之议题相关于经济活动者，始终在今人所谓宏观经济学、制度经济学、财政学等层面，即"经世济民"一词之所指；具体而言，儒家大夫的经济学思考聚焦于政府如何维护良好的制度和文化环境，为无数独立自主之家庭企业之生产、消费活动创造良好而公平之环境，并通过再分配政策，保障人人得遂其生，且转化财富于文明之创造和积累过程。

在此经济思考中，经济与政治、公与私之间的关系也完全不同于古希腊：在古希腊，家政管理之对象是奴隶，城邦政治生活之主体是公民，由此而有经济与政治之两分，也即私人事务与公共事务之别。经济学研究私人致富之术，政治学研究公共生活之道，两者隐然有分立乃至对立之关系。而在中国，国家之公共事务与家庭之私人事务不是分立、对立的，经济与政治也不是相脱离的。相反，

（接上页）为饎。饎，酒食也。成王来止，谓出观农事也。亲与后、世子行，使知稼穑之艰难也。为农人之在南亩者，设馈以劝之。司啬至，则又加之以酒食，饟其左右从行者。成王亲为尝其馈之美否，示亲之也。

有学者粗略讨论过《诗经》体现之经济学思想，参见章可敦：《儒家文化的经济学初探——以〈诗经〉为例》，《西北民族大学学报（哲学社会科学版）》2006年第3期。

儒家士大夫之经济学思考旨在协和诸私人之经济活动，而达到财之"均"、心之"安"[1]，此即为社会治理之大公。

古希腊的政治与经济、公共领域与私人领域之分立、对立，后世演变为西方经济思考之两大分途：首先，在中世纪，基督教设定两个世界，而追求来世、鄙弃现世，可谓公压制私。经济学思考传统在此基本中断。

至早期现代则有一次反转：王权崛起，摆脱罗马教会控制，乃一反宗教之求来世永生，转而在今世追求物质之"富强"。经济学乃获得发展机会，此经济学摆脱宗教之伦理控制，转而服务于君主财政收益之最大化，有所谓"官房经济学"，发展为"重商主义"经济学[2]。借助这一早期现代经济学提供的财政技术，西方各国极大地提高了其国家的财政汲取能力，以之改进武备，积极对外扩张，殖民主义兴起于西方富国是为"财政-军事国家"。殖民地又推动欧洲工商业的爆发性增长，欧洲在技术上实现突破，其经济、军事实力迅速提高，一举超过中国。

现代国家构建率先完成于英国，新型工商业市民阶层兴起，知识重心乃由公转向私，也即从国家转向市民，从而有"政治经济学"或"古典经济学"之兴起，要旨在确立私人产权之神圣性，确信并论证企业组成之市场机制之自足和完备。市场机制与国家权力、私人企业与政府之间变成交易关系：国家从私人企业获得财政资源，作为回报，政府以其权威维护市场秩序。从某种意义上说，

---

[1] 《论语·季氏篇》："丘也闻：有国有家者，不患寡而患不均，不患贫而患不安。盖均无贫，和无寡，安无倾。"

[2] 参考［美］约瑟夫·熊彼特：《经济分析史》，第一卷，朱泱等译，商务印书馆，2001年。

政治经济学确立了市场相对于国家、资本相对于政府的道德优越地位。

19 世纪中期，中国与欧洲相遇，接连失败。西方传教士进入，古典经济学初入中国，时称"富国策"[1]。中国败于日本之后，儒家士大夫发奋变法，追求"富强"，这正是早期现代重商主义经济学之主题。严复翻译亚当·斯密之《原富》，其用意正在求富。在很大程度上，这是对斯密之有意误读，以斯密的市民阶级经济学作重商主义经济学之用。实际上，这一富强意识贯穿于整个 20 世纪的中国经济学。

整个 20 世纪，欧洲经济学大规模涌入中国。以来源可分两支：一支是英美经济学，另一支是苏俄经济学与其背后的马克思主义经济学，两种经济学范式大不相同，争论激烈。在传入时间上又可分两阶段：前面大半个世纪，借经济学求国家之富强；80 年代以来，主要依靠英美经济学，求私人之发财致富。后一种经济学在知识上的一大努力，是反对前一种经济学。

不管经济学在现代中国之图景多么复杂，其欠缺是始终而明显的：儒家基本缺席，源远流长而丰富深刻的儒家士大夫的经济思考传统，基本中断。如同此知识之偏离，20 世纪中国之经济制度与政策也大体偏离中国治道，比如，20 世纪中期所实行之制度，国家全面计划、经济全盘官有官营、民众集体劳动等，这在中国历史上绝无先例，其理论依据全来自外部世界。

---

[1]　关于 19 世纪西方经济学传入中国之情形，可参看梁捷：《西方经济学在华早期传播与译介》，《学习与探索》2007 年第 2 期。

二、《孔门理财学》：孔教徒的儒家经济学

当然，儒家经济学思想传统尚未完全中断，就如同儒家思想以各种方式不绝如线一样。首先，在民众日常经济活动中，儒家观念仍发挥作用。其次，在某些官员的运思过程中，儒家观念仍发挥作用。再次，儒家经济学思想仍顽强存在，虽然微乎其微。

严复译介《原富》，开西学倾入中国之先河，但严氏常在其案语对比中西经济思想和制度。严复肯定士大夫确有丰富的经济学思考，但较为零散，不成系统，且存在诸多问题，故严复在按语中，对此类经济思考多有批评。[1]

梁启超曾发掘管子之经济学思想，晚年又钟情于墨家经济思想。[2]这一选择揭示 19 世纪末以来中国知识人和整个精英群体之共同思想倾向：偏离儒家。他们认为，中国落后，责任在儒家，故纷纷走向诸子，尤其是法家，因为法家"追求富强"。可以这样说：大多数现代中国思想和政治人物都是法家，故 1970 年代中期有群众性"评法批儒"运动。

然而，就在知识人开始偏离儒家之初，陈焕章却在美国大学，以英文撰作《孔门理财学》[3]，系统阐发儒家经济学思想。陈焕章是康有为弟子，最为推崇康有为的孔教思想，故《孔门理财学》开

---

[1] 关于严译《原富》之复杂心曲，可参看梁捷：《近代国人对西方经济学的认识——以严复为例》，《社会科学战线》2008 年第 6 期。

[2] 关于梁启超经济思想与前后变化，可参看梁捷：《梁启超经济思想的演变过程》，《社会科学战线》2008 年第 2 期。

[3] 关于此书的一般介绍，可参看叶坦：《〈孔门理财学〉——中国经济学走向世界的百年始步》，《中国社会科学报》2010 年 8 月 26 日第 8 版。

头，陈焕章全照乃师学说，叙述孔子为创教之教主，最后则捍卫孔教，称之为最好的宗教，收尾于大同理想。光绪三十年（1904年），陈焕章参加最后一次会试、殿试，中进士，朝考点内阁中书，入进士馆。他主动申请出洋留学，次年奉派入美，短暂学习英语后，入哥伦比亚大学，习政治经济学，满清覆亡之年获哲学博士学位，学位论文是《孔子及其学派之经济学原理》，也即《孔门理财学》[1]。惜乎陈焕章回国后，未继续研究经济学，而以主要精力协助康有为创办孔教会。

陈焕章虽尊孔子，但《孔门理财学》之取材并不狭隘：首先是五经，其次是孔子与儒家，兼及诸子，同时大量引述中国历代理财制度。

陈焕章攻读经济学之时，新古典经济学体系已经成熟，典范是马歇尔于1890年出版之《经济学原理》，全书分六编。第一编，序论，定义经济学为研究财富及人类欲望关系的一门应用科学，认为其目的在于解救贫困和增进福利。第二编，说明财富、价值、土地、所得、工资、地租、利息、利润、准租等基本概念。第三编，欲望与满足，论述消费理论。第四编，生产要素，论述生产理论。第五编，需求供给与价值的一般关系。第六编，国民所得的分配，论述分配理论。《孔门理财学》完全照此结构安排写作。

此书出版后，颇得西人重视，彼时尚未得大名的凯恩斯曾著文评论《孔门理财学》，谓"其基本内容一部分属于中国经济史，一

---

[1]《孔门理财学》已有三个中译本，本文主要参考《孔门理财学》，韩华译，中华书局，2010年。

部分是世代相传的诗篇和格言，其所涉话题只与最广义理解的'经济'有关。其章节标题虽为'生产要素'、'分配'、'公共财政'等等，但装入这一牵强框架的是大量讨人喜欢的教诲性内容。"[1] 然而，本书最精彩之处正在此"教诲性内容"，如梁捷评论："这本书在表面上是很容易为西方学者所接受的。但是每一章每一节的内容却都是严格的今文经学体例。偶尔也会涉及西方思想家如斯密、马尔萨斯等，但无不是以与中国学者思想作对比的形象出现，而且陈焕章对他们的评价并不高。这本书的形式和内容构成了极强的张力。"[2] 西人以及今人常以本书为经济思想史或经济史著作，其实不是，它是一本基于儒家义理的经济学著作，当然属《春秋》公羊学派。陈焕章拆散儒家义理，以现代经济学模板予以重新装配，构造出作为一门学科的儒家经济学义理体系。

故《孔门理财学》有西方经济学之外观，义理却别有洞天，"理财学"定义就不同。陈氏定义化用自《周易·系辞》："天地之大德曰生，圣人之大宝曰位。何以守位？曰仁；何以聚人？曰财；理财、正辞、禁民为非，曰义。"陈焕章据此创造"理财学"，而"正辞"指向伦理界，"禁民为非"指向政治界，三者"均以义贯穿其中"，"我们必须记住理财之目的在人，简而言之，理财之缘故，完全是为了聚集仁人，这需要以理财作支撑"。最后，陈焕章得出结论："理财学是以正义原则为根据管理财富的科学，其目的是为

---

[1] 梅纳德·凯恩斯：《〈孔门理财学〉书评》，原载《经济学杂志》（Economics Journal），1912 年月 12 月号，本译文见新法家（http://www. xinfajia. net/7084. html）。

[2] 梁捷：《"生财有大道"——陈焕章的〈孔门理财学〉》，《博览群书》2007年第 4 期。

了使人类集聚而生存。"[1]

理财学之此一目的清晰可见于第四篇《消费》。在西方，中世纪基督教倾向于禁欲；到现代，西人反向而行，倾向于纵欲。古典经济学以降的经济学传统乃高度肯定消费活动，且其所讨论者仅为可见的物质之消费，今日列国经济政策更以刺激消费为要务。陈焕章指出，在中国，如孔子，对人之欲望从未禁绝，但也不放纵，而节制之于适度，故陈焕章专列《礼教》章讨论中国社会节制欲望之机制。

至于消费品，陈焕章特别重视非物质部分，《乐生之道》章列举音乐、乡饮酒礼、乡射礼、苑囿与田猎。陈焕章以为，带给人们快乐的其实是这些礼仪活动，此类活动确需物质资源支撑，但资源纳入文化性质的礼仪中，而非简单的物质享用。陈焕章又列《特别支出》一章，讨论结婚、葬礼与服丧、祭祀祖宗、社会交往等方面的支出。[2] 陈焕章也明确指出，此为孔子理财学体系所特有，与伦理生活相关。奇怪的是，陈焕章没有论及教育这项重要支出。

总之，此处章节安排展现了中国社会礼仪、伦理性消费之重要地位。这正是陈焕章所引《周易·系辞》之精义所在。西方经济学

---

[1]《孔门理财学》，第32—33页。有日本学者高度肯定陈焕章这一定义，将其与西方现代经济学对比：

儒家经济学是遵从正义和道德的经济学。莱昂内尔·罗宾斯 Lionnel Robins 对经济学做了如下定义：经济学是研究各种目的与具有替代用途的稀缺性手段之间关系的人类行为的科学。这一定义简言之就是"稀缺资源的管理"。然而，将经济活动界定为人们实现其目的的手段和"管理稀缺资源"，丢失了"遵从正义"这一内容（小野进：《儒家经济学原理——作为经济学范式（paradigm）之一的东方经济学》，崔岩译，《日本研究》，2010年第1期）。

[2] 梁捷注意到陈焕章的这些论述并指出："这些与'礼'相关的经济理论，正是《孔门理财学》或者说中国传统思想的精粹之处。可是由于它和功利主义基于完全不同的观念，几乎没有被当时任何西方学者注意到，时至今日仍然如此"（《多元视角下的〈孔门理财学〉》，《社会科学战线》2008年第4期）。

假设人是个体，故消费当然是个体满足其对物质之欲望的活动。在儒家看来，人本非个体的存在，而存生于家中，在由亲及疏、由近及远的社会网络中，消费必定展开于与他人之关系中，旨在敦睦亲族或慎终追远。也即，消费之效应是"聚人"。[1] 二十世纪初，西方经济学已全属个人主义和功利主义，陈氏清楚这一趋势，仍坚持此古典理财观，在此，理财、经济活动内嵌于伦理、社会、政治结构中，始终受到后者的约束[2]。

由儒家义理所决定，儒家经济学不能不如此；其于当代世界的意义也正在于此。它因此而为人冷落，但未必永远如此。

三、 儒家经济学不绝如线

《孔门理财学》突兀地闪亮一瞬，此后，儒家经济学传统归于暗淡，一个世纪间，儒家经济学只能以不绝如线形容。

儒家经济思想最常见的寄身之所是中国经济思想史学科。此类历史性质的著作如同博物馆，展示历史上包括儒家在内中国人之经济思考。较早、也最为优秀的《中国经济思想史》（仅有上册，商

---

[1] 陈焕章在《结论》章中总结说："与任何西方民众的理财活动相比，中国民众的理财活动更具社会主义特点。这里以消费为例，消费比生产更具有个人主义的特点，然而，中国人却在社交方面消费了更多的财富。在中国，一个人必须为自身以外的其他人花费更多的钱。"（《孔门理财学》，第464页）

[2] 韩星指出，"《孔门理财学》深刻地揭示了儒家经济学从不把政治、经济、道德和文化割裂开来考虑，这大概也是他比今天的世界经济体系高明之处。"（韩星：《一部不该忽视的中国经济思想名著》，《博览群书》2010年第6期）。陈彦军也讨论了这一点，见《陈焕章论孔教与作为"正义学"的经济学》，《三亚学院学报》2015年第2期。

务印书馆，1936 年），唐庆增先生作。此书颇有可称道之处：从六经开始叙事，而差不多同时期冯友兰先生《中国哲学史》、萧公权先生《中国政治思想史》，反深受疑古思潮影响，从春秋战国时代"子学"开始，惜乎其为大家，却只见流而不见源。

也有专门研究儒家经济思想之著作，如侯家驹著《先秦儒家自由经济思想》，从标题可见，此书系从现代视角对儒家经济思想予以肯定。

但总体上，此类关于经济思想之著作，既为历史性质，则必断定或者隐含儒家思想已是古代的，与今日无大关联，故难入研究经济学理论和现实经济问题之经济学家之法眼，只有知识考古意义，而无现实致用价值。

主流经济学者普遍以外来经济学解释中国，在此过程中，可能有中国化之努力，比如马克思主义经济学之中国化，也即，基于中国现实发展马克思主义经济学；或者，运用西方经济学理论，研究中国经济问题。这些在经济学理论上或许略有所成，但无关于儒家之经济学思考。[1]

有个别学者例外，最重要者当为周德伟先生（1902 年—1986年）。周氏系奥地利学派经济学大家弗里德里希·哈耶克之入室弟子，曾随哈耶克在伦敦攻读博士学位，50 年代在台湾传播哈耶克思想。在当代中国学人想象的思想谱系中，哈耶克属于自由主义

---

[1] 关于中国经济学过去一百多年来之概述与中国学者之学术努力，可参看林毅夫、胡书东《中国经济学百年回顾》，《经济学季刊》第 1 卷第 1 期（2001年）。关于中国经济学家以西方经济学研究中国问题之概述，可参见郑娟、梁捷：《中国经济调查与中国经济学的兴起：1927—1937》，《社会科学战线》2008 年第 1期。

者，然而哈耶克自称"老辉格党人"[1]，此为伯克用语，故哈耶克属于伯克式保守主义者，对自由的信念，反而使之肯定传统：哈耶克断定，恰恰是传统让人自由。循此义理，周德伟积极引入西方经济学，同时肯定中国自身传统，他认为，两者并不对立。比如，他曾探讨礼治与法治之相通处[2]。令人遗憾的是，周德伟未能将儒家义理运用于经济学基础理论，发展儒家经济学。

周德伟的认识很快获得事实证明。战后东亚儒家文明圈快速实现工业化，成为全球瞩目的发展典型。这一事实促成西方学术界重新思考儒家与资本主义之关系，但此次讨论在韦伯命题之框架中展开。这方面的代表作是《华人的资本主义精神》（1990 年）[3]。作者循韦伯命题提出一个问题：什么是东南亚海外华人企业赖以成功的精神资源？全书以对 72 家华人企业之深度访谈为基础，探讨海外华人家族企业背后的文化、价值观支撑，得出结论：华人家族企业展示的企业精神完全不同于西方，其核心价值观是儒家文化。

从 19 世纪末以来，在西方，在东亚内部，儒家逐渐遭到否弃，主要理由其实就是，儒家无助于甚至妨碍国家富强。20 世纪中期的东亚增长事实令人们从经济上肯定儒家，这对于儒家重新在文明上得到肯定至关重要，对儒家经济学之重新展开当然更为重要。人们突然发现，尽管精英们鄙弃甚至破坏之，但在百姓日用之社会经

---

[1] 见其所著《我为什么不是一个保守主义者》，作为"跋"，收入 [英] 弗里德里希·冯·哈耶克：《自由秩序原理》，邓正来译，生活·读书·新知三联书店，1997 年，下，第 203—205 页。

[2] 《西方的法治思想与中国的儒学》，收入周德伟：《自由哲学与中国圣学》，中国社会科学出版社，2004 年。

[3] [英] S. 戈登·雷丁：《华人的资本主义精神》，谢婉莹译，上海格致出版社，2009 年。

济生活中，儒家观念未死，仍在发挥作用，且带来良好经济绩效。学术界不得不认真对待儒家，探究儒家与经济增长之间的关系。

重要的是，既然儒家有正面作用，这一次儒家学者终于以主体身份，在舞台中央，与经济学界、与经济政治精英们共同讨论，而不只在边缘上自言自语：20 世纪中期的港台新儒学大体上只能于花果飘零之际自言自语。参与这次东亚资本主义或曰儒教资本主义（儒教之说大概受韦伯《儒教与道教》一书之影响）讨论最为深入的是杜维明、余英时。

在《儒家伦理与东亚企业精神》一文中，杜维明基于自己的《中庸》研究，解释了儒家如何促成经济增长："这种特殊类型的资本主义，强调自我是各种关系的中心，义务感，自我约束，修身，取得一致意见和合作。它高度重视教育和礼仪。它注重信用社区和政府的领导。其经营的风格，涉及既学习一套实际技能又学习如何工作的一种程序和仪式。"[1] 杜维明特别在意反驳韦伯命题。

余英时则回到历史，作《中国近世宗教伦理与商人精神》（1987 年），他以丰富资料证明，唐代以来，塑造中国人精神的各种观念体系，如禅宗、道教、宋明儒家，都发生了一次"入世的转向"，由此形成新的宗教伦理正好符合韦伯在清教所看到的"入世苦行"观念，故能支撑市场经济之发展。这一研究是否存在比附，大有争议，但毕竟打开重新考察唐宋以来儒家思想与经济、社会变化之关系的大门。

此后，儒教资本主义议题余音缭绕，大陆学者也有参与，隐然

---

[1] 收入杜维明：《新加坡的挑战：新儒家伦理与企业精神》，高专诚译，生活·读书·新知三联书店，2013 年，第 117 页。

成为八九十年代学术界热点议题，对儒家观念与经济增长之间的正面关系，肯定者有之，否定者有之。逐渐地，"儒商"之说在学界、在实业界兴起，不断有学者讨论儒家伦理与市场经济之关系。虽然，东南亚金融危机之后，此讨论迅速降温，但不管怎样，儒家与经济学之间正有所交集。接下来，中国大陆经济持续高速增长，再度推动人们思考儒家与经济增长之间的正面关系。

于是，有人提出"儒家经济学"之名，如龚鹏程发表《儒家经济学刍议》，认为儒家经济学的功能不是顺应现代经济学，而是批判反省现代文明。[1] 畅钟最近则有《儒家经济学思想之辨析及重建之原则》。[2]

引人注目的是，尽管西方学界和大陆儒学界颇多关注儒家文化与东亚经济增长之间的关系，但在大陆，地位逐渐上升、最终取得学术霸权地位的主流经济学界，对此基本漠然。八九十年代，经济学潮流从马克思主义转向西方，但其基本文化立场未变：怨恨儒家，认定儒家文化妨碍经济增长，故对东亚资本主义之类的讨论，毫无兴趣；凡涉及儒家文化，基本采取否弃立场。

这大概与新兴主流经济学家群体之心智结构有关。与其他学科类似，活跃于 20 世纪上半叶和中期的经济学者，尽管全盘学习西方或苏俄之经济学理论，但毕竟生活于中国文化在风俗上仍大体保存完好、在教育中尚有部分残存之时代，故其心智、其为人处世、甚至其为学态度，基本还是儒家的；其学术，或与儒家无关，但通常不会怨恨儒家。

---

[1] 载《海峡两岸中华传统文化与现代化研讨会》，2005 年。
[2] 载《深圳大学学报（人文社会科学版）》2014 年第 6 期。

　　近三十年来活跃的学者和社会精英，经历与之大相径庭。其年长者在六十来岁，生于 50 年代，教育过程中完全没有接触过儒家；青年时代，赶上文化大革命，年少幼稚而狂热的他们，正是破坏当时社会价值与文化之主力；后来作为知识青年上山下乡，见到极度贫困而衰败的乡村，乃对中国文化完全绝望；70 年代中期，又成为"批林批孔"运动之骨干；"文革"结束后上大学，激情澎湃，囫囵读书，而无文化传统之引领和约束。上述种种机缘，最终形成其反传统之学理。他们是近世中国第一代真正与传统彻底断裂的知识人和社会精英。作为活跃的知识分子和青年教师，他们又塑造了 80 年代入学的青年，也即今天五十岁上下的知识分子，其文化立场同样是激烈反传统。

　　主流经济学家正是其中之翘楚。某著名经济学家参加天则经济研究所举办的《儒学的经济学解释》一书讨论会，"孔老二"一词脱口而出，再三犹豫后，仍用此词。可见，反传统的意识形态是何等深入其心。这些经济学者通常倾向于把自己看到的 20 世纪中期之计划体制、公有制、平均主义、城乡分割、抑制商业等经济现象，归咎于儒家观念；故当其发出改革呼声，通常严厉批判儒家思想；当其呼吁建立市场经济，发展现代经济，通常要求破坏儒家所支撑的传统社会结构。[1]

　　值得注意的例外，以笔者所知，约有三位。

　　首先是林毅夫[2]。在《经济发展与中国文化的复兴》一文中，

　　　[1]　比较典型的是陈志武关于现代金融必定替代孝之论述，比如《对儒家文化的金融学反思》，《制度经济学研究》2007 年第 1 期。
　　　[2]　有外国媒体直呼林毅夫为"儒家经济学者"，见《"儒家经济学者"林毅夫访谈录》，英国《金融时报》2011 年 11 月 19 日。

林毅夫肯定中国文化之根本在于以仁为核心的价值伦理，他相信，近代中国落后不是因为文化有问题，而是因为经济落后。中国文化能否复兴，取决于三个问题：第一，儒家文化以"仁"为核心的伦理价值是否能支撑起经济基础，即器物层次的不断发展、创新，生产力水平的不断提高？第二，在以"仁"为核心的价值下形成的组织层次能不能与经济基础的发展相适应而不断演进？第三，以"仁"为核心的价值在经济基础不断提升以及政治、经济、社会组织不断演化的过程中能否保存，并形成一个完整的器物、组织、伦理三个层次自洽的文化体系？对此三个问题，林毅夫均给出肯定答案。[1]

其次是张维迎。其著作《博弈与社会》[2]最后一章《制度企业家与儒家社会规范》从"制度企业家"入手，指出制度企业家的根本特征是不以个人盈利为目的，最为突出者是那些在轴心时代创立教化体系的先知、圣人，他们确立了人类的基本行为准则。孔子就是伟大的制度企业家。他创立的儒家之所以在思想的竞争中获胜，因其提出促进人类合作之有效办法，这包括礼，可协调预期和定分止争。孔子确定的君子、小人之别，也构成一种激励机制。张维迎把囚徒困境中的"合作者"称为"君子"，"不合作者"称为"小人"，有君子，才能走出囚徒困境。张维迎最后提出："中国现代化的许多问题，可能需要我们更进一步地思考，需要深入地理

[1] 林毅夫：《经济发展与中国文化的复兴》，《北京大学学报（哲学社会科学版）》第46卷第3期（2009年5月）。也可参考林毅夫：《对新文化运动的反思——一个经济学家的视角》，《北京大学学报（哲学社会科学版）》第52卷第6期（2015年11月）。

[2] 张维迎：《博弈与社会》，北京大学出版社，2013年。

解中国固有的治理之道，尊重和运用中国人在过去几千年积累的智慧。"[1]可以说，张维迎已属于半个儒家经济学家。

最后一位盛洪，可说已是儒家经济学家。[2]90 年代，也即，西方经济学刚入中国并走红，所谓"经济学帝国主义"形成之际，盛洪就在倡导制度经济学的同时走向儒家，与蒋庆先生对话[3]，倡导天下主义、家庭主义[4]，均得儒家思想之精义。经由这些积累而有《儒学的经济学解释》，可算盛洪二十多年来基于经济学心智思考儒家之系统总结。

四、《儒学的经济学解释》： 经济学家的儒家经济学

陈焕章作为接受过经济学教育的孔教徒，把儒家义理拆散，装入西方经济学体系中，构造出儒家经济学之初步框架。反过来，盛洪作为专业经济学家，以制度经济学理论解释《大学》八目，得以

[1]《博弈与社会》，第 391 页。对于张维迎这部分论述之分析，可见秋风：《从博弈论看教化、君子与儒家》，《经济观察报》，2013 年 6 月 17 日。

[2] 盛洪曾描述自己的经历："从我的经历来讲，一直到上世纪 80 年代末，我的有关儒家的知识是'批林批孔'时获得的。一直到 1987 年，我第一次去了美国，考察美国的高科技产业园。在去美国之前，我有一种假设，因为当时我坚信经济学的基本道理，就假设美国是一个接近经济学理想的地方，到了美国我发现并非如此，但是还是令我非常震撼。到了唐人街，我发现唐人街最前面有一尊孔子的像。当时这种情景告诉我，接近经济学理想的地方，也是有不同文化的。儒家传统与西方文化的区别显然不是古今之分。"（盛洪：《对可知的研究，对不可知的敬畏》，天则经济研究所网站 http：//www. unirule. org. cn/index. php? c = article&id = 4019）。

[3] 蒋庆、盛洪：《以善致善：蒋庆与盛洪对话》，上海三联书店，2004 年。

[4] 盛洪：《为万世开太平：一个经济学家对文明问题的思考》，北京大学出版社，1999 年。

深入西方经济学之若干根基问题，反思其基本预设和命题，深化了儒家经济学义理体系。

《儒学的经济学解释》第一讲《格物致知和正心诚意：认识论和宇宙观》反思主流经济学之理性经济人预设。市场的本质是人的合作秩序，而单靠个人理性，合作秩序之范围终究有限。继续扩大，需超越经验之力量。在世界大多数地方是依赖于神灵信仰，尤其是一神教信仰，在中国，则是敬天。由神或天的引导，人得以超出自身，具有整体意识，具有道德意识，此即盛洪所说之"诚意正心"。由此，人们接受普遍伦理约束，大范围的合作秩序得以形成和维系。"如果人只是一个经济人，人类社会只可能达到任何一种动物社会都可以达到的效率水平。唯一使人高于其他动物的是道德。道德使人类社会更有效率，同时也是组成社会的生命的意义所在。"[1]诚意正心就是市场作为扩展的合作秩序维系之基础。

第二讲《修身：文化精英的意义及形成》反思经济学关于理性经济人之同质预设。作者首先指出，法律的他律制度不能解决所有问题，仅有此，必有市场失灵，也会存在一致同意原则的失灵。不论是市场或政治的正常运作都需要文化精英超越个人利益，有道德自律。这些文化精英的宪政位置是："第一，文化精英要提出社会的根本原则，把它变成社会整个制度的基本框架。第二，这个社会要把文化精英放到公共事务的重要位置上"，发挥重大作用。[2]"而儒家的有关理论，最重要的就是如何培养文化精英。"所谓"君

---

[1]《儒学的经济学解释》，第 40 页。
[2]《儒学的经济学解释》，第 75 页。

子喻于义"，意思就是"文化精英要超越个人利害，要着眼于社会的公正，着眼于公正的制度、有效率的制度"。[1]此处之"文化精英"，就是张维迎讨论的"君子"，"文化精英"这个词或许并不比"君子"好。

第三讲《齐家：家庭主义》反思主流经济学的个人主义预设，提出以家庭为经济社会分析的基本单位，其基本看法是，"以家庭为基本单位，按家庭利益最大化的标准去分配财富的话，可能导致更有效的资源配置。如果不是以个人为单位去计较当下的成本和收益，而是从整个家庭的角度去考虑，这种家庭主义的分配模式是更优的。"[2]因为家内可有基于爱的分工与合作安排，一人之收益可为他人分享。同时，家让人具有长远视野，解决人的死亡焦虑。在这里，他对陈志武的金融替代家庭说提出批评。

第四、五讲是"治国"，前者讨论经济制度与政策，发掘儒家的自由经济、轻徭薄赋思想；后者讨论宪政与政治结构，讨论儒家政治合法性的思考，儒家的民本主义，王道理想，礼治，历史的制衡，君子治国，谏议制度等，最后得出结论："儒家的传统政治资源，我们要好好地去挖掘、去思考、去提炼，它对我们今天形成新的政治结构会有非常重要的作用。这样一种政治文化资源和其他文明的资源要放在一起形成互补，形成一个新的政治结构的基础。"[3]

第六讲《平天下：从民族主义到天下主义》看似超出西方经济学的范围，但实际上，经济学在早期现代思考之核心问题是国际贸

---

[1]《儒学的经济学解释》，第 77 页。
[2]《儒学的经济学解释》，第 125 页。
[3]《儒学的经济学解释》，第 250 页。

易，随后有殖民地经济问题，背后可见民族主义精神，今日之全球化也深受民族主义之困扰，或者是霸权国家以表面上的全球性规则谋求一国之私利，或者是受害者拒绝开放市场。天下主义基于儒家义理和中国历史经验，另找出路，以构建道德原则和权利体系互补的世界政治结构。

至此，一个较完整的儒家经济学初步成型，虽因系讲课记录稿，论述不够缜密，但基本结构是完整的，足以成为一门成熟的儒家经济学之新起点。由此书，儒家义理支撑起了一个经济学体系，它修正了主流经济学的基本预设，比之更为接近真实世界，因而也具有更大解释力。

五、 以儒学发展"真实世界的经济学"

面对盛行于今日中国和全世界的主流经济学，不能不注意一个最基本的事实是：作为专业化学科的经济学，形成于西方文明处在全盛、现代性走向成熟的理性主义时代[1]，故西方文明之根本特征塑造了经济学之基本预设与其理论体系，其中时时可见其神教信仰铭印。

新古典经济学预设的经济活动主体是同质的"理性经济人"。

---

[1] 朱富强（《现代经济学的西方化与中国经济学人的边缘化——经济学队伍中地区结构失衡的文化因素探析》，《上海财经大学学报》第 6 卷第 3 期［2014 年 6 月］）指出，现代主流经济学源于欧美，具有强烈的"西方化"特征：不仅反映的是西方人的心理、思维及行为，而且较为适用于西方社会的现实环境，由此导致中国经济学人无法基于自身内心活动进行"自由"的思考，无法把现有理论与具体的社会环境和实践有机结合起来，从而在全球经济学界处在边缘化地位。

首先是同质。上帝造人，人人相同。经济学也预设，所有人完全相同，无性别、长幼之别，无任何文化与社会属性。其次是理性，这是西方哲学、神学的核心概念，此理性就是计算成本-收益之能力，与情感无关。所谓经济人，即追求自身物质利益最大化之人。神教相信存在两个世界，人有灵与肉之两分，经济活动是肉体的欲望所驱动的，与灵魂无关。[1]

西方经济学预设经济活动展开之前提是私人产权制度，人对物之独占和支配。生产是人完全按自己意志，运用既有的全无生命之材料，制造前所未有之产品，类似于上帝造天地万物以及人。消费则是消费物。总之，整个经济活动以物为中心。

新古典经济学预设"均衡"为标准状态，马歇尔意义上的局部均衡指单个市场或部分市场的供给和需求相等，瓦尔拉斯一般均衡（应为"总体均衡"）指一个经济社会体所有市场的供给和需求相等。均衡状态是静止、不变的状态，实即柏拉图的理念（或曰相）世界，神教想象之神的天国。经济学家以此看待现实的市场，自然随处可见"失灵"。

在现代经济学理论体系中，市场与国家间关系是重要议题。之所以有此议题，乃因为，在西人思维方式中，市场体系和国家可以两分，且处在对立状态。此认知之模板是精神秩序与世俗秩序之两分，教会与世俗政府之两分。经济学家由此有取向上的大分裂：或者主张自由放任，甚至走向无政府主义；或者主张政府管制，甚至走向全面计划体制。有意思的是，两者都基于理性迷信：前者迷信

---

[1] 韦伯描述的清教徒则将这两者时间化：在俗世，作为经济人拼命赚钱，为此完全蔑视人情；在死前，将财富全部捐出，以换取上帝之恩宠。

个体理性，后者迷信社会工程之科学理性。

这一经济学体系过于天真，面对现实世界捉襟见肘，故西方之晚近学术发展已对上述预设和基本命题有所修正，类似于哲学领域中，十九世纪末以来的哲学对早期经典哲学有重大修正。比如，博弈论揭示了个体理性与集体理性之不相容，自利的理性经济人实难实现其收益最大化。制度经济学揭示了集体行动的困境、搭便车问题，同样彰显了个体理性之局限。演化经济学肯定了利他、合作倾向对于经济系统正常运作之决定意义。在西方经济学谱系中，修正主流经济学最彻底的是奥地利学派经济学，它肯定人与人不同，有些人的企业家精神较强，有些人较弱；所谓均衡本身是虚幻的，市场是持续不断的过程。不过，奥地利学派也不能免于对个体理性之迷信，而常常走向自由放任的无政府主义。

故在西方文明脉络中，经济学之自我修正终有其天花板。儒家经济学的可能贡献正在于，真正突破西式心智对经济学设定之藩篱，走向"真实世界的经济学"[1]，或可从根基上重构经济学之预设和基本命题，从而推动发展一种更为普遍、更有解释力的经济学。依据上文所列陈焕章、张维迎、盛洪等人的探索[2]，以及儒

---

[1] 在科斯那里，与此相对的是"黑板经济学"，即新古典经济学，它预设一个完全竞争市场，市场交易者有完美的知识、有众多交易者、产品同质性及产品无限可分，在此交易成本当然为零。科斯指出，此假设在现实中永不存在，根本不应以此为判断标准；重要的是研究正交易成本之现实经济世界。可参看其在诺贝尔经济学奖颁奖典礼上的演讲《生产的制度结构》，收入［美］罗纳德·H. 科斯：《论经济学与经济学家》，罗君丽、茹玉骢译，格致出版社，2010年，第3—17页。

[2] 除此之外，还有一些零星的讨论，如易宪容：《先秦儒家制度思想及现代转化——与现代制度经济学比较研究》，《齐鲁学刊》1995年第5期；马涛：《论中国传统经济思想与现代经济学理论的创新》，《学习论坛》第21卷第1期［2005年1月］；胡伟希：《儒家中观经济论》，《哲学动态》2008年第6期；张波：《人本主义、国家秩序与经济增长——试论孔子、孟子、荀子经济思想中的"人本经济 （转下页）

家义理，或可提出儒家经济学之基本预设如下：

第一，经济活动主体是非同质的、在人际关系中的、理性能力有限而有情感的人。

人在社会关系中。关于人的最基本事实是，人由人生，生而在家中，故常态下，人以家中成员身份充当经济活动主体。个体和家均为经济社会活动之基本单元，人的成本-收益计算不是纯粹个体的。

人不完备，理性有限，常在无知状态，故道德、制度和组织至关重要，人在其中，可大幅度降低与他人合作、交易之成本。教育、教化也是经济活动之内在要求。

人有情，在经济活动中，情感、情绪会极大地影响市场运作。人之从事经济活动，并非只是计算物质收益-成本，而同样寻求情感之满足。

人是不同质的，孔子说："性相近也，习相远也。"人生而不同，有些人生而有较强企业家精神，成为经济领域中的君子，也即企业家。由此不同，形成人际之分工、合作，而人际之和而不同，正是经济活力所在。

第二，人从事经济活动，旨在成己、成人、成物，也即寻求

（接上页）学"研究范式》，《经济评论》2009 年第 3 期；何轩：《儒家传统经济伦理思想的现代检验——关于中庸理性与儒商精神的探索性实证研究》，《上海财经大学学报》2010 年第 3 期；成中英：《经济正义与道德正义——论儒家道德政治经济学中的"均、和、安"》，董焜译，《江海学刊》2014 年第 2 期。另外，朱富强倡导经济学思维的本土化，也试图导儒家义理入经济学，如《西方经济学心理基础与中国经济学思维本土化——经济人假设的特殊性和局限性探析》，《上海财经大学学报（哲学社会科学版）》2008 年第 6 期；又如《自然主义思维、经济人假设与现代主流经济学的庸俗化——基于社会文化比较的人性认知之审视》，《人文杂志》2014 年第 5 期。

个人生命成长，人际相亲相敬，以及赞天地之化育。故经济之全幅过程均在伦理与社会关系结构中展开，如《礼记·礼运》所说："男有分，女有归。货，恶其弃于地也，不必藏于己；力，恶其不出于身也，不必为己。"生产与交易的伦理与生命的伦理交织，经济结构与社会结构互动；至于消费，如陈焕章所说，多有伦理和礼仪意味。[1]经济学必须提升自己为精神科学，而不是物的计算学。

第三，市场是持续展开之过程。均衡根本就是幻觉，市场没有终点。天行不已，世间生生不已，经济活动必定呈现为变动不居、永无终点的过程，其间总有各种创新的惊喜，当然也有意外和破坏，并有盛衰起伏。

故经济学除了结构分析、制度研究，还应有历史视野，历史分析应为经济学的主要方法之一。经济学除了关注当下财富之生产和分配，更应有长远眼光，当期经济活动是在承先启后的历史过程中的，资源的分配必须有助于文明的长期积累。

同时，经济学应将终点放在人，因为，在市场持续展开的过程中，确保市场有序的力量不是抽象的数量，而是活生生的人：只有人可以随"时"抓住机会，企业家能力就表现为见"几"而作，矫正市场的错误，发现市场的机会，扩展市场秩序。

第四，企业与政府、市场机制与社会治理互嵌而合作。不可能设想没有政府的企业，也不可能设想脱开社会治理的市场机制。人

---

[1]《孔门理财学》强调礼仪消费、伦理消费。德国经济学家何梦笔基于儒家思想，提出"礼仪经济"概念。熟悉中国文化和经济的德国经济学家何梦笔正在从事中国的礼仪经济（China's Ritual Economy）研究（见其个人网站 http://www.cahepil.net/8.html）。

类活动的任何机制、制度、组织都会有过、犯错，自然地生发出其他机制、制度、组织，以补充之或矫正之。凡此种种机制、制度、组织处在协调、互动过程中，共同发挥作用，方能造福于人。两分法必定导致完整秩序之不可能，而经济社会体在极端之间摇摆，难上中道，也就无法保有长远生命力。

上列各条，相当粗疏，远不完备。儒家经济学之要旨在以人为本，人是完整的，而非只有肉体、物质的面相。人为其生命的成长健全，为改善自身境遇，做各种努力，生产、交易、消费、分配是此完整过程中的不同维度。故经济学不只简单地研究财富生产或者资源配置，而有更广泛的任务，即《尚书·大禹谟》所说的"正德、利用、厚生、惟和"：正德者，研究经济主体如何正己之德，以使交易合作过程得以维续、扩展；利用者，研究如何合宜地开发、配置、利用各种可用的资源，使之惠泽于人；厚生者，研究资源、财富如何让人各遂其生，生生不已；惟和者，研究不同的人、各种组织、各个国家之间如何形成良好秩序，俾每个人、每个组织、每个国家、每个文明各正性命，保合太和。

儒家经济学极大地放宽了经济学的预设，让其进一步接近真实世界，从而可有更大解释力。当然，预设如此放宽的经济学，不利于经济学之计量化。但计量化本身未必是经济学发展之唯一法门，真实世界本就高度复杂，经济学本应为复杂科学[1]，惟有如此复杂的经济学，才能利用、厚生且惟和。

---

[1]　此为哈耶克晚年之核心主张，参看其论文《专业化的困境》《知识的僭妄》《解释的程度》《复杂现象论》，收入［英］弗里德里希·冯·哈耶克：《经济、科学与政治——哈耶克思想精粹》，冯克利译，江苏人民出版社，2000年。

六、 结语

中国在内整个世界的有识之士，包括那些有自我反省意识的经济学家，均已感到，现有西方经济学之解释力相当有限；故有中国经济学家呼吁，不应只是引进西方经济学[1]，而需在中国发展经济学。且有学者乐观地预计，中国经济增长的经验可为经济学在中国的发展提供便利条件，中国会涌现一批大经济学家[2]。然而，经济学在中国如何发展，才能有效地解释和回应中国问题，同时推动经济学一般理论发展、为理解人之经济活动做出知识贡献？

很显然，中国过去几十年之经济增长经验至关重要，有人已据此发展经济学理论；然而，若不理解儒家价值及其塑造的经济主体的行为方式、及其活动的社会结构，并理解其作用于经济活动的机制，必然无从真正把握此经验的内在机理，尽管百年来的国家意识形态和政治力量多数时间致力于破坏传统，但构成经济活动主体的普通民众之心智和观念大体上仍然是儒家，尤其是增长绩效最好的地区。[3]

更进一步，若不思考经济学的替代性预设，经济学在中国的发展只能是技术意义上的枝节改进，而不可能带有范式转换意义。现

---

[1] 比如，林毅夫：《中国学术界不能只引进》，FT 中文网（http：//www.ftchinese．com/story/001057679）。

[2] 参见林毅夫：《本土化、规范化、国际化——庆祝〈经济研究〉创刊 40 周年》，《经济研究》1995 年第 10 期。

[3] 关于这一点，可参看姚中秋：《钱塘江以南中国：儒家式现代秩序——广东模式之文化解读》，《开放时代》2012 年第 4 期。

行主流经济学之预设具有深刻的西方文明背景，身在此文明中的西方经济学家可以方便地穷尽此预设蕴含之精微意义，中国经济学人却很难做到；中国经济学人欲对经济学的发展有所贡献，恐怕不能不从自己熟悉的文明中构造经济学的新预设，从另一条路上探索人的经济活动之一般逻辑。当然，这些替代性预设未必是全盘替代既有预设，而是扩展之，使之更有涵容能力。显然，在中国文明中，儒家对人、对规则、对秩序的理解是构造这一组新预设的最佳资源。也就是说，经济学在中国的发展，若欲有范式转换意义，必扎根于儒学。

另一方面，儒家旨在重建和维护整全秩序，自不能无视理财、经济事务，完整的儒学体系中必有经济学；没有经济学的儒学体系，显然无力齐家、治国、平天下。

儒家经济学在儒学与经济学之间，其完善、发展、成熟有赖于两领域之相互进入与会通。相隔百年的陈焕章和盛洪是会通的典范，初具规模的《孔门理财学》和《儒学的经济学解释》是可取的出发点。或可预期，随着人类进入"世界历史的中国时刻"，会有越来越多的学人从儒学和经济学两个方向，共探儒家经济学之义理体系。

重建中国政治思想史范式[1]

本文之写作，起因于 2012 年夏天，听到一位研究政治思想史的年轻学者的感叹：当下中国的中国政治思想史研究在政治学和社会科学体系中的地位相当卑微。

本文将论述，中国政治思想史处于如此地位，道理十分简单：它被历史主义所控制，而生产着没有多少"意义"的学术，或者贩卖种种粗鄙的意识形态。并非只有政治思想史如此尴尬，学院历史学普遍陷入此一困境。

与此形成对比，学院之外反历史主义的史学依然具有相当广泛的影响力，比如，那些教导人们以生活与为官之道，以及有助于人们理解自身文明演进之道的通俗史学，市场相当繁荣，尽管其中错漏百出，价值观扭曲。

上述简单的对比，对于寻找出路的政治思想史具有重要启发意义。政治思想史要在政治学体系内、在整个人文与社会科学领域内，以及在一般知识民众中获得尊重，就必须果断地告别历史主义，追寻意义。

---

[1] 本文曾发表于《学术月刊》2013 年第 7 期。

一、 古典的政治思想史范式

政治思想史实为一门古老的学科。文明的治理必依赖于治理之知识与智慧，为此，人必探究、寻绎先人之言、行、制，其中自有今人所云之政治思想史内容。比如，人们收集、整理先人文书、政典、言论，并对之进行思考、研究，如《尚书序》云：

> 古者伏羲氏之王天下也，始画八卦，造书契，以代结绳之政，由是文籍生焉。伏羲、神农、黄帝之书，谓之"三坟"，言大道也。少昊、颛顼、高辛、唐、虞之书，谓之"五典"，言常道也。至于夏、商、周之书，虽设教不伦，雅诰奥义，其归一揆。是故历代宝之，以为大训。[1]

夏、商之制不可知矣，然至少在周代，王室、公室、大夫之家等各级封建之君子，皆有师、祝、史，以不同方式分别保存不同性质之先王文诰、典册、盟约、契书等，比如，瞽师借助于口耳记诵，史官侧重于典册之保存。各级君子之室也设有"府"，保存各类文献。

不过，周人并无现代历史观念。相反，他们具有典型的"习惯法心智"[2]，礼就是习惯法。上自尧舜，下至当时之王的各类文书

---

[1]《尚书正义》，卷第一。

[2] 波考克提及英格兰人之普通法心智（common-law mind），参看 J. G. A. Pocock, The Ancient Constitution and the Feudal Law: a study of English Historical Thought in the Seventeenth Century, Cambridge University Press, 1987, p. 56 及以后。然普通法乃是一种特殊的习惯法，故此处将其一般化，称为习惯法心智。

都被认为具有永恒而普遍的约束力。人们以记诵或者文字的方式记录已发生之事，如《春秋》。那些事件、行为中包含了可在当下适用之先例，即所谓"故"。

换言之，周人认为，过去的事情并没有过去，而构成今日之法律。因此，先王之典册就不是单纯的史料，而是法律汇编。《尚书》就是礼法之汇编，其中之原理、准则、规则，在当下仍然具有礼法之约束力。因此，周代之史官不是现代意义上的历史学家，而是法律家（lawyer），他们借助自己所掌握之先例，协助君子解决当下各种类型之纠纷。[1]

孔子的时代，礼崩乐坏，封建的礼治秩序崩解，在此废墟上出现一个新世界：现代性世界。而历史主义乃是现性意识之根本特征，法家非常精当地表达了这样的观念，如《商君书·更法篇》：

公孙鞅曰：前世不同教，何古之法？帝王不相复，何礼之循？伏羲、神农教而不诛，黄帝、尧、舜诛而不怒。及至文武，各当时而立法，因事而制礼。礼法以时而定，制令各顺其宜，兵甲器备各便其用。臣故曰："治世不一道，便国不必法古。"汤、武之王也，不循古而兴；殷、夏之灭也，不易礼而亡。

商君完成了历史主义与法律实证主义的理论构建，其核心命题为："当时而立法，因事而制礼。"这里的核心是"时"和"事"两个字。两者的含义有所区别，又紧密相关。时者，时间也，时代

---

[1] 上述观点之详尽论述，参看拙著《华夏治理秩序史》，第二卷，下册。

也。显然，商君已具有明确的现代时间意识，也即单向的、不可逆的时间意识。时间之所以不可逆，又是因为，"事"在每一个时间点上都是不同的，而人的世界纯粹是由一个个琐碎的"事"构成的。古典时代的人们相信，事是道之呈现，商鞅则断言，人世间没有道，人的世界是由"事"组成的，人世就是"多"，事与事之间没有"一"以贯之之道。这样，人世就处在多样的、变化的过程中。由此，人世也就有了"时"之转换。人世的时间与自然时间同一了。自然时间的移动一定意味着人世之事的变动，也就意味着人世之"时代"之变换。时代的单向变动就是历史之过程，就是历史。

严格说来，礼治时代其实没有"历史"观念，历史观念是现代的。此一观念具有深刻的文化、政治内涵，法家之全部理念就立基于此一观念之上，《韩非子》重复了商君的历史主义理念。历史主义内涵着奇妙的反转机制：历史主义宣称，历史在变动，而且是根本性变动，古对今也就没有任何意义：历史主义形成之时其实就是历史死亡之时。过去的一切已彻底死亡，乃是纯粹客观的对象。这种观念在现代历史学的奠基人那里表现得十分明显。历史主义是虚无主义的。

不过，法家所凸现之历史主义遭到强有力反抗：新兴的儒家反对新兴的历史主义。不过，儒家也未被习惯法之心智所约束，而是秉持中庸之道，发展出古典史学范式。

孔子之理念是"复礼"，此论背后乃是礼之永恒性观念。不过，孔子也清楚地意识到变、易之重要性。孔子曾广泛探究三代之人、事、制，并论断其高下、得失，《论语》对此多有记载。孔子之历史观最为清楚地体现于下面一段话中："殷因于夏礼，所损、益，可知也；周因于殷礼，所损、益，可知也；其或继周者，虽百世，可知也。"[1] 三代之制，有因、有损、有益。孔子之立国纲领则见于颜渊问为邦章："行夏之时，乘殷之辂，服周之冕，乐则韶舞。放郑声，远佞人：郑声淫，佞人殆。"[2] 这与上引商君思想形成鲜明对比。"行夏之时"云云就是"因"，"放郑声"就是"损"。

由此可以看出，孔子已走出三代之"习惯法心智"，然又拒绝后世法家所发展的"现代的历史主义"。如同孔子整个思想体系，孔子之历史观也持守中道。孔子相信，历史具有连续性，尽管也会变化。因此，孔子拒绝空想，而相信经验对于政治至关重要，立法者设计制度时应高度关注经验。由此形成"古典史学"之范式，它当然也支配着古典的政治思想史研究。

汉儒系统地发展了古典范式的政治思想史。首先，汉代史家均十分重视政治思想史，而有专业论著。《史记·太史公自序》所记司马谈《论六家要旨》，对此前数百年政治思想进行系统概括，显示了政治思想史之自觉。《史记》《汉书》等史籍均有《儒林传》，缕述各经传授源流，与经师对经义之发明乃至在社会治理、政治中之运用。《文苑传》所记范围稍广。同时，列传中也有丰富的政治思想史资料。另，刘歆作《七略》，班固据之作《艺文志》，著录六经、诸子著述，显示了政治思想史之学术自觉。

其次，汉代经学也始终具有政治思想史之维度。比如，郑玄遍注群经，有意识地旁采古今各家之说，保存诸多思想史资料，并对各家之说有所辩正、论断。汉代经师之间，比如许慎、郑玄、何休

---

[1]《论语·为政篇》。
[2]《论语·卫灵公篇》。

之间相互辩驳，也可视为一种理性的政治思想史辩论。

至关重要的是，史家与经师，皆有历史的视野；然而，历史的维度决不是其政治思想史研究之唯一维度。司马迁、班固、郑玄等普遍采取一种综合的进路，或者说经学的进路。《太史公自序》明确宣称：

> 太史公曰："先人有言：自周公卒五百岁而有孔子，孔子卒后至于今五百岁，有能绍明世、正《易》传、继《春秋》、本《诗》、《书》、礼、乐之际？意在斯乎！意在斯乎！小子何敢让焉。"

司马迁具有伟大抱负，《报任安书》中谓其理想为"究天人之际，通古今之变，成一家之言"，《太史公自序》说得更为显豁：

> 以拾遗补艺，成一家之言；厥协六经异传，整齐百家杂语；藏之名山，副在京师，俟后世圣人君子。
>
> 《索隐》：案：汉书作"补阙"，此云"艺"，谓补六艺之阙也。迁言以所撰取协于六经异传诸家之说耳，谦不敢比经艺也。异传者，如子夏易传、毛公诗及韩婴外传、伏生尚书大传之流者也。"以俟后圣君子"，此语出《公羊传》，言夫子制《春秋》以俟后圣君子，亦有乐乎此也。[1]

太史公欲"成一家之言"，此处之"家"，就是诸子百家之家，

---

[1]《史记》（三家注本），卷一百三十，《太史公自序第七十》。

也就是传经而立自家言之家。但是，司马迁又自视为经学家，其史学被置于经学框架内。其作史旨在透过研究历史，揭示优良治理之法度，供后世圣王君子据以治国平天下。后世司马光之"资治"，表达了同样的学术取向。

司马迁揭示了古典史学的基本特征。古典史学有别于经学，但在经学框架内。经者，常也，经所载者为常道，既关乎个人之修身，更关乎家国之治理。至关重要的是，"天不变，道亦不变。"从政治思想史的角度看，过往的理念、价值并不是过时的历史，而仍然是活的，人们可据此构建制度。

因此，古典的政治思想史其实是政治哲学的组成部分，具有明确的现实指向。它并不外在于面向现实的政治思考，而是其组成部分。政治思想史之探究，实为人们基于解决当下问题之意识，对既已有之的理念、价值、思想进行的"第二次思考"，由此而生长出解决当下问题之理念、价值、制度。

概括而言，古典的政治思想史的研究者就是当下政治思想的构建者。这样的政治思想史构成历史过程本身，而不是对历史的研究。这样的政治思想史研究者是政治历史的主体，而不是政治历史的旁观者。

二、 现代历史主义之兴起及其意识形态化

现代历史学乃是历史主义之产物。此一历史主义观念摧毁了古典史学，包括古典政治思想史学，令其丧失意义。也即，现代历史学自其一诞生起就自我矮化，而陷入不死不活的境地，这一点，在

中国尤甚。

如同法家思想所表明的，现代性之核心理念乃是历史主义。[1]
西方的历史主义理念最初借助进化论传入中国，而促成激进变法思
想。对于士大夫、尤其是后来新兴知识分子现代意识的觉醒，社会
达尔文主义居功甚伟。此后，新文化运动中，启蒙知识分子则通过
中西之别强化了古今之别，从而形成极端进步主义理念。知识分子
相信，中西之别的背后乃是古今之别，中国文明固有之政治价值、
理念因为属于古代而丧失正当性，当下中国所面临的任务是走入现
代。古代的中国与现代的西方之间有根本的区别，进而知识分子又
将此予以简化而相信，中国与西方有本质区别：古今之别反过来又
突出了中西之别。

中国的现代历史学诞生于这种观念气氛中。这是一个黑洞性质
的泛历史学，在古今之变的关键时刻扮演了宣告中国固有"旧学"
死亡的角色。此前中国已有的一切知识均被进步主义划入已经死亡
的范围，而不具有生成新理念、新价值、构造新制度的能力。它们
没有资格成为现代的伦理学、政治哲学、法学、经济学等人文与社
会科学思考的起点，更不要说提供范式。此为现代观念史上至关重
要的"历史学化"现象：中国既有知识体系被扫荡而沦为历史学的
研究对象，历史学吞噬了中西接触之前中国固有的一切学问。

此即"整理国故"运动之本质。"国故"一词清楚表明，中国
固有之学已成为"故"，已经死亡而不再具有现实的效力。胡适
1923 年在北京大学《国学季刊》的《发刊宣言》，系统阐述了"整
理国故"主张。胡适设想的"整理国故"分为三步。第一是"索引

---

[1]　关于这一点，可参考列奥·施特劳斯在《自然权利与历史》中之论述。

式的整理"。第二是"结帐式的整理"。"结帐"一词已经清楚地说明，胡适认为，古代的知识已经死亡，不需要继续阐释，今人已可对其予以盖棺论定。最后则是"专史式的整理"：

> 索引式的整理是要使古书人人能用；结帐式的整理是要使古书人人能读：这两项都只是提倡国学的设备。但我们在上文曾主张，国学的使命是要使大家懂得中国的过去的文化史；国学的方法是要用历史的眼光来整理一切过去文化的历史。国学的目的是要做成中国文化史。国学的系统的研究，要以此为归宿。一切国学的研究，无论时代古今，无论问题大小，都要朝着这一个大方向走。只有这个目的可以整统一切材料；只有这个任务可以容纳一切努力；只有这种眼光可以破除一切门户畛域。[1]

胡适说明了整理国故运动的基本价值取向：此前中国人之价值、观念、思想对于当下中国人构建美好生活和优良治理秩序的努力，已经没有任何意义。[2] 传统中国的经、史、子之学皆已死亡，集之文学也毫无价值。既然如此，古典之学只能变成历史学研究的

---

[1] 《〈国学季刊〉发刊宣言》，载《胡适文存二集》，黄山书社，1996年，第10页。

[2] 牟宗三、徐复观、张君劢、唐君毅四先生1958年发表之《为中国文化敬告世界人士宣言》沉痛指出："我们首先要恳求：中国与世界人士研究中国学术文化者，须肯定承认中国文化之活的生命之存在。我们不能否认，在许多西方人与中国人之心目中，中国文化已经死了。如斯宾格勒，即以中国文化到汉代而死。而中国五四运动以来流行之整理国故之口号，亦是把中国以前之学术文化，统于一'国故'之名词之下，而不免视之如字纸篓中之物，只待整理一番，以便归档存案的。"（张君劢著：《中西印哲学文集》，程文熙编，台湾学生书局，1980年，第855页）

对象。中国固有之政治思想仅仅是政治思想史研究之对象。

正是在这种历史主义支配下，接受过经学训练的周予同坦言，新时代需要的不是经学，而是经学史[1]。同样接受过系统经学训练的蒙文通、李源澄甚至金景芳等先生之从事上古历史学研究[2]，也显示了"历史学化"之巨大冲击力。

这样的历史学化实为现代意识形态规划中的一个组成部分。从事这一意识形态事业的人们毫不掩饰其目的。"整理国故"之预设是：中国正在进入一个"新时代"，此前则是旧时代、旧社会。新时代不需要旧观念、旧经典。不惟如此，旧观念还在妨碍新时代的降临，为了新时代早日降临，先进知识分子必须承担起自己的历史使命：摧毁旧观念的伪装。胡适即曾以"捉妖打鬼"一词来概括"整理国故的目的与功用"，他还说："我所以要整理国故，只是要人明白这些东西原来'也不过如此'！本来'不过如此'，我所以还他一个'不过如此'。这叫做'化神奇为臭腐，化玄妙为平常'"。[3]

揭穿经、子的伪装，令其不能再妨碍新时代，也是"古史辨运动"的文化政治目的，顾颉刚曾非常骄傲地宣称过这一点：

> 我要使古书仅为古书而不为现代的知识，要使古史仅为古史而不为现代的政治与伦理，要使古人仅为古人而不为现代思

---

[1]　周予同在1961年说："五四运动以后，'经学'退出了历史舞台，但'经学史'的研究却急待开展"（《中国经学史的研究任务》，收入《周予同经学史论著选集》，第661页）。

[2]　周予同在1936年指出："中国经学研究的现阶段，是在用正确的史学来统一经学"（《治经与治史》，收入《周予同经学史论著选集》，第624页）。

[3]　《胡适文存三集》，黄山书社，1996年，第105—106页。

想的权威者。换句话说，我要把宗教性的封建经典——"经"整理好了，送进了封建博物院，剥除它的尊严，然后旧思想不能再在新时代里延续下去。[1]

两人的自白已非常清楚地说明，替代经学而兴起的现代历史学，从一开始就是带有明确的文化政治目的：摧毁古典的价值和知识体系。它是启蒙知识分子的一件重要武器。也就是说，现代历史学从一开始就是宏大的现代意识形态构建规划中的组成部分，且为基础性部分。

这是现代历史学最令人迷惑之处：它高举"科学"的口号，胡适等人特别强调自己所用方法之科学性，为此，不惜把"乾嘉汉学"夸耀为所谓科学方法。然而，这些历史学的现代创始人又毫不掩饰其意识形态偏见，公开宣称自己是古典价值及其知识体系之破坏者。这一点也许并不奇怪：在20世纪，作为一个政治口号的"科学"本身就是一个意识形态。

正是现代历史学与生俱来的意识形态性质，令其在20世纪辉煌一时。现代中国的诸多文化、政治力量试图构建现代国家秩序，为此，他们通常致力于摧毁传统。此时，现代历史学有了用武之地：它被用于论证彻底摧毁中国传统的激进破坏、变革的正当性。新文化运动知识分子以这样的历史学论证自己反传统之正当性，当然，它本身就是反传统最为锐利的武器。发动社会、经济革命的政治力量则以现代历史学论证中国必须按照某种铁的历史规律完成革命的正当性。这就是围绕着"社会性质大辩论"而展开的现代主流

---

[1] 顾颉刚：《古史辨》，第一册，上海古籍出版社，1982年，第28页。

历史学之功用。可见，现代中国历史学之繁荣主要是因为历史学曾有幸依附于意识形态，而现代革命的时代乃是意识形态的时代。

成也萧何，败也萧何，意识形态的衰落也带了历史学无可挽回的衰落。90 年代之后，历史学回归常态，结果让人大为吃惊：常态之历史学显得异乎寻常地微不足道。

这并不奇怪。现代历史学是先天不足的。现代历史学本身就是没有意义的：它明确地宣称，自己追求所谓的真相，而并不关心意义。历史主义断言，过去就是过去，现在就是现在，两者之间有截然的分界。在中国，中西之别更是畸形地强化了这种古今之别。因此，过去已经发生的事情对于当下没有任何意义，历史学家不必费心寻找这种意义。它只需追求客观真实即可。不幸的是，现代历史学围绕着所谓的"真相"所构建之知识，又根本不可能是科学、也即自然科学意义上的知识——关于人的知识永远不可能达到那种状态。于是，现代历史学两头不靠，它既不能生产客观的科学知识，又放弃对意义的追寻，因而对于当代中国理念、价值、制度之构造，没有任何意义。

现代历史学之开创者胡适本人就已证明了这一点。胡适之思想学术结构是一个怪胎，其价值与学术之间严重断裂：胡适被公认为自由主义者，他也经常这样自我期许。然而，胡适的学术工作与此价值之间几乎毫无关系。他的哲学史研究、《水经注》研究、白话小说研究、禅宗研究等，都是"整理国故"式的历史学研究。令人惊讶的是，这些研究与他终生坚持的自由价值之间，没有任何内在关系。因此，胡适尽管被尊为自由主义代表人物，却没有发展出一套支持自由的伦理学或者政治哲学思想体系。胡适不是自由主义思想家，而只是自由主义宣传家而已。胡适本人就是整理国故式思维之第一受害人。

三、 主流中国政治思想史之检讨

上面对现代历史学进行一般性分析，下面稍为具体地检讨此种历史主义之下的主流的中国政治思想史的问题。

第一，在现代的政治思想史叙事中，六经基本被忽略，由此导致中国政治思想史之图景高度残缺。

尧、舜、皋陶、禹、文、武、周公之治理活动中有华夏之道，孔子"祖述尧舜、宪章文武"而有六经。六经乃是古典中国之文献汇编，圣贤之行通过文字记载，呈现为文字表述之观念，所谓"道可道"。六经时代当为中国政治思想史之开端时代，也是最为重要的时代，因为，最为重要的中国政治理念、观念、思想就形成于此时代，六经实乃中国政治思想史最基本之文献。现代史家即便不承认尧、舜、禹之人格性存在，至少也应承认，六经呈现了古典时代华夏之治理之道，或者说理念、想象。欲理解华夏-中国人之政治思想，就必须研究六经之政治思想。同样重要的是，经过孔子之整理，经过经学之渗透，六经之理念、价值、思想对孔子之后各个时代理念、价值、制度的形成和演变，发挥着决定性作用。六经就是理解孔子之后各个时代政治思想的钥匙，不理解六经，就无从理解历代政治思想。

然而，现代政治思想史学科从一诞生就完全忽略六经。经过整理国故者与古史辨运动之宣传，六经露出了"真面目"，它们不过是层累地造成的历史，其中并无常道，而不过是东周、秦汉人之伪造。因而，五经不过子学之汇总。而且，都是些不知名的人物。这样说来，六经的价值还不如子学。于是，现代中国哲学史、政治思想史研究抛弃了经学，而把重点都放在子学上——儒家也不过是子学之一种。几乎所有的论著都是从孔子开始，仿佛在那之前，中国就没有政治思想。最为权威的著作，如萧公权先生《中国政治思想史》，萨孟武《中国政治思想史》，也作如此处理。至于《诗经》，则沦为文学史研究的专门对象。[1]

这样的中国政治思想史图景是高度残缺的。它没有解释华夏-中国政治思想之开端，因此可以公正地说，此种范式对孔子之后政治思想史的全部讨论都带有臆测成分，而不得要领。比如，对于诸子的讨论都是虚弱的，因为，诸子都是通过阐释六经发展自己的思想的。

中国政治思想史图景的这种残缺，也引发了很多政治观念上的误导，比如，人们错误地把孔子、儒家当成诸子百家之一家。这种残缺也导致政治思想史研究对孔子之后经学的忽视，而这一知识传统恰恰是古代政治思想之核心。离开每个时代的经学，对那个时代的所谓思想家之思想的理解，将是肤浅而不得要领的。

第二，中国政治思想史学科具有强烈的现代意识形态性质，从而导致其始终无法进入中国政治思想的丰富世界中。

首先是反专制的启蒙主义的政治思想史范式。20 世纪初，梁任公等人给传统政体贴上"专制"之标签；新文化运动则把传统中国思想之主流儒家贴上专制的标签。由此而形成启蒙主义的政治思想史范式，且影响极为广远。

---

[1]　冯友兰先生的《中国哲学史》同样直接从子学时代开始。

而 20 年代后传入的马克思主义理论，其实主要是其苏俄版本，又给中国固有之政治思想贴上"奴隶主思想""封建地主思想"之标签，因而断定其是落后的、应当予以抛弃的。如此范式的政治思想史致力于分析特定时代之政治思想的历史进步意义及历史局限性，总体上则秉持一种否定态度。因为它相信历史发展之阶段论，而一个时代必须有一个时代的意识形态，奴隶制、封建制时代的意识形态决不可能适用于资本主义或者社会主义时代。

这两个中国政治思想史的主流范式存在此起彼伏之关系：90 年代，马克思主义范式衰落，在学术界，尤其是对公众具有较大影响的学术界，启蒙主义的政治思想史范式成为主流。

这两个范式具有共同点，那就是意识形态化。他们都无意研究中国政治思想本身，而只是将其当成实现自己文化与政治理想的一个工具。因此，他们的政治思想史研究具有十分明显的"前见"。比如，目前占据主流地位的启蒙主义的中国政治思想史致力于揭露中国已有之政治思想的专制性质，是 20 世纪反儒家、反传统意识形态的主要编造者。

这样过于狭窄而固化的视野让研究者完全无视中国数千年政治价值、理念、思想、观念、学术之复杂性、丰富性，其所得到的只能是异常简化的、乏味的图景。正是意识形态性质让中国政治思想史学科丧失了学术的生命力。

第三，中国政治思想史研究之基本思维框架是肤浅的中西对比，研究者普遍以外部视角看待中国，而形成一套扭曲的批判性知识体系。

20 世纪中期的主流中国政治思想史是以西方的一种特定理论，大刀阔斧地切割丰富的中国政治思想世界，并为论证那种理论的普适性而撰写几个脚注而已。

启蒙主义政治思想史范式始终在或明显或隐含的中西对比框架中展开，它是从西方看中国。然而糟糕的是，此范式之研究者对西方通常缺乏深入了解，忽略西方历史之演变，而采取一种化约主义策略，把具有悠久历史、因而发生过诸多变化的西方化约为现代的、自由民主的西方。同时，这一范式的学者也普遍忽略了现代西方之复杂性，而想象一个一致的纯粹现代的西方。比如，他们仅注意到反宗教、反传统之西方，对欧美社会具有强大影响力的保守主义则视而不见。启蒙主义的中国政治思想史研究者以这种不完整、扭曲的西方作为标准，衡量上下几千年前的中国政治思想，自然催生出诸多反历史的荒诞结论。总体而言，它具有十分明显的拒斥与批判中国固有政治思想（尤其是主流的儒家）的价值倾向。

目前的学院历史学研究中，则有非常明显的"汉学化"倾向。也即，专家学者们追捧欧美研究中国历史、政治思想史的那些汉学家最为时髦的概念、见识，用以研究中国政治思想史。

上述三种研究范式的共同特征是外部视角，不是从中国看中国，而是从外部看中国。研究者不能进入中国政治思想的世界，而是站在其外。人们坚持这种外部视角，有两个理由。首先是因为，研究者已经断言，中国政治思想已死，因而只具有从外部解剖之用，而无需进入其内部，与古人对话，探究几千年间中国人的知识见识和智慧。其次是因为，中国的政治思想已死，现代中国人的责任就是以欧美的政治思想塑造中国，故研究者必以欧美政治思想作为标准，以之判断中国政治思想，唯一的区别是不同的人取欧美的不同思想而已。

第四，逆向的中国特殊论导致中国政治思想的普遍性和永恒性的瓦解，中国政治思想史取消了自身的思想和现实意义。

　　欧美的政治思想史论著通常并不标明自己是"西方"政治思想史或者"欧美"政治思想史——比如，萨拜因的政治思想史名著题为《政治学说史》（A History of Political Theory），施特劳斯的政治思想史名著题为《政治哲学史》（History of Political Philosophy）。这种命名体现了其对于自己研究的政治思想之普遍性甚至永恒性的信念。

　　与此形成对比，现代中国学人所编撰的中国政治思想史，则一定标明"中国"二字。这一点清楚地显示，研究者相信，中国的政治思想史仅仅是中国的，而不具有普遍性。而普遍性信念之匮乏，根源在研究者缺乏对中国传统政治思想永恒性的信心。

　　今人研究此前的政治思想，自然会有一种历史主义心态。中西对比则有刺激作用。这两种观念混合下，研究中国政治思想史的中国学者断定，对于追求现代目标的中国，20世纪之前的中国政治思想毫无意义，甚至更糟糕，只具有负面意义。因此，标注这种政治思想为"中国"，不仅标注其为特殊的、地方性的，也标注其为专制的、落后的、应予抛弃的。现代之前的中国的政治思想不可能具有任何普遍性，也不应当具有任何永恒性与普遍性。相反，它必须为真正的普遍性也即西方的、现代的、政治思想让路。中国的政治思想史研究始终在隐含的中西对比框架中展开，而它提供给政治家和公众的基本政策结论是，用西方政治思想全面取代中国固有政治思想。

　　于是，中国政治思想史沦为现代中国的立法者、学者、公众接受西方政治思想的预备性学科。它本身没有意义，只是为人们接受西方政治思想开辟道路。而在进步主义的政治思想史范式中，中国人接受西方政治思想不仅是一种必然，也是一种义务，因为，西方政治思想是进步的、现代的。

由上可以看出，当代中、西政治思想史研究之间的重大差别：欧美之政治思想史虽也受历史主义影响，但尚未被其支配。事实上，众多政治思想史家是杰出的政治哲学家，比如，中国学界所熟悉的施特劳斯、沃格林。而中国的政治思想史家只是历史学者，最多只是反传统的宣传者。他们主要在论证中国固有的政治思想之历史性，也即其在当下之不正当性，据此而完全取消其普遍性，而将中国的政治思想自我矮化为特殊的、地方性的，注定要被西方的、但普遍的政治思想取代。

上述几个明显特征表明，主流政治思想史是没有意义的，甚至只有反意义。它无助于面临着构建中国现代国家秩序的政治家、公众体认华夏-中国的政治思想与智慧，事实上，它的功能是让人们疏离它。这样的政治思想史学科无助于中国的现代国家秩序的构建，它的边缘化也就是顺理成章的事情。

四、 政治思想史之去历史化

在二十世纪历史主义的历史学狂潮中，仍有一些反潮流者坚守着古典史学范式，比如钱穆先生、陈寅恪先生。《国史大纲》卷首之告示要求读者对本国历史具有"温情与敬意"：

> 所谓对其本国已往历史有一种温情与敬意者，至少不会对其本国历史抱一种偏激的虚无主义（即视本国已往历史为无一

点有价值，亦无一处足以使彼满意），亦至少不会感到现在我
们是站在已往历史最高之顶点（此乃一种浅薄狂妄的进化观），
而将我们自身种种罪恶与弱点，一切诿卸于古人（此乃一种似
是而非之文化自谴）。

当信每一国家必待其国民具备上列诸条件者比较渐多，其
国家乃再有向前发展之希望（否则其所改进，等于一个被征服
国或次殖民地之改进，对其自身国家不发生关系。换言之，此
种改进，无异是一种变相的文化征服，乃其文化自身之萎缩与
消灭，并非其文化自身之转变与发皇）。[1]

钱穆先生此处直接抨击了历史主义——"虚无主义""进化观"
以及由此导致的"文化自谴"。"温情与敬意"则意味着承认中国文
明继续生存之正当性，包括承认源远流长之中国固有政治思想之正
当性。据此，中国文明之现代化也就是"自身之转变与发皇"，中
国的现代政治思想之展开也就是传统政治思想之"转变与发皇"。
按照钱穆先生这种理念，现代的中国政治思想史研究应当就是面向
中国既有之政治思想的政治思想研究。

不过，相当长时间内，这样的研究过程并没有展开。现代新儒
家固然发展了基于儒家思想、尤其是宋明儒思想的哲学体系，但没
有发展出相应的政治思想。牟宗三等人对现代性的理解基本上仍是
启蒙主义的，承认中国传统政治之专制性，儒家政治思想则被认为
缺少实现其道德理想之制度构想。因而，新儒家思想之基本架构

---

[1]《国史大纲》，商务印书馆，上册，1996年，《凡读本书请先具有下列诸信
念》。

是：中国的道德理想与西方政治理念各行其是，中国的现代政治思想仍当从西方求得。[1]

最近十年来，政治思想与政治思想史的一种新路已初步出现，蒋庆之政治儒学，赵汀阳之天下主义是其标志性事件。笔者之《华夏治理秩序史》第一卷则试图理解圣王创制立法之事业，意在揭示中国政治思想开端的丰富性。

这一新现象中值得注意的面相是，政治哲学研究者进入政治思想史领域。他们的兴趣不在对死物的解剖，而在对活的思想之接续与创造。他们研究之对象固然是古代之政治思想，但研究者不再将其视为死的材料进行所谓客观的研究，更没有将其视为妨碍历史进步的观念予以苛酷批判，而是将其视为仍然具有生命力的理念、想象，在新的社会情势中予以"转变与发皇"。曾经被视为死物的中国过去的政治思想正在被赋予活的生命，站立起来，进入当代中国和世界的省思、观念制造与公共交流场域中。也就是说，当下中国的政治思想史领域已出现反历史主义之新范式。此为古典范式之复归。

正是在这样的背景下，笔者呼吁政治思想史新范式的自觉，其核心诉求是反历史主义。古、今当然有别，但人间自有常道。因此，古、今之间具有相当程度的连续性，政治思想之核心议题及古人思考之范式并不会因为时间推移而丧失正当性与效力。因此，政治思想史研究者完全有理由对于自己研究的对象，中国政治思想之传统具有"温情与敬意"。

---

[1]　这一点可见牟宗三等四贤发表于1958年的《为中国文化敬告世界人士宣言》。

与上面分析的主流政治思想史之缺陷相比，此一新范式的政治思想史将会具有下面的特征：

第一，它不再是批判性，而至少是中性的。反历史主义的政治思想史研究者不再自居于历史的终点或者文明的最高点，以批判中国固有之政治思想作为自己的职志；而是以谦卑的心态面对先人之所思所想，体认其核心概念，理解其内在逻辑，寻绎其思考框架。此即"中性"的含义。换言之，政治思想史的新范式将放弃意识形态诉求，而回到既往客观的政治思想世界中，中性地构造政治思想史之准确图景。

第二，在中性基础上，新范式的政治思想史进而可以是建设性的。一旦放弃历史主义、进步主义，则政治思想史与面向现实之政治思考间的界限就不再是截然的，而可以实现双向互动。也就是说，政治思想史家可以成为政治思想家，可以"接着讲"自己所研究的先人政治思想。这样，两千年或者一百年前的政治思想可以重新活在当下，参与塑造当下之理念、价值与制度。可以推测，这将是当代中国政治思想生长的基本机制。

第三，六经和经学将成为政治思想史研究的核心。明乎源，才有可能明乎流。六经乃是中国政治思想之开端，确定了中国政治思想之基本词汇、话语与范式。对六经的研究自然应当成为中国政治思想史研究的重点，惟有如此，孔子以降的政治思想才是可理解的。对孔子以后的政治思想的研究，经学也当为重点。在历史的大多数时间，经学乃是诸学之冠、诸学之基础。经学家未必是显赫的思想家，但经学提供了每个时代思想之观念基础。目前，六经已开始进入政治思想史研究的视野，更有一些学者致力于恢复、重建经学，借助经学构建当代中国的政治哲学。这样的研究取向对于政治思想史将会发挥牵引作用，引导政治思想史走出历史主义的泥沼。

五、 结语

现代中国的中国政治思想史学科的困境源于其过于强烈的历史主义倾向，加上不完整的西方知识所形成的扭曲的认识框架。由此形成的中国政治思想史取消了自身存在的思想和现实价值。

近年来，反历史主义的政治思想史新范式正在形成过程中。它回归古典史学范式，以承认中国古代之政治思想之永恒和普遍属性为前提。它逐渐告别历史主义，打破古今之别的迷信，而具有政治哲学之取向。它致力于激活、转变、发皇先人之政治价值、理念、制度，以参与中国的现代秩序之构建的事业。这样的政治思想史将会揭示、展示、确认中国源远流长之固有政治思想的永恒性和普遍性。中国人所能贡献于世界之政治智慧，端赖于此一反历史主义的中国政治思想史的探索、阐释、发皇。

卷三

思考教育更化之道

发虑宪，求善良，足以谀闻，不足以动众；就贤体远，足以动众，未足以化民。君子如欲化民成俗，其必由学乎！玉不琢，不成器；人不学，不知道。是故古之王者建国君民，教学为先。

——《礼记·学记》

学校引入经典教育的政策建议[1]

古今中外，任何一个国家要维护秩序，传承文明，均需在学校系统地建立国民教化机制，教化国民以本国的核心价值。

目前中国最为严重的问题之一正是，学校的国民教化机制匮乏，主流价值疲弱，导致国民价值混乱，社会秩序不稳。

在学校体系中建立国民教化体系，迫在眉睫。本文认为，现有教育体系只需经过简单调整，即可建立国民教化体系。此一体系的核心是中国经典教育。

一、 学校教育的严重问题： 缺乏国民教化

国民缺乏文化自信、自觉

中国当下教育体系最为严重的问题就是没有国民教化机制。何为"国民"？国民是国家的基本构成单元，合格的国民需具有适应

[1] 此为承担修远基金会研究项目所完成之报告，完成于 2013 年初。

共同体生活的核心价值观和基本品德；现代国家身处多元文化竞争的世界中，故国民需具有一定的自我文化身份认同，也即文化自觉与文化自信。

然而，当代中国人，尤其是精英群体，普遍缺乏文化自觉、文化自信。对于中国核心价值处在无知状态，更不要说践行这些价值。更有不少人，对中国核心价值无知，却盲目地反对。

可以说，中国存在严重而普遍的国民价值空虚。这种局面在世界各大国中是罕见的。这一点，内不利于保持良好社会秩序，外不利于中国发挥相应的世界领导作用。人是社会的关键，价值观是人的关键。中国现在面临的诸多社会乱象、战略困境，根源皆在于此。

教育出了大问题

为什么会出现国民价值空虚？因为中国的教育体系出了大问题：庞大的中国教育体系中，竟然没有系统的、成熟的中国价值和中国文化教化机制。

仔细考察即可发现，欧美各国现代教育体系同时承担两个功能：首先，对学生进行本国主流价值的教化，这是现代教育的文化政治功能。其次，传授学生以现代社会所需的各种专业性知识，这是现代教育的知识传授功能。

各国可能通过宗教课、公民课直接进行教化，也可能把主流价值渗透在本国语文、历史等课程中。如此普遍而深入的教化机制，令国民形成价值共识，文化认同，从而具有文化与政治上的凝聚力。同时，这种普遍而有力的教化也为社会、法律、政治等社会治理机制的正常运转提供了道德、伦理基础。

不幸的是，现代中国教育从一开始就是瘸腿的。

现代教育体系是通过学习、引进西方教育的方式建立起来的。但在此过程中，只能引进西方的知识传授体系，不可能引进其教化体系。每个国家的国民教化内容都由其文化、历史所决定，不可能移植。

理论上，中国的国民教化体系必须立足于中国文化。中国本来也有悠久而深厚的教育传统，那就是儒家教育传统，它就是一套成熟的价值教化体系。儒生以儒家价值教化民众，使民众中的优秀者为君子，君子又以言传身教来教化普通人接受普遍的价值。然而，主导建立现代教育体系的人士普遍具有反传统心态，他们刻意抛弃这一优良的教育传统。比如，取消学校读经。

由此导致中国建立了现代教育体系，但与西方完全不同，基本上没有国民教化机制。

作为一种替代品，从二十年代末开始，国民党在学校建立意识形态教育体系。这一做法在二十世纪中期被沿用，并予以强化。

一度，这个意识形态教育体系也能有效地传递主流价值。问题在于，这个体系因为缺乏人心和文化的根基，而难以长期维持，从七十年代起，就走向松动、瓦解。此后，它宣传的价值已经没有多少说服力，难以令人信服，起不到教化的作用。

这样，至少从九十年代起，中国的教育体系成为世界上最为怪异的：只有知识传授功能，而没有价值教化机制。

必须在学校建立教化机制

也正是从这个时候起，一些有识之士尝试在学校重建中国价值教化机制，但因其比较零散，直到今天，仍不成气候。

而缺乏教化机制的后果已显示得非常清楚了：普遍的价值空虚导致道德、伦理溃散，社会缺乏共识，充满不信任。国民，尤其是精英群体普遍缺乏文化自觉，文化自信。这又让中国虽已强大，却没有能力在世界上发挥领导作用。因为，领导世界主要依靠价值。

必须建立国民教化体系，教化的重点在学校。必须在学校体系中建立较为系统的国民教化机制。

这一教化机制之核心目标是人文化成，也即，以中国数千年来的主流价值化成中国人，让出生、生活在这个国家的人对中国文化有身份认同。具体包括：对中国历史具有温情与敬意，对中国主流价值有所自觉并奉持之，对中国式生活方式有所自觉并践行之。

二、 国民教化当以经典教育为本

经典教育是国民教化之本

以什么教化国民？必须用中国主流价值化成中国人。然则，中国主流价值是什么？其核心就是中国人日用而不知、近乎本能地信奉、践行的价值，具体地说，就是儒家所守护的仁义礼智信、忠孝廉耻等价值观念。这些价值观念既是古老的，也是永恒的，完全适合于当代。因此，以这些价值完全可以教化出健全而开放的中国人。这些中国主流价值也是普适价值，完全可以普适于全人类，作为中国领导世界的软实力。

然则，中国主流价值何在？主要在中国经典中。这些经典经过时间的洗礼，为无数前人自发选择之产物，最能体现中国价值、中国精神，代表中国文化。这些经典的教化功能也是全面地，不仅可以教化国民以中国主流价值，更可教化国民以优美的礼仪和生活方式。

历史已经证明这些经典的教化功能：以经典教育为核心的传统教育体系曾经塑造了一代又一代的中国人，尤其是士君子。台湾的经典教育也收到了不错的效果。

故学校建立国民教化体系，当以中国经典教育为根本。

中国经典的构成

中国文化博大精深，经典极为丰富，经、史、子、集浩如烟海。在学校建立国民教化体系，须择其中最为重要者。

中国经典可划分为以下几组：

第一组经典是经，即四书五经。

《诗》、《书》、《礼》、《易》、《春秋》这五经不只是儒家的经典。五经是孔子总结中国古典文明而形成的经典，是整个中国人的经典。五经传承着恒久不变的华夏-中国之道，五经是道统所系。中国之为中国的根本就在五经中。中国人的价值、社会治理理念、思考生命、社会问题的方式，均在五经中。以中国价值化成中国人，就必须研读五经。

五经是经典教育的核心，构成中国正典。但是，五经文字古奥，内容丰富，不易普及。更为简易的中国正典是"四书"——《大学》《中庸》《论语》《孟子》。"四书"以较为明白晓畅的语言，阐述了五经的核心价值、理念。

从教育的角度看，四书五经是必须施行教化的经典，构成第一个层次的经典。理论上，四书诵读应在全民普遍接受的义务教育阶段完成，以令全体国民接受此一简易核心经典的熏陶。五经则适合于较高程度的教育机构施行人文化成。

第二组经典是"史"，也即《国语》《史记》《资治通鉴》等经典史籍。史与经相辅相成，以生动的人物和跌宕的故事从正反两个方面呈现中国主流价值。

第三组经典是诸子百家。诸子百家之论述也是围绕五经展开的，得中国价值之一隅，它适合于程度较高者研读。

第四组经典是集，也即诗文，包括楚辞、汉赋、南北朝骈文、唐宋古文，唐诗、宋词、元曲以及现代的小说、诗歌、散文等。这适合于一切年龄段和教育程度的国民。

第五组经典是宋元以来形成的各种蒙学经典。它们以较为浅显的语言传达最为重要的中国主流价值，适合于幼儿、儿童发蒙，适合于文化程度较低者诵读。

经典教育的价值

学校建立经典教育体系，以中国经典教化学生，可收到诸多优良效果：

第一，培养青少年之文化自信与文化自觉。今日世界乃是多元文化竞争之时代，西方文化尤其强势。中国完全不必有对抗外部文化之心，但也不可全盘外国化。事实也已证明，全盘外国化的结果只能是全盘没文化。通过经典教育培养国民的文化自信、文化自觉，中国人才可立定自己的文化主体性，而对外保持足够开放。这样的开放才是有意义的。

第二，提升国民道德伦理品质，养成君子。孔子以诗书礼乐养成君子，此后两千多年，中国人都是通过经典教育养成君子。经典所谆谆教诲者就是仁义礼智信、忠孝廉耻等中国主流价值。事实已经证明，最好的品德教育就是经典教育。

第三，提升国民语言能力。中国过去几代人的语言越来越粗鄙，文字表达能力日益低下，很多大学生连合格的书信都不会书写。这与语文教育走入误区有很大关系。过去一个世纪的语文教育过分强调白话文的重要性。然而，语言教育的基本特征是取法乎上，仅得其中；取法乎中，仅得其下。教授学生经典，孩子自然可以写出优美的白话文，教授学生白话文，则孩子绝不可能写出优美的白话文。因此，仅从语言文字教育的角度着眼，学校教育也应当引入经典教育。

三、　基础教育阶段的经典教育

学校的经典教育体系包括三个层次：基础教育，高等教育，精英职业教育。下面分别从这三个方面，提出导入中国经典教育的政策建议。

基础教育包括幼儿园、小学和中学教育（含高中）。

现状不能让人满意

过去十年来，中国教育领域发生的最大变化就是中国经典进入学校。比如，很多学校都在组织学生诵读《弟子规》。2012年夏天，四川省委宣传部、省文明办、省教育厅、省语言文字工作委员会联合发出通知，要求各地各部门以中小学生为重点群体，在全社会大力开展中华经典诵读活动。年龄上，要让幼儿在游戏、故事中接触《三字经》《百家姓》《弟子规》《千字文》《朱子家训》等启蒙读本；随着年龄增长，逐步将《唐诗三百首》《大学》《中庸》《论语》《诗经》等典籍纳入诵读内容。

引人注目的是，从 2007 年开始，浙江在全省高中增加《论语选读》课，选择《论语》的 174 章。该课程是选修（限定）IA 内容，一周安排 4 课时，合格者可获得 2 个学分。最为重要的是，本科内容列入高考范围，其重要性不亚于必修的语文教材内容。

不过，总体而言，中国经典教育在学校教育体系中没有获得正式名分，基本上是选修课、地方教材，没有纳入重要考试范围。在目前的应试教育模式下，学生学习这些课程的动力不足，学校也没有配备足够师资。

而基础教育阶段的儿童、少年正处在价值塑造、人格养成阶段，是国民教化最为关键的时期，因此，中国经典教育必须在基础教育阶段占据重要位置。

一个值得参考的重要经验是，台湾学校中开设中国文化教育课程，其教材为《中国文化基本教材》，包括四书全部内容。按照目前的教学纲领，高中生每周安排一节课，三年全部完成。这种人文化成让台湾学生的气质、精神风貌远优于大陆学生。

经典教育导入方案

现在的问题是，学生学业负担已经较重，如何纳入中国经典教育？

方案不难找到。目前学校教育中，语文、思想政治品德、历史等几门课程，设计初衷就是以文明教化学生。只不过，大多数这类教化沦为粗陋的宣传，或者没有中国文化底蕴，而没有发挥人文化成的效果。

尤其值得讨论的是语文课。中学阶段语文课中，古文比例相当之高，古文也是考试重点。然而，现在课本所收古文，太过注重文学性，而忽略价值教化功能。因此，古文编排十分凌乱，学生虽花费了相当多时间学习古典，却并不能取得较好教化效果。

基于上述事实，我们认为，在学校引入中国经典教育，难度并不如想象的那样大：只需对几门相关课程内容略作调整即可。也即，对语文、思想政治品德、历史等课程中的内容进行调整。

思想政治品德课程可进行改造，可开设国民课，教授国民所必须具有之政治常识和日常礼仪。

语文课时间可一分为二：语文课仍保留，但主要教授识字、现代文学、各种应用性文书的书写。另外一半时间则开设中国经典教育课程。

历史课可直接阅读一些史学经典。

不同阶段的经典教育内容

幼儿园和小学低年级阶段，学生可诵读蒙学教材，背诵五经中的诗经，背诵历代诗文。

从小学四年级开始诵读诗经，论语部分章句。

整个小学阶段，以诵读为主。

中学阶段，尤其是高中阶段，学生已具有一定的理解能力，则可辅之以讲解，阅读内容可为四书。

中学阶段已开设历史课，可安排学生诵读经典史书如《史记》《汉书》《资治通鉴》中若干篇章。

至关重要的是，经典内容应当纳入中考和高考，测试以诵读为主。

四、 高等教育阶段的经典教育

通识教育存在问题

高等教育旨在培养社会精英。精英群体对于传承和发展本国文明承担主要责任，需更为深层的人文教化。其具体导入方案是调整通识教育，将经典研读作为重点。

过去十年，高校已普遍开设通识教育课程，但通常不过是传授一些浮泛的人文、社会知识。其中一定数量课程涉及"国学"，如"论语导读"之类，同样停留在入门介绍、知识传授层面，没有引领学生认真研读经典。经典的价值教化功能没有体现出来。

北京航空航天大学的通识教育模式值得借鉴，其特点是以经典研读为中心。从 2012 年秋季学期开始，该校对全体文科生（约 260人）进行通识教育，其核心课程是"两史两书"："中国文明文化史"课，及配套的研讨课；西方文明文化史课，及配套的研讨课。中国经典研读选取《论语》，西方经典研读选取柏拉图《理想国》。也就是说《论语》研读是全体新生的必修课。而且，课程大纲要求学生背诵一百多章，同时写作多篇作业。目前该校正在探索，将这种模式扩展到全校。为此必须简化，很可能以《论语》研读为核心。

依据北航经验，可对高校现有通识教育体系进行改造，以经典诵读、研读为中心。没有开设通识教育的高校则直接引入以经典阅读为主的通识教育模式。

大学经典教育方案

大学的经典教育有共同之处：人文化成，养成人格。但大学不同专业的经典教育，目的和内容略有区别：

文科学生所学者乃人文养成与社会管理之学，关乎人心、文化和社会，故文科的中国经典教育应侧重于核心经典的研究性阅读，让学生初步理解中国主流价值和中国治理之道。这有助于其在未来的学术研究和社会管理实践中具有文化自觉，进而在现实中探索中国治理之道的现代实现形态。

理工科学生未来将主要从事科学、技术、工程，故经典教育侧重于人文化成，侧重于养成人格。经过这样的教育，学生眼中除了物还能注意到人，注意到文化。故经典教育侧重于诵读，包括诗文的诵读。

另有一些特殊的专业则需要特殊的教育安排，尤其是法学院。在有些国家，法学院不设本科。中国设立本科，并在接受法学本科教育之后，只要通过司法考试就可担任法官、检察官、律师。

而法律人的工作对象是人及其关系，实有必要体认中国价值、中国治理之道。因此，法学院应当安排低年级学生系统研读《论语》《礼记》《尚书》部分篇章，对中国主流价值、中国治理之道有所体认。此外，也可研读中国古典的一些案例。

大学中，通识教育之外的一些文科课程也可以研读经典的方式进行。比如，中国法律史课程研读《汉书》的《礼乐志》《刑法志》等。经济史课程研读《史记》的《货殖列传》、《汉书》的《食货志》等。

最便捷的实施方案是调整大学公共课科目，也即，对目前在新生课程中占用大量时间的政治公共课进行结构性调整，辟出部分时间进行经典教育。学生对现有的政治公共课很不满意，相关教育的效果很差，甚至适得其反。完全可以经典研读替换掉部分内容。这样，师资问题也较容易：相关公共课教师经过中短期培训，也可以转向经典教育。

大学设立经学院

经学是中国学术的大脑，经学教育是最高层次的教化，必须高度重视。一些具备条件的大学可设立"经学院"。

没有神学和哲学，就没有西方思想和学术体系。中国传统的经学相当于西方的神学加哲学。二十世纪初，这个传统中断了。现代中国思想学术之所以不成气候，根本原因就是，经学传统被人为中断，导致价值和思想的无根。整个中国学界不过是西方的拙劣模仿者。

必须在大学设立经学院，重建经学学科，集中人员研究、解读中国经典，为整个国家的经典教育和思想学术生产提供基础性支持。中国人要对人类做出思想的贡献，要涌现出世界级思想家，也必须以经学为大本大源。中国人研究柏拉图、康德，永远不可能成为世界级思想家。

过去十年来，若干大学已设立国学院或儒学院，但其研究浮泛无根。好处是，由此有些学者已经具有"经学意识"。经学院是对国学院或儒学院的深化、纯化。深入中国文化的最深层，以经典的诠释和现代研究为主。经学的相关研究成果会逐渐渗透到各门人文与社会学科，进而影响社会价值教化、思想生产、学术研究。

五、 精英职业教育阶段的经典教育

包括 MBA、MPA、党校、行政学院等职业教育

此间所培养的公务员、法律人、商人乃是国民中的精英。他们的价值决定着整个社会的价值，他们的行为方式广泛影响普通民众的行为。他们如何运用自己所掌握的权力、法律、财富，决定着社会秩序的好坏。

应该说，受既有教育体系的影响，此前几代精英总体上具有十分强烈的反传统心态。

中国企业家要想在企业管理方面有所创新，必须依乎中国之道，顺乎中国人之心。战后日本经过三十年发展，形成独特而普适的企业管理模式，涌现出一批世界级企业。中国则相形见绌。中国经济经历了三十年高速增长，但没有涌现出伟大的企业，没有形成具有世界典范意义的企业管理模式。原因很简单：文化断裂，导致企业管理缺乏文化支持。

中国的政治治理要找到出路，同样需要依乎中国之道，顺乎中国人之心。一切立足于外来价值、理论而在中国建立的政治制度，必然导致混乱，走向失败。目前的困境正在于：依据德国、俄国价值、理论建立的旧有制度已经陷入困境，执政党也意识到这一点。批评者希望全盘引入欧美的价值、理论，以建立新制度。但这个努力同样会带来巨大混乱。对执政党来说，最好的出路是超越这两者，回归中国政治主体性，以中国价值涵摄外部价值，以中国之道

指导制度建设。中国道路的关键在归宗中国之道。

那么，中国之道何在？在中国经典中。中国人之心是什么？也是中国文化塑造的。

可喜的是，商界、政界人士的工作是与人打交道，故最近十年，他们最为深切地感受到体认中国价值的必要性、重要性。目前，在党校、商学院，国学课程都是极受欢迎的。这些学习者殷切期望运用中国价值于为人处世、企业管理、行政管理中。在相关职业教育体系中系统建设经典教育课程，有很好的基础。

这类精英职业教育体系中的受教育者具有一定知识积累，也有相对丰富的人生阅历，故这个阶段的经典教育可以较为深入地研读中国经典，比如，研读《论语》《尚书》等关乎治道的经，研读《史记》《资治通鉴》等史书，研究诸子百家。

也可以对这些人员施以中国案例教学：从史籍上选择一些故事，进行中国治理之道的案例教学；选择古代和二十世纪上半期成功的商业案例，进行企业管理的中国案例教学。

这样的中国经典教育及与之配套的案例教育，至少可以有两个效果：第一，养成相关人员的职业伦理，比如商人伦理、政治伦理。第二，也可以让他们把握中国价值，体认中国治理之道，从而在社会治理、企业管理等领域中，自觉地运用中国之道，以创造中国式现代政体、中国式现代企业管理体系。

六、 教材与师资

中国经典教育要进入各个层级的教育，必须注意不同年龄段、不同教育对象的特点，设计合理的教材、教学方法，培养不同的师资。

教学方法

核心教学方法有两种：诵读，研读。

诵读就是反复阅读，背诵，适合于低龄人群，基础教育阶段以诵读为主。

研读就是研究性阅读，由老师精讲义理，学生也参与讨论。适合于高等教育和精英职业教育。当然，研读应以诵读为基础。

在这两种教学方法之外，可以探索各种灵活的教学方法，比如编排为戏剧、音乐等，也可充分利用网络、电子媒体等。

教材

要组织有识之士编写中国经典教育教材。

教材可以是多元的，竞争性的，让最好的教材在竞争中由大家选择。

小学阶段编辑诵读本，让儿童背诵。但是，考虑儿童的心理，辅以必要的人物、名物、文化遗迹等插图。当然，也可以编辑相应的电子媒体、影像。

各种经典的诵读本，近年来，出版社、民间书院已有很多探索，可以从中择其精当者，予以完善即可。

小学高年级和中学阶段需要编写较为简明的注释本，同时辅以必要的现代阐释。

大学阶段则选择较好的古代注释本，比如朱子的《四书章句集注》，辅导学生阅读。同时，编写疏解，以现代语言，进行较为深入的义理阐释。尤其是要安排学生结合现实进行思考、讨论、写作。

精英职业教育阶段的教材则可直接使用古代较好的注疏本。

师资

在学校教育体系中引入经典教育，最为关键的问题是师资。只要具备一定的师资，教材问题就不是特别严重的问题。

不过，中小学的大多数教师，语文、思政、历史等科的老师，只要经过专门的短期培训，就可以胜任经典教育。

以后，师范院校的相关专业可以进行经典教育的师范教育。

七、 施行次第

引入经典教育，可以先易后难。根据我们的观察，可以按照这样的次序推动经典教育进入学校教育体系：

首先，推动经典教育进入精英职业教育体系，因为这里的学员普遍具有学习经典的迫切要求。同时，这里的受教育者对社会具有广泛而重要的影响，因而对其施行经典教育，见效较快而普遍。

其次，调整基础教育内容，在中小学引入经典教育板块。中小学学生虽然数量庞大，但一致性较高，教育行政管理力量也较为强大，容易借助政策工具推动调整。再有，目前，中小学教育从业者对经典教育的必要性也有了一定认识。现有的师范教育体系也可以为相关师资的培训提供有力支持。

最后，在大学建立经典教育体系。大学教育体系的管理比较分散，大学内部的学科间关系也较为复杂，因而引入经典教育的难度最大。

关键是教育观念

上面的分析已经表明，在学校教育体系中引入经典教育，技术上的难度并不大。最关键的是观念问题，尤其是教育管理部门和执政者的观念。只要下决心，很快就可以实施。

教育管理者，尤其是执政党需要思考这样一个问题：如何化成中国人？用什么样的人文才能塑造出具有文化自觉、文化自信的中国人？这个问题是教育的核心问题。而过去几十年，中国教育的失败就在此。中国当下的几乎所有问题，都可以归因于教育的这一失败。

总之，中国要建立健全的社会秩序，发挥相应的世界领导作用，就要靠中国人的价值自觉、文化自觉。为此，必须以中国之人文化成国民，在学校建立国民教化体系，中国经典教育则是其中的根本。

论通识教育之文化自觉[1]

中国向来是一个"文教"国家，教育之好坏决定着治理秩序之良窳。百年来现代中国教育误入歧途，由此导致现代中国之社会治理秩序存在严重扭曲。这一点，在世界历史的中国时刻已经展开之际更为突出。当然，走出这一歧途的曲径也已敞开，那就是，中国经典教育重新进入教育体系，包括大学阶段以经典研读为中心的通识教育体系之建立。

一、 现代教育之虚无主义歧途

教育的终极目的是以文化人，养成君子，此为中国教育自诞生起就确立的根本理念。《尚书·舜典》记载：帝曰："夔，命汝典乐。教胄子：直而温，宽而栗，刚而无虐，简而无傲。"华夏文明是伴随着乐教而定型的，其目的乃在于养成具有德行的君子。

孔子在礼崩乐坏之际，继承这一传统，而发扬光大。孔子遵循

---

[1] 发表于《教育学报》2014年第2期。

"有教无类"[1]原则，教育平民子弟以"文、行，忠、信"[2]，以成为君子，承担秩序重建之责任。此后，儒家兴办私人教育养成士君子。又经过数百年努力，大约到西汉武帝时期，政府兴建了从中央到地方的学校体系。以此为标志，中国形成了人类历史上第一个全覆盖的教育体系。

这一体系代代相承，以养成君子为鹄的，塑造了具有鲜明文化个性、文明属性而又十分包容、宽和的中国人。与任何文明的前现代时期相比，这一教育体系都是最为卓越的。这样的教育让中国文明共同体得以维系并不断扩展。

二十世纪初期，这一卓越的教育体系遭遇危机。

为寻求现代化，从十九世纪末开始，儒家士大夫寻求引入西方教育体系。本来，西方教育体系与中国传统教育体系之间有诸多相同、相通之处，比如，两者同样重视人文化成，包括重视国民之文化身份养成，尽管其形态和内容有所不同。中国现代教育体系本应以传统教育体系为本，在开放环境下实现其"新生转进"[3]，引入必要的现代教育组件，而仍保持教育之中国品性，从而既担负传承中国文化之使命，又可传授现代专业技术。

晚清张之洞清楚地认识到这一点，秉持"中体西用"原则设计的现代教育体系，就十分注重两者之平衡，尤其是在激进主义潮流中，注重教育之文明传承与人文化成功能，其主导制定癸卯学制，即确定新式学堂之立学宗旨，"无论何种学堂，均以忠孝为本，以

---

[1] 《论语·卫灵公篇》。
[2] 《论语·述而篇》。
[3] 这是徐复观的用词，见徐复观：《儒家政治思想与民主自由人权》，萧欣义编，台湾学生书局，1988年增订再版，第98页。

中国经史文学为基，俾学生心术壹归于纯正，而后以西学瀹其知识，练其艺能，务期他日成才，各适实用"[1]，为此，该学制规定，中小学把修身列为课程之首，并特设读经、讲经课。

不幸的是，在辛亥之后的激进思潮中，蔡元培等文化激进主义则凭借其从西方匆忙学来的教育理念，断定传统中国君子养成体系没有价值，借助国家权力摧毁之[2]。由此，现代中国教育走上反中国文化之路。精英群体毫不怜惜地对传统教育体系予以摧毁，从废书院，到废止学校读经。虽然，二十世纪上半期，教育体系还保留了一些人文传承内容，在蔡元培的学制规划中也有修身课，但教育去中国化、去文明化的大门已经打开。

与此同时，政府虽欲全盘引入西方科学技术教育体系，其实遭到了严重阉割，而沦为单纯的技术性教育体系。从西方引入的人文与现代社会科学也被抽空其原有的西方价值，但又没有填入中国固有价值，因而同样严重技术化，堕落成为人生与社会的工程技术体系。1952 年的院系调整，普遍建立专科性质的技术型学院，实际上是这种技术化教育理念的必然结局。

此一去中国化、去价值化的教育体系批量输出到社会的国人，普遍地有知识而无文化，有技能而无礼仪，有理想而无人格。读书人的人数在二十世纪大幅度增加了，但对于社会秩序而言至关重要的士君子群体却逐渐消亡了。

---

[1] 张之洞：《厘定学堂章程折》，收入《张之洞全集》，苑书义等主编，河北人民出版社，1998 年，第三册，第 1591 页。

[2] 1912 年元月 19 日，蔡元培就任教育总长，即下令"小学堂读经科一律废止"；5 月蔡元培再下令，废止师范、中小学读经科；7 月，蔡元培在全国第一届教育会议上提出：各级学校不应祭孔，因为，"忠君与共和政体不合，尊孔与信教自由相违"。

不仅如此，现代中国教育体系还以各种方式、持续不断地向学生灌输这样的认识：中国文明是愚昧的、落后的，中国要现代化，必须批判、否定乃至于摧毁自身文明，而全盘接受外来信仰、价值、生活方式。经此教育体系的不断灌输，这样的认识在所有接受过一定程度教育的人中，也即在精英群体和中产阶级群体中根深蒂固。本应成为中国文明新生转进主力的群体，却对自己的文明不屑一顾，甚且本能地反感。

总而言之，现代中国教育体系之根本特征就是道德和文化的虚无主义。它没有养成学生为君子，而只是养成自然工程和社会工程的专业人才；它不仅没有传承中国文明，反而致力于灌输学生以反对中国文明的理念。这一扭曲的教育体系导致士君子群体逐渐消亡，也造成中国文明的严重断裂。当代中国的全部困境皆可溯因于此，尽管还有别的原因。

二、　教育与"中国时刻"的脱节

在中国致力于追赶外部强国之时，虚无主义的中国现代教育体系的问题并不显著。此时，中国唯外部之马首是瞻，不论此外部是英国、日本、德国或者苏联、美国、乃至于新加坡。因此，中国不需要价值，也不需要君子。掌握专业技术的工程师确实足以应付短期的需求，不论是解决物质富强问题的工程师，还是解决社会问题的社会工程师。激进主义者认定，解决中国问题之蓝图是给定的，中国人只需要照此蓝图在中国的大地上施工即可。

当中国兴起之后，虚无主义教育体系的严重问题则陡然凸显出来。

尽管教育在持续不断地传播反中国文化之理念，权力也曾经对中国文明进行刻意破坏，然而，中国文明自有其强劲的生命力。过去三十年的中国社会变化，一言以蔽之，即中国文明之复苏。不论是经济领域，还是社会领域、文化领域，乃至于政治领域，多数良性变化皆出自于中国人恢复固有价值、信仰、习俗、制度的努力。

由于文明的复苏，"世界历史的中国时刻"已经开启。[1] 然而，这个复苏是不自觉的。从无视和反对中国文化的教育体系中走出来的知识群体、精英群体，对中国故事给出了另外解释。比如，他们普遍断言，中国的繁荣发展只是中国对外开放、学习西方的结果；或者他们相信，中国奇迹是集中的权力缔造的。也即他们断定，中国故事是外生的。

这样的认知框架让今日中国人、尤其是精英群体陷入道路迷茫状态。中国在物质上已相当富裕、强大，然而，国家将何去何从，自上而下没有方向感。中国应当对世界承担什么样的历史责任，自上而下没有信心和方案。最为引人注目的事实是，精英群体对于中国的前景普遍丧失信心，其具体表现如大规模移民。这一现象是世界各大国类似阶段从来没有过的。[2]

---

[1] 关于这一点，可参看秋风：《世界历史的中国时刻》，《文化纵横》2013 年第 3 期。

[2] 明清时代，中国人口就大量外移，但截至二十世纪中期，移民始终以底层农民、商人为主（参看葛剑雄：《中国移民史》，第一卷，福建人民出版社，1997 年，第 71—74 页）。近年来，虽然也有底层民众偷渡移民，但更有大量精英移民，这是一种新现象。据胡润研究院和中国银行 2012 年 3 月联合发布的《2011 中国私人财富管理白皮书》，中国富裕人群中，有 14％已经移民或正在申请移民，另有 46％正在考虑移民（《新京报》2011 年 10 月 31 日）。媒体也不时提及"裸官"（转下页）

　　精英的逃离当然有复杂原因，某些不合理的制度不能给这些先富起来的精英群体以长远的稳定预期。但略加思考即可发现，其中更多地还是文化上的原因，也即，社会精英群体对中国文明匮乏信心。与同样处在上升时期的其他大国精英相比，中国精英群体之文化虚无主义是触目惊心的。

　　而这种认知扭曲是由教育之失败造成的。现代中国教育丧失了中国文化之主体性，不能有效地承担起人文化成的文化与历史使命，也就不能塑造出具有道德理想主义精神、同时具有治理技艺的君子群体。受教育者，也即精英群体和中产阶层普遍地技术化。这是二十世纪中国教育最为严重、也不可原谅的失败。因为教育的失败，支配着大量资源的中国精英群体完全没有责任意识，也没有治理技艺。这个精英群体完全无法膺承这个时刻中国不能不承担的责任：对内完成良好秩序之构建，对外参与并改进世界秩序。中国和世界因此都陷入危险之中。

　　总之，文化虚无主义的教育体系与中国当下之处境是完全错位的。中国要完成自身的大转型，并让世界变得更为美好，需要一个具有道德责任感和领导能力的君子群体。这只能诉诸教育之更化。重建教育的中国文明主体性，恢复教育之人文化成能力，乃是今日教育界和全社会所面临的最为重要的任务。唯有实现教育的更化，养成合格之国民，尤其是养成一群具有文明主体性意识、因而具有历史和文化责任感的君子群体，中国文明复兴之进程与世界秩序合理化之进程才能顺利展开。

（接上页）现象，有些相当级别的官员将其子女移民国外，自身也持有外国护照。

三、 通识教育之文明自觉

中国教育需要一次更化。在飘荡了百年之后，中国教育体系当回向中国源远流长的人文化成传统，从而形成中国的现代的教育体系。

这场教育更化的关键是教育之文化自觉，具体而言，就是以中国之人文来化成中国之国民。目标是养成君子，途径是中国人文之教化。其具体形态，则是中国经典进入从小学到高等教育的整个教育体系中。在大学阶段，则是建立以中国经典研读为中心的通识教育体系。

现代社会是高度专业分工的，并高度依赖各种技术——工程技术、商业技术、行政技术等。因此，学术界不能不致力于生产高度专业化的技术性知识体系，教育也不能不承担技术性知识传授之责任。现代高等教育的主体就是高度专业化的技术性知识传授。哪怕是人文社会科学领域，也是如此。当下中国大学就在从事这种教育。

不过，仅有这样的技术化教育是不够的。即便到了现代社会，人和社会秩序之本质并无变化。人仍然是人，社会仍然是社会。健全的生活需要人的心智的健全，健全的社会秩序需要具有文化与政治属性的健全的国民。教育必须承担养成健全的人与健全的国民的教化职能，高等教育还需要养成社会之领导者群体。这两个职能，就由大学的通识教育来承担。

然则，何谓通识？在中文中，"通"者，普通、普遍也。"识"不是知识，而是见识。"通识"不是通才，也不是知识性的人文素养。通识是在一个文明体中生活所需要的通行而整全的见识，其所见者为"道"。通识教育的目标就是让学生对本文明之道有所体认，由此而形成一套源泉性的与框架性的理念。

所谓源泉性理念就是人之为人的最为本原的理念，覆盖人的存在、人际合作与共同体繁荣所关涉之全部议题，尤其是关于超越性存在、关于人与超越性存在的关系、关于人自身、关于人际形成秩序这类涉及人之为人而存在、合作、繁荣的观念与想象。源泉性理念具有全覆盖性，构成人们思考、行动的框架性理念。借助于这样的理念，人形成道德判断和自觉实践的意识与能力。

较为成熟的文明体通常都在经历一定时期成长后，出现一个自觉反思之时刻，此即西人所说的"轴心时代"[1]。在此时代，该文明不世出的伟大智者对此类源泉性知识予以总结、阐明、反思，形成"经"。由此，该文明之道可道、可学、可传。

源泉性-框架性理念在两个维度上构成了可"通"之"识"。首先，时间上可通。源泉性-框架性理念在文明反思时刻被定型，随后通过种种文化形态，比如教育、宗教、政治等，对该文明体产生持久而深远的影响。那些源泉性理念塑造了文明体，维系着文明体的一致性与凝聚力。

其次，空间上可通。各文明之源泉性-框架性理念通常具有地方性观念与知识的特征，不同的文明体，比如中国、古希腊、希伯来之源泉性-框架性理念有所区别。最显著的区别在于，这些源泉性-框架性理念是用各文明之语言表达的。不过，不同文明体的源

---

[1]　参见［德］卡尔·雅斯贝斯：《历史的起源与目标》，魏楚雄、俞新天译，华夏出版社，1989年。

泉性-框架性理念又有可通之处。文明虽不同，却都是人之文明，而人同此心，心同此理。

任何时代，教育的基础性功能就是对其文明与政治共同体之成员，施以此类源泉性-框架性理念之教育，这就构成了通识教育。事实上，在前现代，通识教育构成教育之主体，不论欧美、中国、伊斯兰世界，皆是如此。这种教育旨在塑造其文明和政治共同体成员（当时局限于少数人）具有独特的道德判断与实践的意识与能力。正是借助这种道德意识和实践能力，该共同体成员，至少其中之精英，有能力守护本文明，扩展本文明。

到现代，伴随着技术性教育之兴起，这种教育的主体位置受到冲击。尤其是在美国，技术性教育倾向最为明显。然而，也正是在美国，精英群体产生了一种强烈的文明忧患，从而产生现代通识教育的理念，比如，国内为人津津乐道的"哈佛红皮书"[1]。综观美国各种模式的通识教育课程，其核心都在于传承西方文明的源泉性-框架性理念，以保持其文明的一致性与完整性。换言之，美国的通识教育具有明确的对西方文明的自觉。[2]

这一点经常被中国的通识教育组织者忽略。近十几年来，高校已普遍接受通识教育理念，并积极探索通识教育之模式。但略微观

---

[1] General Education in a Free Society：Report of Harvard Committee，the President and Fellows of Harvard College，1945. 后来的版本，比如 Harvard University Press 1950 年版本收录 Introduction by James Bryant Conant 对该报告的起草缘起有所介绍。

[2] 比如，对美国通识教育体系产生巨大影响的赫钦斯提出，现代通识教育必须探讨"共同人性"和"本族群的属性"，而其精华首先体现在西方文明自古以来的巨著（great books），大学通识教育的核心内容就是研读这些巨著。参看甘阳的介绍：《大学人文教育的理念、目标与模式》，《北京大学教育评论》第 4 卷 3 期（2006 年 7 月）。

察即可发现，各校通识教育体系存在一个共同缺陷：缺乏足够的中国文化自觉，缺乏文明之主体性意识。

如果把高等教育划分为专业教育与教育通识两个部分，则相比较而言，通识教育具有相当显著的文化属性。专业教育传授技术性知识，但其也有文化属性，尤其是社会科学领域的技术性知识是有文化属性的，具有地方性知识的特征，但不那么明显。然而，如果通识就是源泉性-框架性理念，通识教育旨在传承此类用本文明的语言表达之源泉性-框架性理念，以塑造适应于本共同体文明生活的道德判断和实践能力，则通识教育的文明属性就是十分明显的。不同文明的技术性知识教育体系可以是相同的，不可能存在中国的物理学、苏联的生物学；但是，各文明体的通识教育体系注定是不同的，虽然，我们决不能说其间是相互对立的。

中国通识教育的组织者对这一点缺乏充分自觉。当然，这与通识教育之定位有关。比如，很多学校将通识教育定位为人文素养之养成，视野之拓展，通识教育也就只是要求学生在专业课程之外，接受一些跨专业的技术性知识。这样的通识教育不过是技术性教育体系的一个扩大版而已，不能发挥其应有作用，也即，教授学生以源泉性-框架性理念，塑造学生以切合于自身文明之道德判断与实践能力。这样的"通识教育"加技术性知识教育构成的教育体系，整体上缺乏文明的自觉，没有能力培养人，更没有能力培养国民。[1]

---

[1] 复旦大学这样描述其通识教育的构想："教育是以人为本的全面素质教育。复旦希望通过通识教育，同时传递科学与人文的精神，培养学生具有完全的人格，领悟不同的文化和思维方式，养成独立思考和探索的习惯，对自然和社会有更高境界的把握"（复旦大学官网，http://www.fudan.edu.cn/channels/view/48/，访问时间：2014 年 3 月 27 日）；从中看不出有丝毫的文化自觉。有论者比较（转下页）

如果我们考虑到中国文明的一个显著特征，通识教育之文明自觉显得尤其重要。在欧美，在伊斯兰世界，在印度，都存在着全覆盖的建制化宗教，传承、教化其国民以源泉性-框架性理念，至少是其中最为重要的部分。在中国，儒家是中国源泉性-框架性理念之主要传承、阐述和教化者，然而，儒家不是宗教，没有教会建制。儒家中国向来是以"文教"立国，世俗化教育就是中国的源泉性-框架性理念之主要传授者，是中国价值之主要教化者。[1]因此，中国教育之文化与历史责任比西方更为沉重。比起西方，中国大学之通识教育在传承源泉性-框架性理念方面的责任更为重大。

现代教育体制设计者忽略了这一点，由此导致，中国没有任何传授源泉性-框架性理念的建制。康有为先知般地预见到了这种危险，因而倡议建立系统的孔教体系。但这种努力在中国这样的文教国家很难成功，现代政制本身也不容许建立一个宗教体系。其结果，中国过去一百年陷入教化缺失状态，各种变幻不定的意识形态乃乘虚而入，支配了国民、尤其是精英的心灵。

到了今天，教育必须承担起人文化成、文明传承的责任，而在大学，这个责任将主要由通识教育体系承担。

（接上页）中美通识教育：中国高校通识教育更重视素质教育、课内教育，以及"公共必修"，人文通识课程以概论课为主；而美国高校通识教育更注重能力教育、课外教育，以及"分类必修"，人文通识课程以研读经典为主，见周景辉，聂英杰：《中美大学通识教育课程比较与分析》，《辽宁师范大学学报（社会科学版）》第 36 卷第 4 期），本文作者也建议："高校通识教育应大力提倡古今中外重要经典著作的研读与讨论，从而引导学生在精粹思想的感召和启发下，维系文化认同，传承优秀传统，构筑心灵世界。"

[1] 关于这一点，可参看姚中秋：《一个文教，多种宗教》，《天府新论》2014 年第 1 期。

四、　通识教育以中国经典为中心

如果通识教育的核心功能是传授文明体之源泉性-框架性知识，那么，通识教育的核心课程就是经典教育。美国主流的通识教育正是如此。中国通识教育当以传授中国的源泉性-框架性知识为其核心功能，自然也就应以中国经典教育为本。

中国学生首先是中国人，他只能通过成为健全的中国人而成为健全的人。为此，他就必须接受中国的源泉性-框架性理念之教育，体认中国之道，由此形成做一个健全的中国人的见识，对人、对人神之间、对人际间关系等形成稳定的观念。

事实上，这些源泉性-框架性理念本就弥漫在他成长过程中自然而然经历的全部生活场景中，因为，中国本身就是由这些源泉性-框架性理念塑造的，即便中国曾经历过一段时间的文化断裂。这些构成一个中国人的文化基因，其中最为重要的因素是语言。他对于人、对于世界的认知是通过特定的中文词汇表达的，这些词汇多来自于经典。当他研读经典，其中的词汇是他熟悉的，并可明白其部分涵义。一经老师讲解，他就完全可以理解。他还可以调动诸多理性之外的因素，如情感、生命体验、生活经验等，来"体认"经典。

也就是说，通识教育中的中国经典学习只不过唤醒中国学生对于自然地存在于其生命中的知识和观念之自觉，把他从一个自然的中国人提升为自觉的中国人。这些知识和观念将赋予他的自然生命以文化的形式，从而令他作为一个人的社会性、文化性生存是可能的，进而还可以是美好的。也就是说，中国之道塑造他的文化生命之体。由此，他也成为中国之体的有机组成部分。

毫无疑问，中国大学的通识教育也应当研读西方经典。这有助于中国学生理解人，理解其他文明，理解世界。在一个开放的世界中，这是必要的。尤其是，不断被世界改变的中国，也正在改变世界，且改变世界的力量越来越大，为此，中国学生必须更为全面而准确地了解外部世界。因此，在世界历史的中国时刻，中国大学的通识教育必然是开放的。

尽管如此，对于学生的成长来说，西方经典的意义仍不能与中国经典相提并论。对于中国大学生来说，西方经典只会是、并且始终是外在的知识。道理很简单：对于西方，他没有生命的体验，没有切身的经验。因此，对于西方经典使用的词汇、讨论的议题，他缺乏切身的体认，也就无法产生生命的深层反应。这样的学习是纯粹理智的，它很难调动起积极的情感反应。故而，研读这样的经典，不足以让学生对人生与社会的根本问题，有切身而精微的把握。

另一方面，中国学生对西方经典的理解，注定面临其无法逾越的限度：由于缺乏生命体验和生活经验，中国学生将始终无法理解西方经典中最为精微的细节性论述，也无法对其基本设定予以全面地把握。由此，相对于西方学生而言，中国学生对西方经典的理解将始终是肤浅的。换言之，从成本-收益的角度来考量，中国学生在西方经典上投入大量精力，其实是不经济的。

但我们仍然立刻补充说，这绝不是说，在中国的通识教育中安排西方经典教育是不重要的。确实非常重要，尤其重要的是早期现代经典之学习，尤其是对人文与社会科学各学科的学生而言。因为，透过这样的经典，学生可对现代国家之构造原理有比较深入的把握，而这一点对于理解现代中国之各种问题，以及寻找答案的各种努力，均具有重要意义。[1]但是，这样的知识也仍然只限于理智层面，有助于提供现代社会制度构建的技术化知识，而不能触及健全的人之养成这个更为基础的文化与社会问题。

基于上述理由，大学通识教育体系设计仍当遵循张之洞在一百多年前提出的原则：中学为体，西学为用。通识教育的核心是经典教育，经典教育的重点是中国经典教育。几千年来，中国人就是通过诵读这些经典，体悟天人之际的秘密，体认人生之智慧，养成君子之德行与技艺；概言之，以中国经典承载的中国之道养成自己为中国人。离开了这样的经典教育，中国人就不成其为中国人。

当然，中国经典丰富多彩，通识教育资源有限，不可能面面俱到。为此，不能不进行选择。原则上，在通识教育中，"经"最为重要，其承载着中国之道，包括着塑造中国人的源泉性-框架性理念。大学通识教育首先选择切合青年成长、有助于其理解中国社会构造的经进行研读。其次为史，再其次为子与集，通识教育也可从中选择切用者。此类经典教育，可同时追求多个目标：

第一，通过研读经典，学生可养成君子人格。自古以来，君子是中国人的人格典范。成就君子这个目标也一向在提撕中国人的生命不断向上。今日中国人同样需要这样的提撕。而中国经典、尤其

---

[1] 高全喜领导的北京航空航天大学的通识教育实验，就较为重视早期现代经典的研读。高全喜曾解释说："我们认为经典著作不单纯是古典著作，我特别强调的是近代经典著作。重点放在15—19世纪以来的、现代学科发育前形成的经典著作。这是早期现代，是现代形成的奠基时期。从课时分配来说，和古希腊、古罗马及中国古典课程对半分。我们不认为古典和近代是对立的，甚至觉得近代比古典更重要"（参见辛智慧：《高全喜：通识教育的理想与现实》，《文化纵横》2012年第三期）。

是儒家经典关注的核心问题正是君子养成。惟有研究经典，学生才能明白何为君子，如何成就君子，君子如何去承担社会责任。

其二，通过研读经典，学生可以深切地体认中国之道。中国文明一向保持连续性，中国之道一以贯之，今日中国也必在此道上前行。接受大学教育的未来的社会精英必须对中国之道有所体认，以理解中国人的秩序想象。这有助于学生更健全地生活，更有助于未来的精英承担社会责任。而中国之道就在中国经典中。

第三，研读经典，也可为学生进一步学习其专业课程奠定基础，尤其是人文与社会科学领域。现在中国人文与社会科学领域的知识体系基本上移植自西方，却是无源之水，因而虽经百年，却乏善可陈。欲发展中国的人文与社会科学，不能不从中国固有知识体系出发，不能不理解中国之道，而研读经典是不二法门。

通识教育可参照传统教育形态，探索更有助于君子养成的教育形态。当下主流大学教育模式固然有一些优势，但也存在诸多弊端。近些年来，各类学校都在进行改革。传统教育形态在当下完全可以焕发出新的生命力。比如，大学可尝试建立书院，以有别于现有研究生培养模式，培养真正具有文化创造力的高端人才。只是目前，书院这个名词被滥用，成为本科学院的代名词，而毫无传统书院之神韵。

通识教育还可积极发掘、恢复中国传统教学方式。目前主流的教学方式深受苏联模式影响。走出这种模式，固然需要向欧美学习，更应当积极发掘中国传统教学方式，比如小班教育、教学相长等。

总之，中国的通识教育在吸收外部世界之经验、技术的同时，应当以温情与敬意，自觉地接续古老而健全的中国教育传统，让中国通识教育体系具有中国精神、中国形态，这是通识教育之文化自觉的重要组成部分。二十世纪上半期对通识教育的探索，就非常注重中国教育传统之新生转进[1]。因为文化断裂，过去十几年来的通识教育实践，严重忽略了中国自身的君子养成的教育传统，谈论通识教育者言必称哈佛、liberal arts。由此导致中国通识教育经过多年发展，仍缺乏可行的成熟模式，更没有理论上的任何创发。改变这种理论苍白、实践无力局面，通识教育理论必须具有文化自觉，当接续古典君子养成传统，与二十世纪上半期对此古典传统予以发展的各种尝试，进而发展中国的通识教育理论，探索中国的通识教育模式。

五、 通识教育之目标： 养成君子

中国大学通识教育之目标，当为人文化成，养成君子。

传统中国教育以养成君子为目标。到二十世纪的现代教育体系建立，则放弃了这一目标，而代之以含糊其辞的现代说辞。二十世纪中期，教育培养之目标是"螺丝钉"。九十年代以来，教育培养之目标是经济建设人才，至于个体的目标则是"成才"。百余年之教育不再养成君子，这就是中国社会陷入混乱、即便在富裕之后也人心不宁的原因。

养成君子，不是主张教育的精英路线，而是社会、文明维续之

---

[1] 关于先贤在这方面的努力，可参看《现代中国通识教育经典文集》，姚中秋、闫恒选编，浙江大学出版社，2013 年。

基本要求。任何一个共同体都需要一群人承担合人为群之责任，这是人际形成秩序、从而进入和维持文明状态之关键。在中国，这样的人就被称为君子。在英国、美国、人们称为绅士。没有这样的群体，社会就无以存在，文明就不能维系。古代社会需要这样一个群体，现代社会仍然需要这样一个群体。事实上，在社会高度复杂、而政府权力受到限制的现代，这种要求甚至更为迫切。中国社会之秩序与文明一向有赖于君子，现代社会依然如此。

对于君子之养成而言，通识教育至关重要。不过需要说明的是，旨在养成君子之通识教育，与技术性知识传授并不直接冲突，它并不反对、也并不准备取代技术性知识传授。相反，两者是相辅相成的。

子曰："君子不器"[1]，器就是专业能力。孔子的意思绝不是说，君子没有专业能力。君子必定具有卓越的专业能力。因此，君子养成，同样需要专业技术教育。只是，君子不限于此，君子不限定于"器"。君子除了具有卓越的专业能力之外，更具有一组卓越的品质，这就是德行、治理的技艺和威仪，从而能够承担合群之责任。[2]因此，除了专业技术教育外，养成君子也需要通识教育。通识教育并不试图取代专业教育，而是在专业知识传授之外增加一个至关重要的维度：人文化成，以赋予所有接受教育者以程度不等的君子品质，并养成其中一部分成为真正的君子。

如此君子之养成，关键就在于其对中国之道的体认，也即掌握中国文明之源泉性知识和观念，做自觉的中国人，承载中国价值。

---

[1] 《论语·为政篇》。
[2] 关于君子的品质，可参看姚中秋：《华夏治理秩序史》，第二卷，下册，第十三章《君子》，海南出版社，2012年，第845页以后。

惟其如此，君子才能以中国之文化成自己的自然生命为相对丰满的文化生命。这样的君子将获得中国普通民众之尊重，并把握中国人之情与理，从而能够合中国人为群。这样的君子群体有能力顺乎本文明之脉络而守护之、延续之、扩展之，丰富之。

当然，不应指望通识教育能改变所有学生，但通识教育至少可以养成部分学生成为君子。从社会结构上说，教育所能养成之君子必定是少数。但有这少数，就已足够。这丝毫不构成教育的浪费，因为，其他学生或许不能达到较为完整的君子之标准，但是，通过有效的中国经典教育，他们也会对君子之品质有所了解，他们中不少人会立下君子之志。这样的志向将会指引他们的人生，他们多少也会具有一些君子品质。

君子群体之养成，对于今日中国而言至关重要。世界历史的中国时刻已经展开，中国人必须在塑造世界秩序的过程中完成自身优良秩序之底定。中国需要一个价值和政治成熟的精英群体，也即君子群体。他们只是精英群体中一小部分，但他们对于中国形成健全社会秩序、中国承担世界领导责任，至关重要。君子精通各种现代专业知识，这可由现有专业教育体系提供，甚至可由外国教育机构提供。但是，中国君子群体也应具有价值、信念，德行，而这些，只能由以中国经典研读为中心的通识教育体系来承担。

在中国文明复兴所驱动的世界历史之中国时刻，中国的教育体系应当更化。尤其是通识教育界，当具有更为敏锐的文化自觉，在保持开放心态的前提下，自觉地担当起传承中国文明之文化与历史使命，以中国之人文，化成中国之君子。

通识教育：回归，再出发[1]

　　过去七八年间，中国大学教育出现了一个相当引人注目的变化：通识教育之兴起。然而，何为通识教育？通识教育之目标何在？通识教育当如何进行？众说纷纭，各大学的通识教育模式，也五花八门。

　　本书之编辑，有激于当下关于通识教育的讨论的严重偏颇：从通识教育的宣传家，到大学校长，论通识教育，言必称哈佛、耶鲁，而忽略了一个重大事实：现代中国，具体地说，在二十世纪前半期，中国最优秀的教育人，对于大学究竟应如何教育青年，有过深入的思考，有过有益的探索。至关重要的是，这样的思考一般上承源远流长之中国古典教育传统。今日中国建立通识教育体系，理应立足于中国实践，优先接续这两个传统。

一　养成君子的古典教育传统

　　现代中国存在三个教育传统：通识教育、技术化教育、意识形

---

[1]　此系为《现代中国通识教育经典文集》（姚中秋、闫恒选编，浙江大学出版社，2013 年 3 月）所写之导论。

态教育。三个传统之间有复杂关系，而通识教育传统与中国古典教育理念之间有十分密切关系。

孔子删《尚书》，断自尧舜，自觉的中国文明肇始于此。此一中国文明呈现为君子文明。彼时已有君子之教养机制，即礼乐之教等。不过，整个三代，学在官府，并无专门之教育机构。当封建制开始崩溃之际，孔子始开创专业教育。若以现代标准论，孔子所办者实为一间私立大学。这所大学的宗旨是养成庶民为新式君子，以替代正在败坏的君子群体，重建孔子理想中的秩序。

《论语·为政篇》曰："君子不器。"君子不是专业技术人员。君者，群也，合众人为群。君子就是合群能力卓越之士，用现代话语说，就是具有卓越领导能力之人。孔子之教育就是围绕着这个目标展开的。如《论语·述而篇》说："子以四教：文、行，忠、信。"文者，文献也，也即孔子删述之六经；行者，德行也，在任何场合、对任何人，都有合意的行为模式；而君子之德以忠、信为本。

《礼记·学记篇》更为具体地说明了孔门教育之次第："一年视离经辨志，三年视敬业乐群，五年视博习亲师，七年视论学取友，谓之小成。九年知类通达，强立而不反，谓之大成。夫然后足以化民易俗，近者说服，而远者怀之。此大学之道也。"这里清楚说明，君子之教旨在养成卓越的合群能力，以领导庶民形成健全社会秩序。《大学篇》将孔子的大学之道作如下经典概括："大学之道，在明明德，在亲民，在止于至善。"

总之，孔子、儒家构造了一套完整的古典教育体系，其中包含着现代通识教育的意蕴。君子当然具有知识，因而其心智是开明通达的。君子具有完整的人格，因而其精神是向上而饱满的。君子具有德行，因而能令民众心悦诚服。君子具有治理技艺，因而可组织民众生产和分配公共品。君子还具有得体而庄严之威仪，因而能为民所瞻仰。总之，"君子不器"，君子具有丰富的知识，宽广的视野，自觉的反省意识，敏锐的责任感；对他人有由衷的同情，对家国有深刻的关怀：这正是今人所说的"通识"。

孔子之后，尤其是董仲舒建议汉武帝实施国家精神更化之后，孔子所开创的教育模式乃普及于中国社会，形成一个完整的教育体系。这个教育体系乃是前现代各个文明体中最为完善、健全者。即便基层社会的普通人也会接受一定教育，如朱子《大学章句集注》序所说："教之以洒扫、应对、进退之节，礼乐、射御、书数之文"，而成为正常的国民，得体地生活并与人打交道。庶民之俊秀者则"教之以穷理、正心、修己、治人之道"，而成为君子或基层社会的绅士，可以齐家、治国、乃至于平天下。这样一套教育体系当然也有自己独特而又有效的教育形态、教学模式，比如私塾的经典诵读法，宋明书院制等。

需要强调的是，古代中国没有基督教意义上的建制化宗教，故这个教育体系就是中国传统社会结构中最为重要的教化者。它守护着中国精神、中国文明。因为它是一个教育体系，这个教化机制也就可以自然地内嵌于政制之中。由它塑造出来的君子也即儒家士大夫，也就自然地以教为政。在传统中国，社会治理中最为重要的事务就是教，教育就是国家最为重要的事务。社会治理之好坏，就取决于教育体系是否健全，是否源源不断地养成君子。故此，历代士大夫改良政治，鼓吹变法，也都从改进教育入手。教育变革，就是治理精神、治理主体之变革。

近代儒家士大夫之变法，所采取的路径也不例外。

二、　中国现代教育之歧途与通识教育理念之兴起

十九世纪末，西方列强凭其坚船利炮东来，儒家士大夫乃起而救亡图存。他们断言，西方之强在坚船利炮，在法政制度，中国欲实现富强，就须学习之。为此，需要引入西学，兴办新式学堂，以西学系统地教育青少年。不管是在戊戌维新，还是在清末新政中，兴办新学堂都被列在变法议程之最前面，这方面的成就也确实相当出色。

引入西学，建立传授西学之教育机制，本身是必要的。不过，建立现代教育体制之进程很快出现严重偏差：现代教育体系被简单地理解成西式教育体系，建立现代教育体系就等于建立西式教育体系。而且最糟糕的是，这个西方教育体系其实是被严重简化、误解的不真实版本。

以大学为例，西方大学与基督教关系密切，因此，现代西方大学教育体系也保存着相当浓厚的古典性，这些古典性部分与中国传统教育体系之间有诸多相同、相通或同构之处。比如，两者同样重视文明传承与人文化成，即便到了现代，西方最古老的大学仍保留着其神学院。十九世纪末开始，西方教育虽出现了明显的技术化、专业化倾向，但作为其反动，也自然而然地出现了通识教育的呼声，以维持大学教育。

然而，构建现代中国教育体系的精英群体，对于西方教育体系的完整性、丰富性、复杂性缺乏理性认知。他们只看到西方学校传授国家赖以富强的技术性知识之维度，并将此定义为现代教育。而

西方教育中与古典保持连续性的人文化成的部分则基本被忽略。基于这样一幅残缺的西方教育图景，他们所构想的中国现代教育体系排斥了人文化成，专注于现代技术性知识之传授。教育界人士相信，掌握了这些知识的国民可以把中国建成一个现代国家。

基于这样的认知，由晚清到民国初年，在精英群体推动下，政府建立了一整套专注于技术性知识传授的现代教育体系，包括大学。这就是现代中国大学教育的第一个传统。

需要强调的是，大学教育的技术化并不仅限于科学、技术、工程等领域，也影响到法学、政治学、经济学、社会学这样的社会科学，甚至影响到哲学、历史学等人文学科。这些学科，既不可能真正理解西方的价值，对中国价值也无动于衷，因此严重地技术化，甚或具有反中国文化之明显取向，比如，按照科学原则新设立的中文系，以所谓科学方法肢解中国文学，既不能培养受教者的文学创作能力，也不能培养其文学鉴赏能力。

这个现代教育体系形成之初，就有人立刻敏锐地发现这一严重弊端。在此不能不提及晚清重臣张之洞。中国第一个完整的现代教育体系本来是张之洞领衔设计的，此即"癸卯学制"。此学制最初的设计方案贯彻了张之洞提出的"中学为体，西学为用"原则，强调中学、西学兼学，学堂须注重诵读、研读经典，以养成学生人格，并传承中国文化。

但到现实中，此一原则没有被认真对待。两三年后，新式教育体系就暴露出相当严重的问题，如张之洞在 1907 年的《创立存古学堂折》中所说："乃近来学堂新进之士，蔑先正而喜新奇，急功利而忘道谊，种种怪风恶俗，令人不忍睹闻。"执掌学堂事务者走上单纯强调技术性教育之路，并以此被误解的单向度的现代教育体系，全盘替代中国固有之教育体系，让教育体系，尤其是大学，放弃了文明传承、人格养成的文化责任。张之洞对此忧心忡忡，乃倡议设立"存古学堂"，希望特别设立一些专门学校，继续中国经典教育，以传承中国文明。

由此开启了现代中国的通识教育意识。传统教育旨在养成君子，"通识"内在于其中，那是一个通识统摄一切的教育体系。现代技术性教育产生全盘冲击，令这个君子养成教育体系面临中断危险，现在，它被迫以通识教育的面目寻求新生。它现在处于守势：承认技术性知识教育的优势地位，只不过要求技术性知识教育不要吞没一切，给人文化成、人格养成留出一点空间。这就是通识教育在整个教育体系中的定位。

张之洞的说法也彰显了现代中国通识教育传统之两大显著特征。

第一，它本于中国古典教育理念。本书所收探讨通识教育之经典论述，多从儒家教育传统中汲取资源，包括影响极大的梅贻琦，就是通过疏解《大学》发挥其通识教育理念的。现代中国的通识教育理念就是传统君子养成理念之现代转换。因此，通识教育也是试图在现代教育体系中保留中国教育传统的一种努力。

第二，它是通过对中国教育-西方教育关系的论述而展开的。在这些论述中，西方教育一般被视为技术化知识传授体系。应当说，揆之以西方教育状况，这种看法本身并不准确。但这确为中国所移植来的西式教育之形态。主张通识教育的人士普遍认为，这种单向度的技术性知识教育体系不足以教育出具有健全人格的人，后一目标需诉诸中国传统教育之内容，乃至于通过传统教育方法来进行。

因此，在现代中国，通识教育的倡导者一般主张回归传统教育。由此可以理解一个相当引人注目的事实：现代中国主张和坚持通识教育的人士通常是对传统秉持温情和敬意的人士，态度最为坚决、并且积极实施通识教育者则是思想史上所说的"新儒家"，比如钱穆在新亚书院的实践。

当然，这些主张通过回归传统教育而建立通识教育之人士，也并没有主张废弃西式教育。他们坚守中道，他们只是主张，在单一的西式技术化教育体系之外加入中式教育，在传授学生以现代的技术性知识之外也养成学生健全的人格。现代教育体系固然应当引入西式教育，但也必须保留传统教育，健全的中国现代教育体系应当是两者之混合。

从二十年代开始，中国思想、政治领域都趋向激进化。从三十年代初开始，意识形态教育系统地进入教育体系中，包括大学。国民政府要求党义教育系统进入学校。很多人对此提出批评。值得注意的是，主张通识教育的人士对它也持有批评、反感态度。因为，意识形态教育的目的是以意识形态塑造学生具有特定政治理念，它与旨在养成君子的通识教育之间，存在着较为明显的冲突。

不过，这些批评并没有让意识形态教育退却，相反，借助于权力，它成功地进入教育体系，尤其是大学，意识形态教育最为严密，并一直延续下来。这形成现代中国大学教育的第三个传统，且持续至今。

上面梳理了现代中国大学教育的三大传统：现代的技术性教育传统，这是基于对西方大学教育的误解而引入的；深受中国传统君子养成之学影响的通识教育理念；内容变幻不定的意识形态教育传统。应当说，现代中国不同历史时期之教育，就是这三大传统以不同方式组合而成的产物。

清末数年，废除书院之后新建立的学堂体系，基本上是技术性知识教育加上以经典诵读形态呈现的通识教育。那个时代倒不存在意识形态教育。

南京国民政府时代，三个传统同时存在。不过，与清末相比，技术性知识教育继续强化，新加入了意识形态教育内容。1912 年蔡元培下令停止读经以后，传统的通识教育所占比重下降。不过，有见识的教育家们也开始探索现代通识教育模式。再者，基础教育阶段的一律化程度较低，不少儿童少年还是接受了经典教育，这弥补了大学教育的畸形。

由此似乎可以解释现代中国文化史上一个比较有趣的现象：十九世纪末出生的那一代人，包括陈寅恪、吴宓、萧公权、吴经熊、钱穆，甚至胡适等人，其思想、学术的水准代表了二十世纪的最高水平。原因在于，他们当然接受了西方引入的现代知识，但同时，以儒家经典诵读为主的传统基础教育塑造了他们比较健全的人格、深刻的家国情怀，以及最为重要的，对于中国文明的体认，此一具有情感意味的文化知识让他们得以进入中国固有思想、学术脉络中，而能够会通古今中西，形成具有创造力的思想、学术。他们的成功证明了现代中国教育领域中存在的一个有趣现象：在现代、西方变成迷信的时代，开放、学习也变成迷信的时代，教育的成功其实主要取决于是否对中国传统开放。

五十年代之后的大学教育则是极端的技术性知识教育加上极端的意识形态教育，用二十世纪中期的术语说，就是"专"加"红"。五十年代初的院系调整，甚至连综合性大学都被拆散，全盘引入苏联式大学体制，大学几乎全部变成技术性知识传授所。红与专之间也有紧张，甚至演变成激烈的政治冲突。但两者虽有冲突，有一点却是确定的：通识教育不存在。既不可能引入西方通识教育，也不可能容许中国经典研读。

总之，20世纪中国建立的教育体系存在严重缺陷。此处只提一个问题。处于教育体系顶端的西方大学，承担着传承和扩展文明之文化使命：中国人不甚注意的神学院固然如此，哲学系同样如此，其历史系、文学系也分担着这样的使命。然而，整个20世纪，中国的大学似乎忘记了这一使命。传统知识体系，尤其是经学，在大学中毫无立足之地，大学也没有专业院系教授经典。历史系在传授反对中国文明的所谓现代知识。到20世纪中期，情况更为糟糕。这样的大学确实培养出了一代又一代专业技术人才，但他们几乎不具有文化自觉，或者可以说，他们几乎没有文化，相当数量的受教育者反而具有反感中国文化的强烈偏见。对于如何做一个健全的中国人，这些受教育者完全没有自觉。没有接受教育者反而稍好一些。意识形态教育也让学生具有强烈的阶级斗争意识，这摧毁了维持社会秩序所需要的最基本的人际信任。

三、 当下主流通识教育理念之检讨

进入二十一世纪，情况才开始有所改观：在红与专之外，通识教育登场了，学者纷纷呼吁通识教育，不少大学也开设了相关课程。尽管各校理念不同，模式有别，效果各异，但通识教育理念之兴起与实践，让当代中国的大学教育趋向完整。至少人们认识到，大学不应当只传授技术性知识，还应当扩大学生的视野，养成学生的健全人格。

不过，与 20 世纪上半期的通识教育不同，这一轮通识教育理念之兴起，源出于对西方、主要是对美国的进一步学习、模仿。人们发现，美国名牌私立大学并不只是在传授技术性知识，也在致力于养成学生的健全人格。这个职能是由通识教育承担的。于是，学者、教育界人士纷纷呼吁学习美国，在大学建立通识教育体系。不少学校直接模仿美国大学的通识教育模式。

这一轮兴起的通识教育完全仰赖西方理念，甚至课程也刻意模仿西方，倒也并不奇怪。过去半个多世纪，中国发生了十分严重的文化断裂，对于中国传统教育究竟是什么，当下几乎所有教育从业者都没有切身经验。即便专业研究者，因为基本没有机会阅读中国经典，故无人清楚传统教育之理念。更有相当数量的教育界人士，对中国传统仍抱有未加反思的反感，他们当然不可能进入传统教育体系中寻找理念和制度资源。

由此，本轮通识教育理念和实践看起来虽然繁荣，但也存在明显缺陷：缺乏中国文化自觉。

通识教育的目标是什么？笼统而言，当为扩大学生视野，养成健全人格，以弥补专业化知识传授之局限，让学生更好地为人，在开放的世界中健全地生活。那么，扩大什么样的视野？健全人格究竟是何意蕴？要对这两个问题做出准确的回答，就不能不进入具体的文化脉络。很显然，一个美国学生应当具有之视野，与中国学生不大可能完全相同。两者必有重叠之处，但也必有相异之处。同为健全人格，其在中国文明脉络中的内涵，也会不同于美国文明，比如，西人所尊崇的"贵族"或者"绅士"，与中国人尊敬的人格典范"君子"，必有所不同，尽管两者亦必有相同、相通之处。因此，中国大学之通识教育当具有中国文化之自觉。

这种文化自觉绝不意味着自我封闭。具有中国文化自觉的通识教育并不排斥对西方经典之研读，对西方文明之了解，对现代人文知识之把握。事实上，通识教育的一个重要目标就是养成开放、开明的心智。因此，开放是通识教育始终应当坚持的一个原则。问题仅在于，过去一百年，中国教育侧重于对外开放，对自身经典、学术却采取封闭态度。现在，需要以对西方开放的态度来对待中国经典、学术。通识教育如果对中国文化采取封闭态度，就不能算"通"，也不可能让学生具有"通识"。

当然，还应当更进一步，中国大学的通识教育应当树立学生的中国文化主体性意识。毕竟，中国的大学应当传承中国文明，扩展和深化中国价值、中国文化。这是大学的文化责任。过去一百年来，中国大学没有很好地承担这一责任。在中国赶超西方的时代，这一缺陷的后果尚不明显。在赶超阶段接近结束、中国需要对世界承担责任，也即在一定意义上领导世界的时候，教育缺乏文化自觉的后果，就非常明显而严重：中国究竟依靠什么样的价值领导世界？中国的精英群体是否具有足够的文化自信心，承担自己的世界责任？今天，设计大学通识教育体系，不能回避中国的世界历史使命。

从技术角度看，也只有立定中国文化主体性，通识教育才有灵魂可言，而不会变成另外一种技术性知识之传授。通识教育的要旨是以人文化成理想的国民。用以化人之"人文"应当主要出自本"国"，也即文明之体。这是切身之文。只有这样的人文，才能够养成健全的人格。当然，扩大视野的纯粹知识性人文也是必要的，但如果只有后者，那并不能塑造健全的人格，反倒会造成知识与生命之分裂，甚至是知识反对生命，而致人格的分裂与扭曲。

从这个角度看，当下探索中国大学的通识教育模式，最好的路线也许是回归，然后再出发。首先，回归到二十世纪前半期，认真体会先贤融会古今中西、探索在现代大学体制中延续中国传统君子养成机制而构造通识教育之努力；其次，更进一步回归孔子，回归古代教育模式，在中国文明复兴的脉络中，认真体会中国传统君子养成机制，而在现代大学体制中构造一个现代君子养成机制。

之所以需要这份功夫，是因为今日中国之世界处境，与二十世纪前半期中国之世界处境及精英群体的问题意识已大不相同：那个时代，中国人更多地是赶超西方，因而更多地模仿西方，传统君子养成机制在大学中不可能存身。我们这个时代需要中国人更为自信地挺立中国文化之主体性，中国式现代君子对中国乃至世界的意义更为重大。在这个世界历史的中国时刻养成中国式现代君子，是当代中国大学义不容辞的天职。中国教育界自当以更多的温情和敬意，体会传统君子养成机制，在大学中创造性地恢复之，实现君子养成机制之制度化。这就是通识教育的责任。

四、 一个中国大学通识教育之理想

具有中国文化自觉的中国大学通识教育，其目标在养成"中国式现代君子"。中国文明就是君子文明，四五千年以来，君子是中国人心目中的人格典范。君子就是中国文明延续、扩展的主体。中国最早的教育也是以礼乐之教养成君子，孔子开创的教育传统同样致力于养成士君子。今日中国，欲建立和维系优良秩序，欲发挥其世界领导作用，大学就应当延续这一教育传统，以养成现代君子为其目标。这是整个教育体系的责任，大学的责任尤其重大。大学培养现代社会各个领域之精英，乃是现代社会的支柱性制度。在中国，大学必须承担起养成现代君子的文化责任。

大学承担这个责任的部门就是通识教育。现代社会是高度专业分工的社会，因此，大学当然要对学生进行技术性知识教育，由此可培养专业人士，承担现代社会的各种专业工作。不过，社会也需要扩大这些专业人士的视野，提升他们，养成君子。这就是通识教育的宗旨所在。当然，不能指望接受通识教育的所有人都成为君子，或者达到同样的程度。君子永远是少数。但通过通识教育，只要一部分、哪怕很少一部分学生立定君子之志，在通识教育课程结束之后仍致力于自我养成，那这个社会也就好很多，通识教育的目标也就达到了。

如何养成现代君子？君子当具有知识，现代君子理当掌握现代社会所需要之专业技术知识，不论其为社会治理技艺、企业管理技艺，还是科学、工程技术。同时，生活在开放时代，现代君子也需要关于现代社会的一般人文知识，这些知识经常生产于西方。通过这些知识，君子可以在现代社会中正常生活，其心智也是开明而通达的。

至关重要的是，作为中国人，君子应掌握关于中国文明、中国历史之最起码知识，从而成为自觉的中国人。为此，通识教育应培养学生对中国文明和历史的"温情与敬意"。只有具有这种温情与敬意，发生在遥远之古代的中国文明，包括经典，才会被学生视为有意义的、有价值的，学生才会投入身心去学习、体认，这些知识才会化成为君子的心智、身体之文。如此君子，即中国人之典范。

除知识外，君子当具有德行，具有威仪，具有合群的技艺。所有这些，均可通过诵读、研读经典而获得。中国古代的教育没有什么专门的道德品质教育课程。通过研读经典，比如四书、五经，士人就可对君子之德行有完整把握，这些经典深入探讨了修习德行之法门。这些经典也通过记录古圣先贤之行迹，通过对伦理学、政治哲学的探讨，阐明了君子合群之技艺。经典通过对礼仪的描述及对其修习之道的探讨，揭明了君子威仪之具体内涵，及其背后的精神状态——敬。

既然如此，通识教育之核心形态就应当是经典诵读与研读。通识教育当然应当向学生提供一些旨在扩大学生视野的各种人文、社会、世界知识的课程，但有些大学的通识教育全由这类课程构成，则属于误入歧途。事实也已证明，这样的通识教育模式是失灵的：学生在过分轻松的环境中，蜻蜓点水般地学习了一大堆肤浅的知识。人文知识之技术化传授并没有扩展学生的视野，反而让他们丧失了对人文知识的敬意。当然，如此不具有人文性的人文教育也不能让学生有任何德行的积累，只会徒添他们理性的骄傲。

从某种意义上说，教育必须反潮流，至少，通识教育就是反乎专业技术教育的潮流而兴起的。在信息过剩、知识轻薄化、碎片化的时代，大学应当特别重视经典教育。而对学生普遍进行经典教育的责任，只能由通识教育部门来承担。这个教育在学生整个培养计划中所占的时间比例也许不大，但就是这个看起来不起眼的经典教育，可以让大学可传承永恒的文明，引领学生接近永恒的价值，而不至于在信息和知识的乱流中随波逐流。

接下来的问题是，阅读什么经典？基本原则应当是：古今之间，以古代为主。学生的专业知识学习必然是重今轻古，为保持平衡，通识教育应当反其道而行之。而越是古代的经典，越接近文明之本源，越有助于学生体认自家文明。越是古代的经典，知识与德行之间的鸿沟越小，研读他们，更有助于养成学生的健全人格。另一方面，中西之间，当以中国为本，辅之以西方经典。因为，中国大学的通识教育之目标自然是养成中国式君子。

综合上述两点，可以得出这么一个结论：中国大学的通识教育内容，依据重要程度可包括三方面内容：头等重要的是诵读、研读四书、五经，当然，只需研读其中一部分。目前，中小学没有开设较为系统的经典诵读课程，作为补课性质的，可以研读《论语》为主，当然也可以选择其他较为浅显的篇章。如果中小学能够开设较为系统的经典诵读课程，则可以拓展至研读其他经典，也可适当提高程度。同时，对于文科和理工科学生，也可以区别对待。次等重要的是中国历史和中国文化之相关知识性课程。第三等重要的则是西方经典、现代人文性知识。

总之，通识教育当以经典教育为主。值得注意的是，中西经典之阅读、教学方式，天然地会有所区别。西学可以开阔学生的视野，帮助学生了解人的丰富性，理解现代社会的运转机制，但对于中国人来说，西学只是外在的知识。中国经典对于中国学生来说则更为深切。中国经典是中国人之为中国人的"人文"，在养成中国大学生为君子的过程中，中国经典是主要的化人之文。大学生需以此中国之文塑造自己自然的身体、心灵。这个学习过程需要富有同情心的投入，情感与理智同时投入，乃至于身体本身的投入，也即需要"体认"。

如何开展这种体认式的中国经典教育？可能需要探索在大学建制内部分地恢复书院教学模式。现代中国大学的教学制度基本上是为机械地传授技术性知识而建立的。很多人批评它抑制学生的创造性，实际上，它也完全无法养成学生之人格。为达成自己的目标，通识教育须另辟教学制度。传统书院式教学模式可能是较为合适的，其要素包括小班教学、深入讨论、教学相长。当然，这种教学模式对教师的数量，尤其是对教师的学养、德行都提出了较高要求，目前大学尚无法满足这种要求。较为现实的办法是，大学选择一些精英学生，尝试开展这种教学方式，由此，或许可以较低成本养成一群专业精英，同时具有君子意识，而发挥领导社会、传承文明之作用。

从读经热走向读经建制化^[1]

十年前，蒋庆推动儿童读经，引发批评。我起而撰文为儿童读经辩护。今天，读经再度引起争议，我决意为读经再做一辩护，并倡议读经建制化。

一、 废止读经，吾道中绝

为什么支持儿童读经？为什么倡议读经建制化？要回答这两个问题，首先应对经的性质有所了解。

读经热中所读之经主体是五经。五经本为六经，因乐经散失，自汉代以来，人多言五经。自觉的中国文明起步于尧、舜、禹时代，历经夏、商、周三代，礼乐文明达到巅峰。到孔子时代，礼乐开始崩坏，"斯文"将丧。然而，天不欲中国丧此斯文，而生孔子。孔子以一介布衣，起而收集三代礼乐，删述而成《诗》、《书》、《礼》、《乐》，晚年作《易传》、《春秋》，以成六经，并以之传授弟

---

［1］ 作于 2014 年 12 月。

子。此一事业，是孔子对中国文明做出的最大贡献。因为孔子，中国古典文明被详尽记录成"文"。

在此需要特别说明，六经为中国之经。孔子虽为儒家创始人，然而，孔子创立儒家，在逻辑上实晚于删述六经。儒家固为诸子之一，然而六经却非儒家一家所能垄断。六经所记者乃孔子之前历代圣王之言、行、事、制，从中可见中国之道。因为孔子删述六经，故中国之道可道、可传、可学。就这一点而言，人类各大文明中，没有比中国人更幸运的了。中国人阅读经书，三四千多年前的中国人之生活历历在目。

六经为中国之经，诸子百家皆立足于六经言说。此后，经学也始终在知识体系之首。孔子开创中国教育，同样以六经为传授内容。汉代以来，历代政府兴办学校，皆以五经为教育根本。元代开始以四书取士，同时不废五经，而四书本出自五经，系因应平民化时代需求而建立的新经书系统。正是这样的经学教育体系养成了一代又一代士君子。这些士君子心智开明，具有一定道德自觉，能够自我约束，故足以担负社会领导责任。中国文明就是士君子群体引领、塑造的。

十九世纪末，尤其是两甲子前的甲午战争失败，极大地刺激了士大夫，以经学为本、以养成士君子为目标的中国固有学术、教育体系遭到怀疑。士大夫大力引入西方知识、教育体系。中、西之学如何取舍，成为一个绝大问题，今人围绕读经争论者，亦为此问题。大约不出两种思路：保守主义、激进主义。

保守主义的代表是南皮张之洞。清末新政中，张之洞主导设计"癸卯学制"，其立学宗旨为"以忠孝为本，以中国经史文学为基，俾学生心术壹归于纯正，而后以西学瀹其知识，练其艺能，务期他日成才，各适实用"。可见，此学制依循"中体西用"之原则，试图实现中国教育传统之"新生转进"（这是徐复观先生喜用的一个词）：广泛传授西学，但保存中国经史之学，以为学生立身之本。

民国建立之后，激进主义突起，表现最为积极的就是第一任教育部长蔡元培。蔡氏担任部长不久，即强令全国废止祀孔读经。蔡氏理由是"忠君与共和政体不合，尊孔与信教自由相违"。义正辞严，而见识短浅，既不明于五经之大义，也不清楚欧美文化、政治间复杂关系：所有现代国家稳定秩序之建立，皆不能无教。蔡氏此举实为标准的文化专制：基于一己私见，滥用权力，随意中止一个悠久而富有成效的教育传统。

而此一轻率、粗暴决定的文化与政治后果却极为严重：中国之道因此中绝。中国人的做人之道也即君子养成之道，与中国社会治理之道，皆在四书五经之中。废止读经，中国人也就不知做人之道，遗忘治理之道。其结果，人趋向野蛮化，而社会秩序趋向解体。中国由此通往混乱与强制之交替循环，蔡氏实为中国文化之大罪人。

实际上，二十年代末尤其是三十年代，整个社会已意识到蔡氏决定之严重后果，而有一次强劲的反弹，蒋介石下令恢复祀孔。但教育界已形成强大的既得利益集团，读经难以进入教育体系。一直到1971年，在特殊政治环境下，蒋才推动读经进入台湾地区的学校：台湾地区的高中国文课程选录四书章句，编为《中国文化基本教材》，让学生有机会研读儒家义理，并学以致用。

而在大陆，首先，"文革"之初掀起"破四旧"狂潮，中国文化遭到史无前例的大破坏；1974年又有"批林批孔运动"，孔子被刻意抹黑。这两场反中国文化的政治狂潮，对数代中国人产生巨大影响。今日大陆教育界中坚均成长于如此特殊的文化政治环境中——各个领域的精英均如此，他们张嘴就是"孔老二"，提及孔子马上联想到等级制之类的虚妄图像。在他们主导下，文革虽在政治上结束，在文化上却始终没有结束。中国文化的自发复苏经常遭到这些掌握资源的精英的打压，对传统文化进入教育体系，整个教育体系经常采取强烈抵制态度。

二、 民间读经，居功至伟

但是，中国文化具有强韧的生命力，只要压制它的权力稍有松动，它就自发地复苏。

学者雷颐前不久在香港中文大学《二十一世纪》杂志撰文说，九十年代以来的"国学热"基本上是政府刻意倡导的产物。这一论断隐含着一种扭曲的思考方式：只要政府倡导某事，民间就不应跟进；更大的问题是，这一论断罔顾事实，颠倒因果。

早在七十年代后期，随着权力压制松动，中国文化就在民间复归了，它表现为乡村民众自发地回归传统生活方式，到八十年代，南方流行重建祠堂，宗族重修族谱，民间恢复庙宇等。而对此，几乎所有精英，包括文化精英、教育精英、政治精英，基本上采取鄙视、反对和打压态度。

差不多在八十年代中期，港台学术回流大陆，尤其是新儒学。而对此新儒学，当时的学界同样采取鄙视、抨击态度，文化激进主义甚嚣尘上。知识分子反思文革这场全面破坏中国文化的运动，结论却是应当继续摧毁中国文化。再也没有比这更可笑的思想运动了。

但终究，有一些学者逐渐从激进主义迷思中清醒过来，著名的转向者包括最近刚刚去世的汤一介先生。就是因为这些学者的积极推动，有了国学热。当然，国学热最大的推动力量仍来自普通民众。意识形态曾提供了价值的替代品，它溃散之后，生命如何安顿？民众很自然地回到国学。国学的范围极为广泛，举凡中国文化的一切元素皆为国学。而这一起自民间的概念，最终推动国学学术建制在大学之成立。

正是国学热的文化环境带来了读经热。尤其是来自台湾地区的王财贵先生创造的读经模式，在大陆获得成功。今日大陆读经班多遵循王先生的模式。而且，这种模式始创于台湾，传布于世界各地。

不过，除此之外，大陆还有其他读经模式。据我所见，四海孔子书院模式就大大不同于王财贵模式，曲阜国学院也有自己的模式。总之，大家虽共同主张读经，但模式可谓五花八门——这正是读经热的生机所在。

就此而言，围绕着读经热的诸多争论，实为庸人自扰。读经热本来就是完全民间的，无人能一统江湖。在不同于古代的现代社会中如何读经，对此无人能确凿无疑地提出十全十美的方案。八仙过海，各显其能，正好有助于寻找较好的模式。

今日若干批评者背后的潜台词是，根本就不应读经，因为它"离经叛道"：离现代之经，叛现代教育之道。这些批评者受制于二十世纪中后期反传统文化的政治运动的影响，近乎本能地认为，经本身根本就是过时的，读经的做法也有悖于现代教育原理。

对此，我不准备做实质性论辩，只想指出一点：如果所谓的现代价值根本不容许四书五经存在，如果所谓的现代教育原理只准传授所谓的现代知识，那么，这样的现代之经、现代教育之道，就是标准的文化专制。

不过，种种迹象表明，正规教育体制正在酝酿一种根本调整，我称为"教育之更化"。民众自发促成之"国学热""读经热"对此次更化起到了极大推动作用。中国三十多年来的改革，无一不是民众首先在体制外创新，而后政府予以承认，原来在法外的制度创新获得合法性。教育领域同样如此。

尽管教育体系内既得利益集团竭力抵制，但社会各领域日益强劲的国学热、儿童读经热，推动体制内不少学校也尝试引入读经教育。不仅在基础教育阶段，也包括高等教育阶段。笔者所在的北航的通识教育就以经典研读为主，《论语》研读是全体文科生的必修课。

体制内外的自发努力，迫使教育主管部门不能不对教育内容进行大调整。民间自发的读经热打开了正规教育体制中建立中国经典教育体系的大门，对中国文化复兴居功至伟。

三、 经典研读当建制化

经由民间读经之试验，今日中国教育体系已有条件更化，方向十分明确：再中国化，其实现形态是读经建制化，在公立学校体制中完整建立全覆盖的中国经典教育体系。

从蔡元培开始，现代中国教育就走上歧途，仅关注技术性知识之传授，而丢失了中国教育之伟大传统：人文化成，养成君子。此一教育体系批量输出到社会之国人，普遍地有知识而无文化，有技能而无礼仪，有理想而无人格。这样的教育完全专注于貌似中立的科学知识之传授，而忘记了教育的重大功能：传承文化。中国渐成文化之荒漠。

这样的状况再也不应继续下去了，教育当更化，也即，回向中国源远流长的人文化成之教育传统，从而形成为一个更为健全的教育体系：在现有的技术性知识传授体系之外，建立全覆盖的中国经典教育体系，以养成君子，传承文明。

此处所说中国经典不限于四书五经。中国文化博大精深，经典极为丰富，经、史、子、集浩如烟海。在学校建立国民教化体系，须择其中最为重要者。

中国经典可划分为几组：第一组是经，即四书五经。从教育的角度看，四书五经是首须施行教化的经典，构成第一个层次的经典。理论上，四书诵读应在全民普遍接受的义务教育阶段完成，以令全体国民接受此一简易核心经典的熏陶。五经研读则适合由较高程度的教育机构来施行。第二组经典是"史"，史与经相辅相成，以生动的人物和跌宕的故事从正反两个方面呈现中国主流价值。第三组经典是诸子，包括一些没有神教色彩的佛教经典。这些论述得中国价值之一隅，适合于程度较高者研读。第四组经典是集，也即诗文，这适合于一切年龄段和教育程度的国民。第五组经典是宋元以来形成的各种蒙学经典，适合于文化程度较低者诵读。

中国经典如此丰富、层次分明，只要用心设计，完全有条件建立一个从小学到大学的经典教育体系，而读经试验在这方面积累了宝贵的经验。

但是缓不济急，当下的问题如何解决？可在 MBA 教育、MPA

教育、法律硕士教育、党校、行政学院等职业教育领域中，引入经典教育体系。

实际上，这些机构的经典教育应为经典教育体系的重要组成部分。这里培养的公务员、法律人、商人乃是国民中的精英，其价值决定着整个社会的价值，其行为方式广泛影响普通民众的行为。他们如何运用自己所掌握的权力、法律、财富，决定着社会秩序的好坏。最近十年，商界、政界人士最为深切地感受到体认中国价值的必要性、重要性，对中国文化有极高学习热情。因此，在相关职业教育体系中系统建设经典教育课程，有很好的基础。

最后，也是最为重要的是，应在一些具备条件的大学，开设经学专业。蔡元培对中国文化最根本的破坏是，大学取消"经学科"。现代中国人文与社会科学学术虽经百年发展，至今不成气候，根本原因是，经学传统被人为切断，导致价值和思想的无根，整个中国学界不过是西学的拙劣模仿者、抄袭者。

中国人要思想，必须回到经。中国学术要有所发展，必须恢复经学。没有经学，就很难有健全的经典教育体系。教育界、文化界当认真思考在大学设立经学专业，重建经学学科，集中人员研究、解读中国经典，为整个国家的经典教育和思想学术生产提供基础性支持。中国人要对人类做出思想的贡献，涌现出世界级思想家，必定以经学为大本大源。

四、　读经必定全球化

最后针对一些可能的疑难，略作四点辨析：

第一，面对读经倡议，有人反诘：读经能解决中国全部问题吗？当然不能。但所有倡议读经的人从来没有主张过读经可以解决全部问题。但读经确实可以解决人心、秩序的基础性问题，其效果也许当时不显著，但离开它，所有其他看得见的解决方案的效果，必定大大折扣。

第二，读经只读四书五经么？当然不是。我上面提议建立中国经典教育体系，不限于四书、五经，扩展到经、史、子、集等广泛的经典。所有这些"文"，都可有化成之功，小学低年级学生多多诵读文辞优美而义理中正的古诗文，就已足够。甚至道教、中国化佛教中一些没有神教意味的文本，也可纳入。

第三，读经是不是搞文化的闭关自守？非也。没有一个读经者有此主张。儒家带给中国人的最好精神，就是"好学"。中国学生完全应当研读西方经典，不过，这里须分出轻重、次第。学生当首先研读中国经典，尤其是在义务教育阶段。假设这些人不再上学，而应让他们对中国文明有所了解，知为人之道。这就非读中国经典不可。到了高中、大学，则可逐渐放宽视野，研读西方经典。须知，美国学校也一定是让学生主要研读西方经典，而不可能优先研读中国或者印度、阿拉伯经典。

第四，经典系统进入学校，是否有悖于政教分离原则？非也。古希腊经典可以进入西方公立教育体系，因为它是文教，而非神教。但西方的神教之经却不可以进入，因为它有排他性，对其他神教不公。四书五经不是神教之经，没有排他性，因此根本无关乎政教分离问题。过去两千多年间，中国政府兴办教育，教以五经，而丝毫没有妨碍中国人的宗教自由。

也因此，我大胆预测，读中国之经必将扩展到全球。四书五经等中国经典无关乎神，因此，任何人，不信教也罢，信某种神教也罢，都可诵读。中国之经是最普适之经，最有资格成为人类普遍可诵之经，尽管，中国人从来不会强求如此，圣人之教是，"礼闻来学，不闻往教"。但是，只要中国人认真读经，中国之经就必定为越来越多的天下人接受、认可，为塑造和而不同的天下秩序提供人心基础。

试说"五典"：一个简明的经书体系

圣人之道完满无缺，而时移世易，历代之教、政不能不各有所偏，如夫子总结三代之治是"夏道遵命""殷人尊神""周人尊礼尚施"[1]，《中庸》曰："君子之中庸也，君子而时中"。故一代可有一代之经，一代可有一代之法，"将以救溢扶衰，所遭之变然也"[2]。自武帝表彰五经、推明孔氏之后，先有汉唐之尊五经家法，后有宋明之崇四书；今日天下遭逢巨变，或可定"五典"以教人乎？

十余年前，笔者转向中国之学，通读十三经，因为作《华夏治理秩序史》第一、第二卷（海南出版社，2012 年）而细读《春秋》三传、三礼。又探究圣人治理之道，解读《周易》若干卦，作《建国之道：周易政治哲学》（中央编译出版社，2014 年）；解读《尚书》之典谟，作《尧舜之道：中国文明的诞生》（中国文联出版社，2016 年），进而作《孝经大义》（中国文联出版社，2017 年）；在北航任教期间，反复讲授《论语》，得以作《论语大义浅说》（中国友谊出版社，2016 年）。

---

[1]《礼记·表记》。
[2] 董仲舒对汉武帝第三策，见《汉书·董仲舒传》。

十余年来，于圣人之书可谓无一日不读，乃见圣人之大道多在《尧典》《易传》《论语》《孝经》《中庸》，谓之"五典"，编选《中华五典诵读本》（九州出版社 2018 年），以为可以替代"四书"，作为更适合于今世今人的简明经书体系，由之可以登圣人之堂，以下对此略作论说。

一、　四书体系的形成及其不足

当礼崩乐坏之际，夫子"述而不作，信而好古"[1]，以布衣之身，搜集、整理圣王三代之政典，删述而成六经，圣人之道尽在其中，人人可道、可传、可学。夫子以之传授弟子，由此而有经学，虽经战国之乱、秦皇之火及秦汉之际的战乱，而传承不绝。

汉初承平之时，经学趋于繁荣。至武帝复古更化，立五经博士，经学成为"王官学"；又为博士置弟子，广兴文教。其时，官学经师多通一经，仅守自家之说。五经以礼法为中心，则精于经义之士君子，进可以创制立法，治国平天下；退可以修身齐家，整齐门风。

然而，经学家法过于繁琐，刘歆曾谓："往者缀学之士不思废绝之阙，苟因陋就寡，分文析字，烦言碎辞，学者罢老且不能究其一艺。"[2]明一家之言则需长期学习，于是经学传承日益家族化，士族以通经义而得以累世为公卿，渐至于门阀化，垄断学术，寒门

---

[1]《论语·述而》。
[2]《汉书·楚元王传》。

子弟被摈斥于外，此实有悖于圣人"有教无类"之大道。

圣人之教既不能普遍教化天下，又遭逢"五胡乱华"，佛教乃得以长驱直入，其"沙门不敬王者""沙门不敬父母"教义，直接冲击华夏人伦基本观念与以士族为中心的社会结构。

至于中唐，士族逐渐走向崩解，社会再度平民化、离散化。儒者此时面临两大挑战：第一，已然离散的平民社会如何施行教化？如何重新组织；第二，佛教好谈性命死生，对时人有巨大吸引力，儒家可有替代方案，以重得人心？

又，察举制久已颓坏，隋唐改开科举，对所有人开放，贫寒子弟亦可一朝登第，由此，人人有读书之志；同时，印刷术发明，印书便利而成本低廉，人人皆可以得书而读。故社会读书需求剧增。

在此背景下，儒者乃探索调整义理体系，据此重建较为简明的经书体系。韩愈作《原道》，力辟佛老，重申人伦大义，引述《大学》八纲；又提出道统论，推尊孟子[1]。佛门最早重视《中庸》，李翱则援引之，阐发《中庸》大义，宋初范仲淹以《中庸》授张横渠。

在此基础上，小程初定四书体系，朱子穷毕生之力为之作注，终定四书体系。四书颁行天下，五经并未废弃，但士人读书、科举考试，终究以四书为中心，且以四书解五经，故朱子之后确可称为四书时代。

四书是一严密体系，朱子谓其诵读次序曰："某要人先读《大学》，以定其规模；次读《论语》，以立其根本；次读《孟子》，以

---

[1]《原道》："尧以是传之舜，舜以是传之禹，禹以是传之汤，汤以是传之文、武、周公，文、武、周公传之孔子，孔子传之孟轲，轲之死，不得其传焉。"

观其发越；次读《中庸》，以求古人之微妙处。"[1] 概括言之，四书以个体成德为中心，乃一完整的士君子养成体系。

随着朝廷尊程朱，尤其是元代科举以四书命题，明初颁行《四书大全》于天下，四书成为官学之大本，经学之中心。宋明儒之学问，大抵以四书为本。四书取代五经，有其内在机理。

第一，适应平民化社会教化之需。汉晋经学繁琐，惟士族可以学；四书中的《大学》《中庸》系从《礼记》中抽出，《论语》《孟子》的篇幅也不算长。故四书整体篇幅较小，平民亦可得其书而诵读之。朱子作《四书章句集注》，篇幅也不大，而圣人之道大体已在其中。

第二，经历周秦之变，封建制完全崩解，秦扫灭六国，国家规模急剧扩大，立郡县制又不二世而亡，汉代经学乃寻找治天下之法度。故汉代经学尊周孔、重礼法，为汉代创制立法所亟需，公羊学之为显学，也因为其有创制立法之勇气。此后国体法度已定，宋儒以为，其所面临的主要问题是收拾人心，故定四书，尊孔孟，重在阐明君子养成之道。[2] 简言之，五经以制度为中心，四书以道德为中心。

然而，自 19 世纪以来，中国面临两千年未有之大变局，四书体系似已不适应于今日情势。事实上，四书体系是否能有效应对当时难题，亦有商榷余地。宋代实已面临秩序全面重构之挑战：内有

---

[1] 《朱子语类·大学一》

[2] 钱穆先生谓："汉儒讲经学，是偏重于针对者周秦以来之王朝政制而讲的，现在则是偏重于针对释老教义而讲的"；"古代所谓之王官学，重在当代之礼乐制度、政府规模上，而四书义则重在'格、致、诚、正'私人修养上。"（钱穆著：《两汉经学今古文平议》，北京：商务印书馆，2001 年，第 298 页）

佛教冲击、人群离散，外有北方边患；而工商业又高度发达，且已有全球化之端倪。故当时既要收拾人心，又要重建制度。

在四书体系定型之前，王安石创三经新义体系，以支持其新政。三经之中，王安石自作《周礼义》，谓"道之在政事"[1]；王安石"以《尚书》入侍，遂与政"[2]；至于《诗》，王安石谓："《诗》上通乎道德，下止乎礼义。考其言之文，君子以兴焉；循其道之序，圣人以成焉。"[3] 可见，三经新义体系欲兼顾创制立法与君子养成，又兼重视国家财政能力建设。其中虽有牵强附会之处，但也算是瞄准了当时国家面临的根本问题。

四书体系则偏于君子养成而忽略创制立法。尤可注意者，当时反对熙宁新政者有程子；此后贯穿两宋的党争，在学理上，即可谓为三经新义体系与四书体系之争。而宋以来，国家制度日益退化，国家能力日现不足，不能为经济、社会发展提供必要支撑，以至于北方民族两度完全征服中国，此与四书体系之忽略制度建设，恐有直接关系。当然，四书体系重在养成君子，君子士绅在基层重建宗族等社会治理制度，对维护良好社会秩序居功甚伟的。但忽略国家建设，终究是其大偏失。

从义理上看，四书亦有明显漏洞。四书之中，《论语》地位较为特殊，近乎于经，《汉书·艺文志》将其与《孝经》《尔雅》皆列入经的范围中，而《大学》《中庸》虽在《礼记》中，但属于"传记"，《孟子》则属于子学。也就是说，四书基本上未选取汉人所定真正意义上的经，则其可有经的地位乎？其足以为不变之常

---

[1]《周礼义序》。
[2]《书义序》。
[3]《诗义序》。

道乎？

二、 以五典替代四书

从义理上，四书之为经，有点牵强；从天下情势看，四书已难以应世：

第一，宋儒初步面临的天下治理难题，今日更为突出：元代打通欧亚大陆，明代打通海路，中国进入更为广泛的天下。中学西渐，圣人之道深刻影响西方，西方得以打开富强之门；由此而有西学东渐，一神教和哲学之玄思进入中国，西方更是凭借基于工业化的坚船利炮和强有力的国家组织，打败中国，此实为前所未有之文明竞争者。

第二，国家重新组织，工商业迅速发展，人口快速流动，包括在全球范围内的流动，经济、人口迅速城镇化，宋儒朱子等人所构建之以祠堂为中心的宗族治理体系渐趋于瓦解。人群再度离散化，如何重新组织？如何教化？

第三，近些年，知识迅速电子化，人际交往迅速虚拟化，人与人之间有更为深刻地离散化的危险，如何维护人伦，维护人际的有机联系？

总之，今日情势颇类似于两千多年前的周秦之变、一千多年前的唐宋之变，而更为复杂、难解。周秦之变大体是中国内部不同观念制度之分歧、激荡、尝试、底定，唐宋之变则有外来文明之冲击，即佛教入中国，然其仅有玄思，故宋儒之应对主要集中于发明圣学之天理性命之说；此次冲击中国者不仅有玄思，更有枪炮、机器和国家组织方式，则应对之道必须综合汉学、宋学，且有所超越，直探吾国文明之本源，盖源深则体大。

本乎此，笔者十余年间，虽曾涉猎于汉学、宋学，终不愿入其窠臼，不受限于门户，而追溯本源，乃以《尚书》、《周易》为大本，顺流而下，然后知圣人之道完满无缺，天下必归于斯，至于应对西学，则绰绰有余。

然《尚书》、《周易》颇为烦难，乃抽绎其中简明切要者，合其他三经，试订五典如下：《尧典》（古文经分为《尧典》、《舜典》两篇）、《易传》（主要是《系辞》）、《论语》、《孝经》、《中庸》。

五典体系保留四书中的《论语》、《中庸》，故与四书保持一定连续性；去四书中之《大学》、《孟子》，代之以《尧典》、《易传》、《孝经》，此大不同于四书，然有不得不然者。《尧典》取自《尚书》，《易传》取自《周易》，《孝经》本身为经，相比于四书，五典虽求简明，而完全可当经之名，且可引人入五经堂奥：由《尧典》可上溯《尚书》、由《易传》可上溯《周易》，由《论语》、《中庸》、《孝经》可上溯《诗经》、《春秋》，由而此五典可旁及于三礼。

五典虽为五部，而总体篇幅少于四书；而相比于四书，义理更为完整，于今日更为切当：

第一，道统体系更为完整。尧舜缔造中国，中国之道凝定于尧舜，故不知尧舜，则不知中国之本；又《中庸》曰："仲尼祖述尧舜"，则不知尧舜，难知孔子之所本。五经之中，尧舜之事仅见于《尧典》。子曰："周监于二代，郁郁乎文哉，吾从周"[1]；《中庸》曰：仲尼"宪章文武"。《周易》者，文王、周公之易也，由《易

---

[1] 《论语·八佾》。

传》可以知文、武、周公之道。四书截断本源，则读者不知尧舜文武周公，于圣人之道终究难有完整体认。汉唐经学体系尊周孔，宋明四书体系尊孔孟，今日五典则综合之，尊尧舜周孔，道统体系较为完整。

第二，道学传承统绪更为完整。宋儒谓曾子独得夫子之传，而由《论语》、二戴《礼记》可见，曾子之学，于推明孝道最为深切，而《大学》于此未加措意，故以《孝经》代替之。今人或谓曾子开"心性之学"，循此奢谈，则常流于空虚，堕入佛老异端。同为曾子所作，《孝经》比《大学》之论说更为完整，其指明由孝可以成德、可以立教之道，切实可行，治国平天下之大道尽在其中矣。故此五典，由尧舜而文武周公，经孔子而至于曾子、子思，道统之传更为完整、清晰。

第三，综合汉、宋之学。由《尧典》、《易传》可上承汉学。又，汉代最重《孝经》，察孝廉，以孝治天下，而后人公认东汉风俗最为醇美，朱子不予重视，谓之小学，不甚公允，今当恢复其地位。唐宋时代，《中庸》离《礼记》而独立，宋明儒普遍重视《中庸》，保留《中庸》，可上承宋学。至于《论语》，则贯通汉、宋。又，四书出于程朱一系，仅为宋明学一脉，而周莲溪、张横渠、王船山之学，俱以《易传》为本。二程所作之书，亦惟《程氏易传》，故收入《易传》，可以更为完整地接续宋学。

第四，朱子所期待于四书之功能，可以更好发挥。朱子要人读《大学》，"以定其规模"，自格物致知、诚意正心，经由修身，而齐家治国平天下；此功能完全可由《尧典》承担，更可见本源；且以尧舜之行事阐明之，读来更为亲切有味。朱子谓，由《中庸》可以知古人微妙之处，然《易传》更为精微。至于《中庸》究天人之际，此为朱子所忽视者。由孟子固可观其发越，然孟子多言好辨，容有放荡之处，阳明后学即有此大弊，不若诵读《孝经》，可以知"至德要道"，立爱人、敬人之大本。

最为重要的是，五典可以更好回应当代中国与天下所面临的大问题：

第一，今日冲击人心者乃一神教和西方哲学，其形而上学极为发达，故以《易传》之论天、《中庸》之论天人之际回应之。四书所重者在"天理"，于天则存而不论。然而，一神教高标唯一真神，惟天可对应之、涵摄之。

第二，中古以来，佛教了死生之说甚为诱人，张横渠、程朱、船山以易理回应之；西方一神教同样喜谈生死，且在今日有广泛诱惑力，今以《易传》加《孝经》回应之。朱子轻忽《孝经》，虽说天理而天人悬隔，难以了却死生焦虑，故四书虽有辟佛老之用意，读四书之宋明清儒生却纷纷坠入佛老，程朱弟子多有此类，遑论一般儒生、平民？加以《孝经》，则"道不远人"，天道见于人伦，人心庶几乎可以安定。

第三，中国已在范围最大、也即世界范围的天下之中，且将日益发挥领导作用；技术发展，人群内部关系日益复杂；凡此皆需大规模创制立法，以构建政治、经济、社会、教化等领域的良好制度，中国自身需要，天下同样需要。《尧典》记尧舜缔造中国、构建天下秩序之事，其道通于今日，故五典以《尧典》为首。

第四，今日人群有多重离散，维护和重建人伦以及人际有情意的有机联系纽带，惟在孝亲、固家，则今日不能不再度重视《孝经》。实际上，尽管朱子轻忽《孝经》，而明清士君子行教民间，十分倚重《孝经》，且有僧道讲《孝经》之奇事。盖巩固人伦，维护良好社会风俗，舍孝亲之教，别无他途。

从学术角度看，五经乃中国之经，从中可见中国文明之本源；中国一切思想学术皆出于经学，故经学可以涵摄诸子之学。四书收窄在子学范围内，高筑门户。五典矫正这一倾向，《尧典》、《易传》在经学范围，且于五经中最为重要，分别呈现中国政治与思想之本源，由其顺流而下，可明几千年治理和学术之统绪；《论语》、《孝经》近乎经，惟《中庸》在儒学范围。故五典以经为本，兼顾儒学，比之四书，更近于道。

要之，五典欲宗文武周孔而祖尧舜，故以《尧典》居于首位，此为其最不同于四书之处。盖因今日中国、天下既需兴教化、正人心，又需考制度、立法度。所以，仅有四书之尊孔孟是不够的，甚至汉儒之尊周孔也不够，必须上溯及于中国文明之大本大源——尧舜。在尧舜那里，教、政始创而圆融一体，于此本源上探究，或许可找到于今日普天之下致太平之要道。

总之，五典篇幅虽然短小，而圣人之道俱在其中。时加诵读，可以如圣人之门，推明天人之际；循道而行，可以成就君子人格，可以齐家、治国、平天下。

三、　分说五典之教、学功能

五典为一完备体系，或可以《中庸》"故君子尊德性而道问学，致广大而尽精微，极高明而道中庸"分别说明其各自的教、学功能：

《尧典》者，致广大也，即朱子所欲以《大学》"定其规模"者也。然《大学》三纲，"大学之道，在明明德，在亲民，在止于至善"，实本乎《尧典》的尧舜之事："曰若稽古，帝尧曰放勋，钦、明、文、思、安安，允恭克让，光被四表，格于上下。克明俊德，以亲九族。九族既睦，平章百姓。百姓昭明，协和万邦。黎民于变时雍。"其下详记帝尧树立敬天，帝舜以孝继位，创制立法以治国平天下之事。故《尧典》记尧舜缔造中国之事，尧舜之道尽在于斯，圣人之道尽在于斯，中国之道尽在于斯。读《尧典》可以知本源、定规模。人必有尧舜之志，知尧舜之事，然后可以知大道、希圣贤、成大人。

《易传》者，极高明也。《说卦》曰："昔者圣人之作《易》也，幽赞于神明而生蓍，参天两地而倚数，观变于阴阳而立卦，发挥于刚柔而生爻，和顺于道德而理于义，穷理尽性以至于命。"至孔子作《易传》，此义得以大明，读《易传》，则可以明天道而穷理尽性以至于命。

《论语》者，尊德性而道问学也。《汉书·艺文志》曰："《论语》者，孔子应答弟子、时人及弟子相与言而接闻于夫子之语也。当时弟子各有所记，夫子既卒，门人相与辑而论纂，故谓之《论语》。"故《论语》所涉至为广大，要以学以养成君子为中心。读《论语》，则知学以成人、行道天下之道。

《孝经》者，道中庸也。夫子教曾子以孝道曰："先王有至德要道，以顺天下，民用和睦，上下无怨。"故《孝经》究政教之大本，立顺治天下之大纲也。"夫孝，德之本也，教之所由生也。身体发肤，受之父母，不敢毁伤，孝之始也。立身行道，扬名于后世，以显父母，孝之终也。夫孝，始于事亲，中于事君，终于立身。""圣人因严以教敬，因亲以教爱。圣人之教，不肃而成，其政不严而治，其所因者本也。"因乎人人生而皆有之爱、敬父母之"良知"、"良能"，人皆可以成德，圣人因之立教而教天下人；尤为重要者，《孝经》以孝了死生，所谓"生事爱敬，死事哀戚，生民之本尽矣，死生之义备矣"。

《中庸》者，尽精微也。《中庸》究天人之际，其开篇谓"天命之谓性，率性之谓道，修道之谓教"。天命人以性，其性善，明乎此善而诚其身，故中间论述"诚"，然后可以至于"致中和，天地位焉，万物育焉"。《大学》论"修身"，谓"自天子以至于庶人，一是皆以修身为本"，终究不如《中庸》立"诚身"之义，更为切当。

五典之间有严密关系："道不远人"，圣人与道为体，尧舜为至圣，《尧典》展示圣人之道之全体。其余四经，各有所偏重：《易传》向上，重在明天道，揭明天地万物生生变化之大义；《论语》铺开，重在论学，阐明学以成人之大道；《孝经》向下，最为亲切，揭示亲亲而仁民、仁民而爱物、由孝亲而事天之道；《中庸》贯通上下，人知其善性而诚之不已，则可以赞天地之化育。

故五典通天人，合内外，广大悉备而精微深远，于死生鬼神、诚身养德、正己齐家、治国平天下等人生一切问题，均指明中正可行之大道。

五典内涵神教和西方哲学与社会科学各学科之根本义，有神教、西学之全部功能而真实无妄。故通此五典，即可不为神教、西学、西制所惑，而化之、用之，成就完整意义上的平天下之政、教。

图书在版编目（CIP）数据

论学统复建/姚中秋著. —上海：上海三联书店，2020.5
ISBN 978 - 7 - 5426 - 6727 - 4

Ⅰ．①论…　Ⅱ．①姚…　Ⅲ．①儒学—研究　Ⅳ．①B222.05

中国版本图书馆 CIP 数据核字（2019）第 142738 号

论学统复建

著　　者 / 姚中秋

责任编辑 / 徐建新 37967738@qq.com
装帧设计 / 未了工作室
监　　制 / 姚　军
责任校对 / 张大伟　王凌霄　林志鸿

出版发行 / 上海三联书店

　　　　　（200030）中国上海市漕溪北路 331 号 A 座 6 楼
邮购电话 / 021 - 22895540
印　　刷 / 上海展强印刷有限公司

版　　次 / 2020 年 5 月第 1 版
印　　次 / 2020 年 5 月第 1 次印刷
开　　本 / 890 × 1240　1/32
字　　数 / 250 千字
印　　张 / 11
书　　号 / ISBN 978 - 7 - 5426 - 6727 - 4/B · 640
定　　价 / 70.00 元

敬启读者，如发现本书有印装质量问题，请与印刷厂联系 021 - 66366565